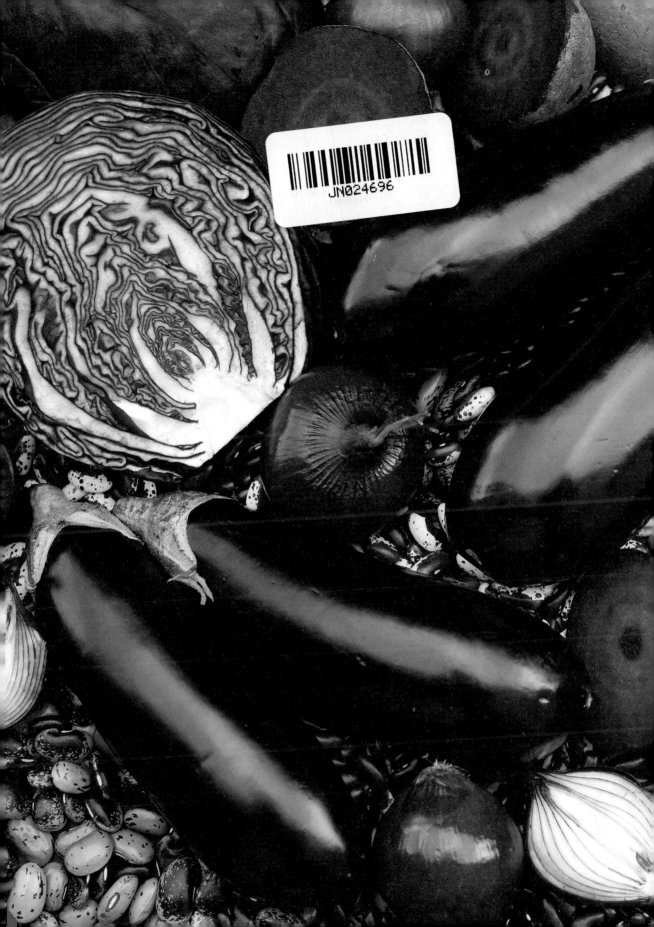

JN024696

アサイー・スーパーフードボウル（21ページ）

チョコレートとヘーゼルナッツのワッフル（25ページ），
アイランドタイムジュース（46ページ）

ぎゅうり，アロエ，すいかのジュース（40ページ），
クラシック・グリーンスムージー（51ページ），
スイートポテトパイのスムージー（56ページ）

シンガポールサマーロール（95ページ）, ココナッツ・イエローカレーソース（118ページ）

キヌアのミニクロケット（103ページ），みそとタヒーニのソース（121ページ）

パワーバー　バニラチャイ味（159ページ），アーモンドミルク（61ページ）

フェンネルと玉ねぎ，レンズ豆の煮込み（175ページ）

ローストカリフラワーとひよこ豆のタコス（196ページ）

チポトレ，くるみ，きのこのライスバーガー（228ページ），
コールスロー（下巻）

豆腐とかぼちゃのラビオリ，レモンとセージのクリームソース（266ページ）

カナダ風精進そば（278ページ）

毎日つくれる!

ヴィーガン・レシピ 500 上

美味しいレシピ

ダグラス・マクニッシュ=著

富永暁子=監訳　大森敦子=訳

NEWTON PRESS

毎日つくれる！
ヴィーガン・レシピ
美味しいレシピ
500 上

謝辞

料理の本の出版は簡単なことではなく，とても私一人の力ではなし得ませんでした。出版の始まりからゴールまで，長い道のりの間に大勢の方たちがさまざまな力を貸してくれました。ここに感謝の言葉を記したいと思います。

このプロジェクトを始めた頃に亡くなった母へ。子どもの頃，一緒にニョッキをつくったことを今でも覚えています。あなたが教えてくれたことは，今も私のなかで生き続けています。それはあなたの魂であり，あなたが与えてくれたインスピレーションのおかげで，私はシェフという道を選びました。あなたの魂は本書のなかでも輝き続けるでしょう。

妻のキャンディスへ。私を信じ支えてくれ，いつも前向きに応援してくれるきみなしでは，私はどうなっていたかわかりません。きみという妻，そして親友を得た私は本当に幸せ者です。

大切な友，リサ・ボーデンへ。あなたは，「自分は小さすぎる存在で何かに影響を与えることなどできないと感じているなら，蚊と一緒に寝てごらんなさい」というダライ・ラマの言葉を思い出させてくれた人です。私を信じてくれて，家族のように接してくれてありがとう。僕が働いていたヴィーガンレストラン『ロー・オーラ』のドアをあなたが入ってきたそのときから，私の人生はよいほうへ変わったのです。感謝してもしきれません。

ザ・ビーン，マイカへ。

私を信じ，本の出版を常にビジネス面で支えてくれたボブ・ディーへ。

ジュディス・フィンレイソンへ。専門家の目と伝統料理に関する膨大な知識，優れた編集技術と長時間におよぶ作業に感謝します。あなたなしに，この本が日の目を見ることはなかったでしょう。

トレーシー・ボーディアンへ。あなたの専門家としての洞察力にはいつも驚かされます。あなたとまた一緒に仕事ができてうれしかったです。そのかいあって，本書のレシピは格段によいものになったと確信しています。

鋭い目をそなえた編集者のジリアン・ワッツへ。

ケビン・コックバーンならびにスタッフの皆さんは，本書をしっかりまとめてくれました。ありがとうございました。

わがスタッフ全員へ。本当にがんばってくれてありがとう。ビジネスは簡単にはいきません。きみたちのすばらしい働きなしにやっていくことは不可能でしょう。

最後に，私を支えてくれる皆さまに感謝します。私が今ここにいられるのは，あなた方一人ひとりのおかげです。レストランのお客さま，レッスンの受講者，その他さまざまなかたちで私をサポートしてくださった方々にこの本を捧げます。

はじめに

ヴィーガンというライフスタイルは，今では広く知られるようになりました。テレビで紹介されたり，雑誌で取り上げられたり，ヴィーガン料理の本がベストセラーになったりするのも当たり前のことになっています。しかし，私がオーガニックのヴィーガン料理を始めた2005年頃は，まったく状況が違っていました。「ヴィーガン」という言葉さえ聞いたことがない人がほとんどで，当然ながらヴィーガン料理の本など，ほんのわずかしか出版されていませんでした。参考にすべきものが少ないなか，シェフとしてヴィーガン料理の腕を磨いていくのは難しいことでした。私は人に頼ることをやめ，自分がマスターしたレシピを見直し，材料を植物由来に替えて再現する方法をとるようになりました。もちろん，すべてうまくいったわけではありませんが，試行錯誤を繰り返しながら，レシピを増やしていったのです。

最高の技術を学んだシェフとして，自分の仕事はすばらしい味と食感，美しいいろどりを創造することだと思っています。また，ヴィーガンの一人としては，自らの技術を最大限に駆使して，元の料理に勝るとも劣らないヴィーガン版の一品をつくりたいと思うのです。私はよくこんなふうに考えます。新しいレシピを開発するときのプロセスは1/3がひらめき，1/3が知識，そして残りの1/3は失敗からの学びだと。どのレシピも，最終的にどんな味と食感で，食べたときに口の中でどう感じるのか，と考えるところから始まります。つまり，完成像を思い描き，そこからさかのぼって分析し，再現していくのです。

私が本書で公開したレシピはすべて植物由来であり，きわめてバラエティに富んでいます。ヴィーガンの方はもちろん，そうではない家族の方々もきっと同じように楽しみ，気に入っていただけるのではないでしょうか。読者の皆さまがオーガニックでグルテンフリーのヴィーガン料理をつくるときに，必ずや本書を手に取ってくださることを願ってやみません。

私がおいしくて栄養価の高いヴィーガンのレシピ開発に心血をそそいだ一番の理由は，いわゆるヴィーガン食品として市場に出回っているものが決して健康的ではないからです。これは実体験から学んだことですが，たいてい，精製塩や保存料，過度に精製された穀物やデンプン，体によくない甘味料や脂質が使われているのです。ヴィーガンカフェでシェフとして働いていた若い頃，私は誤ったヴィーガン食品を食べていたせいで，18kgも太ってしまいました。ヴィーガン食もほかの食べ物と同じで，よいものもあれば悪いものもあるのです。常に食品表示を読み，自分が食べるものについてよく知ることを心がけましょう。果物や野菜，ナッツ，種子類，穀類，豆類などの食材は，加工されていないもの（ホールフード）を選ぶようにしましょう。丸ごとの食材には，栄養も丸ごと残されているのです。

本書で基本的なヴィーガンの料理法を学び，使用する食材（次ページ）に関する知識を得たら，私のレシピを普通の料理と大差なく簡単につくれるようになるはずです。

厳格なヴィーガンの方も，植物由来の食べ物に興味をもち始めた初心者の方も，ぜひ本書のレシピで料理を楽しんでください。まずは自宅のキッチンにある食材を使って，私のやり方とレシピを試してみることをおすすめします。少しだけ練習して基本をつかんでしまえば，ほら，もう，あなたはお家のマスターシェフです。

私のキッチンからあなたのキッチンへ
シェフ　ダグ・マクニッシュ

ヴィーガン＆グルテンフリーの食材について

食材選び

おいしくて健康的な料理をパパッと手早くつくるには，食材がそろっていることが肝心です。この章では，本書のレシピに必要な基本食材について紹介します。

農薬が体におよぼす影響を避けるためにも，できるだけ地元で有機栽培された（オーガニックの）旬の野菜や果物を選ぶようにしましょう。とうもろこしや大豆製品を買うときは，遺伝子組み換え作物（GMO）を避け，オーガニックのものを選びましょう。北米産のとうもろこしと大豆にはGMOが多いので注意が必要です。公正で倫理的な運営を心がけている野菜直売所や個人経営の食料品店，健康食品店では，商品に関する確かな情報を得ながら，安心して買い物ができます。大手スーパーなどでは，商品の原産地などを確認するようにしましょう。

精製粉について

私はできるだけ精製されていない食材を使うように努めていますが，理想の口あたりや食感を再現するために精製品を使う場合もあります。米粉，片栗粉，タピオカ粉，葛粉などは最高の結果を出すために欠かせない材料です。たとえば，米粉は挽く前に米粒から糠（ぬか）が取り除かれているため，非常にきめ細やかな食感を生み出します。栄養を丸ごと含む玄米粉ではなく，精製された米粉を使ってこそ，なめらかな口あたりにしあがるのです。結果の違いは明らかで，これは玄米粉では不可能なことです。また，片栗粉などのデンプンは食感

スパイスとハーブ

【スパイス】
- オールスパイス
- オニオンパウダー
- ガーリックパウダー
- 海塩
- カイエンペッパー
- カルダモン（ホール，粉）
- カレーパウダー
- キャラウェイシード
- クミン（ホール，粉）
- クローブ（粉）
- 黒こしょう（ホール）
- 五香粉
- コリアンダー（シード，粉）
- サフラン
- シナモン（スティック，粉）
- ジンジャーパウダー
- ターメリック（粉）
- チポトレパウダー

- チリパウダー
- 唐辛子（フレーク）
- ナツメグ（ホール，粉）
- バニラエクストラクト（アルコールフリー）
- バニラパウダー
- バニラビーンズ（ホール）
- パプリカ（スイート，スモーク）
- フェンネルシード（ホール，粉）
- フェネグリークシード
- ブラックソルト（カラナマック）
- ベルベル（スパイスミックス）

【ハーブ（生，乾燥）】
- オレガノ
- 香菜（パクチー，シラントロー）
- セージ
- タイム
- チャイブ

- ディル
- バイマックルー（こぶみかんの葉）
- バジル
- パセリ
- ベイリーフ（ローリエ）
- ローズマリー

生のハーブの切り方：片手で茎の下のほうを持ち，反対の手の親指と人差し指ではさみながら，下から上へすべらせて葉を落とします。茎は野菜だしなどに使います。葉をきざむときは，よく切れる包丁を使いましょう。叩いたり押しつぶしたりすると変色の原因になります。

バニラについて

　本書では，オーガニックでアルコールフリーのバニラエクストラクト，またはオーガニックのバニラを挽いたバニラパウダーを使用しています。どちらも品ぞろえのよい健康食品店やオンラインストアで入手できます。バニラパウダーを使うと風味が格段によくなりますが，しあがりに影響が出ないようであれば，バニラエクストラクトで代用してもかまいません。

	バニラエクストラクト		バニラパウダー
	小さじ 1/2（2ml）	＝	小さじ 1/4（1ml）
	小さじ 1（5ml）	＝	小さじ 1/2（2ml）

を出したり，食材のつなぎにしたりするために欠かせない材料です。

　ヴィーガンかつグルテンフリー[1]の調理法は，ここ数年でかなり進化しています。それでもまだ精製粉を使わざるを得ないことがありますが，本書では最小限に抑えています。

調味料

赤ワインビネガー

　フルボディの赤ワインのような風味は，マリネやサラダドレッシングに欠かせません。ローズマリーやオレガノなど，香りの強いハーブを使ったレシピにぴったりです。

玄米酢

　米酢よりもまろやかな風味です。

米酢

　白米からつくった酒に酢酸を加えて発酵させてつくる酢で，玄米酢よりアルコール度が高く糖度は低めです。マリネやソース，すしなどに使います。

白ワインビネガー

　さっぱりした風味でドレッシングやディップ，ソースに最適です。赤ワインビネガーが味の濃い料理に使われるのに対して，白ワインビネガーは軽めのサラダドレッシングなどに用いられます。

たまりしょうゆ

　小麦を使っていないため，グルテンフリーです。味わいが豊かで香りが強く，料理にうまみと口あたりのよさをもたらします。グルテンフリーのしょうゆで代用してもかまいませんが，たまりしょうゆの深い風味にはかないません。

ドライマスタード

　スパイスをブレンドしたり，具材にもみ込んだりする際，少量だけ使いたいときに便利です。スープやシチューなどに，ディジョンマスタードの代わりに使うことができます。ドライマスタードは輸入食品店やオンラインストアで販売されており，マスタードシードパウダーとも呼ばれます。

ニュートリショナルイースト

　てんさい糖をつくるときに生じる糖蜜を発酵させた酵母を不活性化したものです。チーズのような深みのある豊かな味わいです。ポップコーンや米，キヌアや野菜などにふりかけたりと，用途はさまざまです。ビタミンB群を多く含んだ，栄養の高いブランドのものを選びましょう。

---

[1] グルテンフリーとは，小麦に含まれるタンパク質グルテンを含まないことを意味します。

焙煎ごま油

焙煎ごま油はアジア料理には欠かせない調味料です。本書では生のごま油（太白）ではなく，炒りごまの風味を味わうために焙煎ごま油を選びました。

バルサミコ酢

バルサミコ酢のなかには，製造過程でゼラチンのような動物性原料が使われているものがあります。気になる場合は，販売店か輸入元に問い合わせましょう。

海鮮醤（ホイシンソース）[2]
<small>かいせんじゃん</small>

厳格なグルテンフリー食の方は，小麦が使われていないものを選ぶように注意してください。オンラインストアやアジア系の店で入手可能です。

ホットソース

タバスコのような唐辛子のソースです。厳格なグルテンフリー食の方は表示を確認しましょう。輸入食品店や健康食品店で取り扱っています。

みそ（玄米みそ，信州みそ，ひよこ豆みそ）

原料に麦が使われているみそにはグルテンが含まれます。厳格なグルテンフリー食の方は，グルテンフリーと明記されたみそを使いましょう。

みりん

みりんの糖分は発酵過程でできる自然のものであり，豊かでまろやかな甘みがあります。日本料理には欠かせない調味料です。

りんご酢

非加熱・非濾過（ロー）[3]でつくられたりんご酢の底には，澱がたまっているのが見えます。これは，発酵の過程でできた「マザー」という体によい酵素です。消化がよく，デトックス効果が期待できます。

甘味料

アガベシロップ

アガベシロップとは，アメリカのニューメキシコ州原産のブルーアガベのピニャと呼ばれる中央部分から採れるシロップです。必ずオーガニックで低温処理（ロー）のものを選びましょう。遺伝子組み換えではない100％天然の甘味料で，自然にできた果糖（フルクトース）を含み，GI値が低いのが特徴です。ゆっくりとグルコースに分解されるため，エネルギーが持続します。

ココナッツシュガー

ヤシの花のつぼみを切って，そこから流れ出す樹液からつくられる天然の甘味料です。GI値が低く，血糖値の急上昇を防ぐといわれています。天然のミネラルを含み，味はライトブラウンシュガーに似ています。ほとんどのレシピで，白砂糖の代わりに，同量のココナッツシュガーを使うことができます。

純粋メープルシロップ

純粋メープルシロップは，カエデの木の樹液だけでつくられています。樹液をゆっくり煮詰めて水分を蒸発させるので，ミネラル分が多く，深い風味があります。ソースやパン，デザートに使います。

ナチュラルブラウンシュガー（ローブラウンシュガー）

サトウキビの最初の搾り汁からつくられるので，天然のミネラルを含む糖蜜（モラセス）が残っ

---

[2] 「海鮮」という言葉が使われていますが，魚介類は含まれていません。

[3] 「ロー」とは「生」という意味で，発酵食品を加熱して発酵を止めたり，食材を高温加工して栄養素を破壊したりせず，できるだけ体によい成分を残す加工法です。ローのりんご酢がない場合は，純りんご酢で代用できます。

ています。ダービナードシュガーという名前で売られていることがあります。精製ブラウンシュガーよりも深みのある甘さです[4]。

モラセス（ライト，ファンシー，ダーク，ブラックストラップ）

砂糖の製造過程で，サトウキビやてんさいを搾ったときの副産物である糖蜜を煮沸してつくられたシロップをモラセスといいます。味が濃くて深く，バーベキューなどのソース，パンや焼き菓子などによく使われます。ビタミンB群を豊富に含むブラックストラップモラセスは，ヴィーガンの強い味方です。

オイル

オリーブオイル（エクストラバージン）

ドレッシングやディップ，ソースなどの生食用に向いています。発煙点は中間で，加熱調理もできます。ただし値段が高めで，加熱して体によい脂肪酸を壊さないためにも，私個人としては生食用に大事に使っています。

グレープシードオイル

料理の味を変えない自然の風味があり，発煙点が高いため，炒めものやソテーに適した使いやすい油です。グレープシードオイルを選ぶときは，オーガニックであることはもちろん，抽出過程で化学薬品が使われていないものを選びましょう。

ヘンプシードオイル（低温圧搾）

生の麻の実（ヘンプシード）を搾ってつくられる濃い色をしたオイルで，オメガ脂肪酸を多く含みます。発煙点がきわめて低いうえに，加熱するとオメガ脂肪酸が破壊されてしまうので，加熱調理には用いずに生で使います。

ココナッツ製品

ココナッツオイル（バージン，精製）

バージンココナッツオイルは，ココナッツの実を低温圧搾したときに最初に出るオイルで，体によい脂肪酸を豊富に含みます。ココナッツの香りもある程度残っているので，料理に使うときは注意が必要です。精製ココナッツオイルは2度目以降の圧搾で出たオイルで，香りも脂肪酸も，ほぼ残っていません。

ココナッツクリーム

ココナッツミルクよりも水分量が少なく脂肪が多めです。ソースやディップ，アイスクリームのようなデザートなど，用途はさまざまです。大型スーパーや輸入食品店，自然食品店で探してみましょう。

ココナッツシュレッド（細切り，無糖，無漂白）

細切りのココナッツはデザートやサラダ，シリアルに加えたり，揚げものの衣にしたり，手軽にさまざまな使い方ができます。亜硫酸ガスで漂白されていないもの，保存料が使われていないものを選びましょう。これらの保存料は，ひどい頭痛など体への悪影響の原因になります。

ココナッツバター

生のココナッツの果肉とオイルを混ぜ合わせたものがココナッツバターです。こっくりとした豊かな味わいで，スプレッドやディップ，ソースやデザートに使います。大型スーパーや自然食品店などで入手できます。

---

[4] 製造過程と成分は日本の黒砂糖に近いですが，タービンで回転させてつくるため，さらさらしていて，やや粒の大きな砂糖になります。

ココナッツミルク

ブラウンココナッツのかたい果肉をすりおろして，濾（こ）したものです。ソースやディップ，スープやシチュー，カレーなどで使います。

ナッツ類とナッツバター（低温処理）

生のナッツ類には栄養が豊富に含まれています。私は数種類を常備しており，サラダにトッピングしたり，ソースやドレッシングに混ぜたり，そのままおやつに食べたりしています。ナッツのカロリーと脂肪分を心配する声も聞かれますが，これまでの研究結果によると，ナッツは栄養価が高く，心臓や血管を健康に保つメリットのほうが大きいと指摘されています。

また，オーガニックのピーナッツバターやアーモンドバターも常備しています。スムージーに加えたり，にんじんやセロリなどの生野菜につけたり，クラッカーにのせたりと，手軽に栄養補給したいときにぴったりです。

種子（シード）類とシードバター（低温処理）

ナッツ類同様，生の種子類も栄養豊富で，ナッツと同じように使えます。種子類には栄養がぎっしり詰まっているといっても過言ではありません。

たとえば，ごまのペースト，タヒーニは2〜3種類の調味料と混ぜ合わせれば，あっという間においしいソースができあがるので，必ず1びんは常備しています。パンプキンシードバターは，グルテンフリーのパンやクラッカーに塗ったり，スムージーに入れたりして楽しめます。

- ごま（白，黒）
- タヒーニ（練りごまで代用可）
- チアシード（白，黒）
- フラックス（亜麻仁）シード（ゴールデン，ブラウン）

- パンプキンシードバター
- パンプキンシード
- ひまわりの種
- ヘンプシード（麻の実）皮なし

大豆製品

枝豆

まだ若くて青い大豆が枝豆です。ゆでてそのまま食べたり，サラダのトッピングに使ったり，あるいは炒めものに足したりでき，タンパク質強化に便利です。

絹ごし豆腐

絹ごし豆腐はソースやディップ，デザートなどのレシピで使います。パンや焼き菓子などにも応用できます。

テンペ（加熱殺菌していないもの，冷凍）

私は加熱殺菌していない冷凍テンペをよく使います。やや粘り気があり，肉のような食感で，腸によい生きたテンペ菌が豊富です。ふだんの料理でも，肉や豆の代わりに使ってみてください。いろいろな用途がありますが，炒めものやパスタの具，あるいはポロポロほぐしてサンドイッチの具にしてもよいでしょう。冷凍テンペが見つからない場合は，冷蔵のもので代用できます。

豆腐

豆腐[5]はかたさや質感によって使い方が変わります。かたく水切りしたものは炒めものに，さっと水切りしたやわらかめのものはパンやシチューに応用することができます。

---

[5] 北米で売られている豆腐にはかため，ミディアム，ソフトと3種類あります。かためは焼き豆腐のように水分が少ないもの，ミディアムは日本の木綿豆腐と同程度，ソフトは絹ごし豆腐ほどのやわらかさです。

雑穀類

アマランサス

　正確には，アマランサスは種子に分類されます（後述するキヌアも同様）。アマランサスはタンパク質が豊富で，グルテンを含みません。スープやシチュー，プディングやクッキーなどに使います。米の代用にもなります。

オート麦（えん麦）

　ロールドオーツまたはオートミールとして売られています。クイックオーツはオート麦の粒を軽く炒り，蒸したあとで半分に切り，ローラーで平たくつぶしたものです。すぐに調理できるので，クイックオーツと呼ばれます。オールドファッションはそれをさらにつぶして大きなフレーク状にしたもので，より短時間で調理できます。どちらもシリアルやパン，パワーバー（エナジーバー）などの材料に最適です。一般に，オーツの形状が大きいほど栄養を多く含んでいます。

コーントルティーヤ（オーガニック，グルテンフリー）

　コーントルティーヤは，好きな具を包んでさっと食べることができて便利です。カリカリにトーストして，ソースやディップをつけて食べることもあります。一般的なサイズは直径約15cmほどです。大型スーパーや輸入食品店，自然食品店で販売されています。遺伝子組み換えでない，オーガニックのものを選びましょう。

キヌア

　小さな種子状のキヌアは白，赤，黒の3色がありますが，最も普及しているのは白キヌアです。どの種類もスープや炒めもの，シチュー，チリビーンズなどに応用がきく雑穀です。白キヌアは炊き上がるとふわっとやわらかくなるので，米飯の代用にぴったりです。赤と黒のほうは，炊き上がりがぎゅっと詰まった食感でナッツのような風味があり，サラダやスタッフィングに向いています。キヌアはタンパク質が非常に豊富で，グルテンを含みません。

キビ

　黄味がかかった小粒の古代雑穀で，コーンミールに似ています。白いものや赤に近い色のものがあり，グルテンを含みません。シリアルやスープ，シチューに加えたり，米の代用としていろいろな料理に応用できます。ビタミンB群とカルシウム，鉄分が豊富です。

そば

　タデ科の植物であるそばは，タンパク質とビタミンB群が豊富で，グルテンを含みません。そばの実はシリアルやプディング，デザートにも応用できます。

とうもろこし

コーンミール（臼挽き，細粒，ミディアム，粗挽き）

　乾燥させたとうもろこしを挽いた粉です。必ずオーガニックの遺伝子組み換えでないものを選びましょう。コーンミールでは，水分を加えて煮るとおかゆのようなポレンタができ，揚げものの衣にするとサクサクした食感にしあがります。

テフ

　芥子の実ほどの大きさをした，栄養豊富な雑穀です。米やキヌアと混ぜても相性がよく，スープやシチューなどに使用します。コーンミールの代わりに使うこともあります。

ワイルドライス

　栄養が詰まったワイルドライスは，先に調理してからスープやシチュー，スタッフィング，サラダなどに追加します。ふだんの白米や玄米の代わりにしてもよいでしょう。

米
赤米

赤米は赤茶色の小粒の穀物で，大型スーパーや自然食品店などで取り扱っています。一般的な種はブータンやフランスのカマルグ地方，タイの赤米です[6]。

ナッツのようなほどよい風味があり，味の濃い料理と相性がよいので，カレーやスープ，シチューに使われます。

アジア風ライスヌードル（玄米麺）

玄米のライスヌードルは大型スーパーやオンラインストアで取り扱っています。炒めたり，スープやサラダにしたりするのにもぴったりです。一般的にタイ料理で使われますが，中華料理や和食，地中海風にも応用できます。

黒米

濃い黒色をしており，栄養が詰まっています。炊き上がりはパラパラとしており，すし飯に混ぜたり，白米や玄米の代用にしたり，あるいは炒めものやサラダに混ぜたりしてもよいでしょう。

玄米（短粒，長粒）

玄米はとても使い勝手のよい食材です。そのままでももちろん，すし飯やスープ，シチュー，サラダなどに大活躍します。短粒種の玄米はデンプンが多いためもっちりと，長粒種はふんわりとした炊き上がりになります。

玄米トルティーヤ（グルテンフリー）

一般的に白っぽい色で，サイズは直径20〜25cm，保存料不使用のものは冷凍食品のコーナーにあります。使用前に室温に戻してください。ブリトーやラップ，ケサディアなどに使えます。包む前に少し温めるとやわらかくなり，扱いやすくなります。

玄米パスタ（乾麺，グルテンフリー）

乾麺のパスタは，ゆでてソースとタンパク源を加えれば一食完成する手軽さがあります。グルテンフリーの玄米パスタには，ラザニア用，フジッリ，マカロニ，スパゲティ，フェットチーネ，リングイネなど，さまざまな形状のものがあります。グルテンフリーのパスタは，たっぷりの沸騰したお湯でゆでましょう。

ジャスミンライス

粒の長い米で，「香り米」とも呼ばれるその芳醇な香りゆえに，インドやタイ料理に最適です。スープやサラダ，シチューやカレーに使えます。炊き上がりはやわらかく，ふんわりした食感です。

グルテンフリーの穀粉（こくふん）

グルテンフリーの穀粉類は常備しておきたいものです。玄米粉，ソルガム粉，米粉が一般的ですが，米粉は精製粉なので，本書のレシピでは使用を最低限に抑えています。タピオカ粉や葛粉などのデンプンも精製されていますが，どうしても欠かせない場合にかぎって使います。キヌア，キビ，そば，ひよこ豆の粉はいずれも栄養価に優れた全粒粉で，それぞれ用途に合わせて使い分けています。

自分で粉を挽く

ハイパワーのミキサーを持っている方は，自分で穀物を挽いて粉にしてはいかがでしょうか。ミキサーに1〜2カップ（250〜500ml）の穀類を入れて，小麦粉のような状態になるまで回します（ミキサーが過熱しないように，一度に入れる量に注意してください）。プロ向けの調理器具店やキッチン雑貨の店で売られているミルでもつくれます。説明書をよく読み，それぞれの穀物に合った使い方をしてください。

---

[6] 国産のものも多数あります。

粉の特徴を知る

　一口にグルテンフリーといっても，市販の粉はブランドによって大きく違い，薄力粉のように細かい粒子のものもあれば，とても目の粗い粉もあります。レシピ通りにつくっても，挽き方の差がしあがりに大きな違いをもたらします。

　粗挽きの粉でつくると，ボソボソした食感にしあがることが多く，細粒の粉を使うべきところで粗挽きを使うと全体がまとまらないこともあります。私のレシピでは，特に注意書きがないかぎり，細粒の粉を使うほうがしあがりがよくなると思います。目の細かい粉のほうが水分や油分を吸収し，まとまりもよくなります。粉について疑問がある場合は，メーカーや販売店に問い合わせてみましょう。

グルテンフリーの穀粉の取り扱い

　グルテンフリーの粉は，計量前に一度通気させます。ボウルに入れて泡立て器で軽く混ぜ，ダマをほぐしましょう。それから計量カップですくい，ナイフの背ですり切ります。空気を少し含ませると軽いしあがりになります。

　一般的に，ヴィーガン・グルテンフリーのレシピは，小麦粉を使った料理とまったく同じになることを目指してはいません。特に全粒粉を使う場合，その違いははっきりとわかります。全粒粉のパンケーキやワッフルやパンなどは，普通の小麦粉を使った場合よりも重くて詰まった食感になります。これは，しっとりもちもちした食感にする

タンパク質であるグルテンが使われていないためです。

アーモンドパウダー（皮なし）

　生のアーモンドを熱湯につけて殺菌し，皮を取り除き，細かく挽いたものです。ショートブレッドやケーキなど，デリケートな食感としあがりを引き出すために必要です。

キヌア粉

　揚げものの衣として使うと，カリッとしたしあがりになります。クッキーやマフィン，ケーキでも使います。

玄米粉

　玄米を挽いた玄米粉はケーキやペストリー，揚げものの衣に使います。

米粉

　精米された白米の粉です。なめらかでしっとりしたしあがりになります。ケーキやペストリー，パンケーキやドーナツなどにも最適です。

そば粉

　殻を取り除いたそばの実を挽いたものです。パンケーキ，マフィン，クッキーなどの焼き菓子にぴったりです。

ソルガム粉

ソルガム粉がブレンドされたグルテンフリー粉は，パンやケーキ，ペストリーに広く使われています。ボソボソしたしあがりにならないように，細粒を選びましょう。

タピオカ粉

タピオカ粉も，パンやケーキ，ペストリー向けのグルテンフリー粉ブレンドに広く使われています。パンにはもちもち感を，ペストリーにはサクサク感を与え，ソースにはとろみをつける万能粉です。コーンスターチの代用にもなります。

ひよこ豆粉

タンパク質を豊富に含んでいます。卵の代わりのつなぎとして使うレシピもあります。使いすぎると，やや苦味が出るので注意が必要です。

デンプンと凝固・増粘剤

アガー

アガーは寒天と同様に，海藻を主成分とした植物性のゲル化剤です。寒天よりもゼラチンに近い弾力のあるしあがりになり，ソースやデザートなどに使われます。

アロールート（葛粉）

南米原産の熱帯植物の根からつくられる細かい粉です。グルテンフリーのパン・お菓子づくりでは，ブレンド粉をまとめ上げる役目を担います。

コーンスターチ

とうもろこし由来のデンプンの細かい粉です。遺伝子組み換えでない，オーガニックのものを選びましょう。とろみづけに使う場合は，まずは水に溶いてからソースなどに加えます（水溶き片栗粉と同じ要領です）。厳格なグルテンフリー食の方は，品質表示を確認して，小麦製品と同じ施設で加工されていないものを選びましょう。

キサンタンガム

とうもろこし由来の糖分を発酵させた白い粉末です。こちらもオーガニックのもの，少なくとも遺伝子組み換えでないものを選びたいところです。パン・お菓子づくりの増粘剤として，デザートやソース，ディップの安定剤として使います。使いすぎるとゴムのような食感になるので，レシピの分量通りに必要な分だけ使いましょう。

パンと焼き菓子

重曹（ベーキングソーダ）

パンやお菓子づくりで，ふくらませるために使う白い細粒の粉で，たいていのスーパーで入手できます。重曹に酸性の材料と水分が混ざると気泡が発生します。重曹を使うレシピでは，材料を混ぜる順番に注意してください。

カカオニブ（ロー）

カカオパウダーをつくるときにカカオの実を低温焙煎して割り，砕き，挽く工程で出るかけらがカカオニブです。見かけはまるで小さなチョコレートですが，砂糖が加わっていないので，甘みよりも苦みがあります。自然食品店やオンラインストアで販売しています。

カカオパウダー（ロー）

低温で焙煎したカカオ豆を挽いたものです。カカオバターの脂肪分（チョコレートやカカオ豆の脂肪分）がほぼ取り除かれており，粉状です。本書のレシピでは，同量のココアパウダーでも代用できますが，カカオパウダーの深い味わいにはかないません。

チョコレートチップ（乳製品不使用）

チョコレートチップを選ぶときは，乳製品が使われていないかをチェックしましょう。また，厳格なグルテンフリー食の方はグルテンフリーと明記されたものを選びましょう。クッキーやマフィ

ンに手軽に使えます。ヴィーガン用のチョコレートチップが手に入らない場合は，ヴィーガン用チョコレートを砕いて使うことができます。

ベーキングパウダー（グルテンフリー）

　ベーキングパウダーは一般に，炭酸ナトリウム（重曹）と弱酸性のクリームオブターター，水分を吸収する成分でできています。イーストを使わないレシピで，膨張剤として使います。水分に反応して炭酸ガスを発生し，その気泡で生地をふくらませます。ベーキングパウダーは小麦が使われているものがほとんどなので，注意しましょう。

マカパウダー

　アンデス山脈原産の根菜，アンデスにんじんとも呼ばれるマカの粉末です。薄茶色で，香ばしい焦がしキャラメルのような風味があります。デザートやソース，スムージーに最適です。大型スーパーや自然食品店で入手できます。

豆類

　ヴィーガンの食生活に豆類は欠かせない食材です。乾燥豆は大袋や量り売りで買うほうが安く，使いたい量だけ使えるので経済的です。缶詰の豆を買うときは，缶の内側コーティングに人体に有害とされているBPA（ビスフェノールA）が使わ

れていないもの，ナトリウム無添加のものを選ぶように心がけましょう。豆は流水でしっかり洗い，水気をよく切って使います。

本書のレシピに登場する豆類
- 小豆
- うずら豆（ピントビーンズ）
- キドニービーンズ
- 黒いんげん豆（ブラックビーンズ）
- 白いんげん豆（カネリーニまたはネイビービーンズ）
- ひよこ豆（ガルバンゾ）
- ムング豆（緑豆）
- ルピニ豆
- レンズ豆（緑，赤）

その他の食材
- ヴィーガンマヨネーズ
- ヴィーガンバター，マーガリン（無塩）
- スピルリナパウダー
- ダルス（乾燥）
- ディジョンマスタード
- トマト缶（ホール，ダイスカット）
- トマトペースト
- ドライトマト
- 野菜だし

基本の調理器具

　本書のレシピに必要な調理器具は，以下のリストにあるとおりです。ほとんどはもうすでにあなたのキッチンにもそろっていることでしょう。ヴィーガンの食生活に慣れてきたら，栄養の宝庫であるフレッシュジュースを手軽につくれる電動ジューサーもおすすめです。また，ミキサーも便利ですが，ハイパワーミキサーがあるとナッツや種子を挽いたり，野菜をピューレにしたり，さまざまな用途で重宝します。

・オーブントレイ	・ナッツミルクバッグ（こし袋）	・ボウル
・こし器	・ピーラー	・まな板
・耐熱皿	・フードプロセッサー	・ミキサー
・トング	・果物ナイフ	

訳者注：
1. 本書のレシピではカナダの計量カップが使われており，1カップ250mlとなっています。ml表示を併記していますが，あらかじめ250mlの計量カップを用意しておくと便利です。
2. また，スロークッカーを使うレシピを多く紹介しています。スロークッカーは火を使わず，温度と時間を設定しておくだけでよい手軽さから，カナダやアメリカでは人気の調理家電です。近年は日本でも人気が高まっている多機能調理鍋にも，スロークック機能が搭載されています。スロークッカーの代わりに，炊飯器やガス台で調理することもできます。
  スロークッカーを使わない場合の目安：①スロークッカー低温設定で6時間煮込むレシピの場合，炊飯器で5時間ほど保温する。②スロークッカー高温設定で3時間煮込むレシピの場合，保温性のよい鍋とふたを使用し，ガスコンロやIH調理器のとろ火で3時間ほど煮込む。
3. 「ジュース，スムージー，植物性ミルク」の章では電動ジューサーを使用するレシピが多数あります。これは，開口部から野菜や果物を入れ，ジュースと搾りかすに分けて出すタイプのジューサーなので，ミキサーと違い，水分を加えずにジュースがつくれます。
4. なお，各レシピのページに書かれた食品の保存期間は目安です。環境によって異なりますので，ご自身でご判断ください。

朝食

カシューナッツヨーグルト　レモンバニラ

なめらかな口あたりで，朝食にぴったりのヨーグルトです。いちごやブルーベリー，ラズベリーとも合いますし，チアシードやヘンプシードなどを加えればタンパク質を増やすことができます。

3カップ（750ml）分

ポイント

ハイパワーのミキサーがあれば最適です。通常のミキサーを使う場合は，なめらかになるまで，やや長めに回してください。

カシューナッツの下準備：カシューナッツ2カップと水1Lをボウルに入れて，8時間ほどつけたあと，水を切ります。

• ミキサー（ポイント参照）

生カシューナッツ（ポイント参照）	2カップ（500ml）
水	1カップ（250ml）
レモンの皮のすりおろし	小さじ1と1/2
レモン果汁	1/2カップ（125ml）
バニラパウダー（7ページ参照）	小さじ1/4

1. ミキサーに材料をすべて入れ，高速で回します。ときどき止めてミキサーの内側をゴムべらで中に混ぜ込みながら，全体がなめらかになるまで回します。密閉容器で1週間ほど冷蔵庫で保存できます。

アマランサスのオートミール

伝統的な朝食のオートミールを，完全タンパク質*を豊富に含むアマランサスでつくります。熱々でクリーミー，寒い朝は冷めないうちにいただきましょう。

4人分

ポイント

古代雑穀の一種であるアマランサスは，大型スーパーや自然食品店で入手できます。生のカシューナッツやアーモンド，ひまわりの種，ヘンプシード，チアシードなどをトッピングすれば栄養価も高まります。

水	3と1/2カップ（875ml）
アマランサス（ポイント参照）　洗って水を切る	1カップ（250ml）
純粋メープルシロップ（8ページ参照）	80ml
またはアガベシロップ	60ml
シナモン（粉）	小さじ1/2
海塩	少々

1. 鍋に全材料を入れ，混ぜながらひと煮立ちさせます。煮立ったら弱火にして，ふたをして30分ほど煮ます。アマランサスが水を吸収してやわらかく，おかゆ状になったら，温かいうちにいただきます。

---

* タンパク質を構成するアミノ酸のうち，体内で合成できない9種類の必須アミノ酸をふくむものを完全タンパク質と呼んでいます。

スティールカットオートミール

手早くできて簡単，でも栄養があってお腹も満たしてくれる朝の強い味方です。スティールカットの
オートミールをさらに細かく挽く方法なので，普通のオートミールよりも調理時間が短くてすみます。

4〜6人分

ポイント

ハイパワーのミキサーがない場
合は，清潔なコーヒーミルでも
代用できます。ミルの容量に合
わせて，分けて挽いてください。

水の代わりに植物性ミルク
（アーモンドミルクなど，61
ページ参照）を使うと，よりま
ろやかになります。

ヘンプシードは，全9種の必須
アミノ酸を含む完全タンパク質
とされています。生のヘンプ
シード大さじ1は5gのタンパ
ク質を含むだけでなく，相当量
のビタミンB_1（チアミン），B_6
（ピリドキシン），葉酸，リン，
マグネシウム，亜鉛，マンガン
が含まれます。また，ヘンプシー
ド大さじ2には，1日に必要な
量のオメガ3必須脂肪酸が含ま
れます。

• ハイパワーのミキサー（ポイント参照）

スティールカットオーツ（グルテンフリー）	1カップ（250ml）
熱湯（ポイント参照）	3カップ（750ml）
純粋メープルシロップ	大さじ3
バニラパウダー（7ページ参照）	小さじ1/4
ブルーベリー	1/2カップ（125ml）
生ヘンプシード（皮なし，ポイント参照）	大さじ2
チアシード	大さじ1
クコの実	大さじ1

1. スティールカットオーツをミキサーに入れ，高速で回して粉状にし，
大きめのボウルに移します。
2. 熱湯をそそぎ入れ，全体がなめらかになるまで泡立て器で混ぜ，メー
プルシロップとバニラパウダーを加えてさらに混ぜます。最後に，
ブルーベリーを加えて軽く混ぜます。
3. 個々の器に分け，生ヘンプシード，チアシード，クコの実をトッピ
ングして，温かいうちにいただきます。密閉容器に移せば，冷蔵庫
で約5日間保存できます。

スロークッカーでつくる
アップルシナモンオートミール

前の晩に，スロークッカーに材料を入れてセットしておけば，次の日の朝にはやさしい甘さの温かい
オートミールができあがっています。きっとりんごとシナモンの香りで目を覚ますことでしょう。

4人分

ポイント

ココナッツクリームはココナッ
ツミルクよりも脂肪分を多く含
みます。大型スーパーや自然食
品店で取り扱っています。見つ
からない場合は，同量の缶入り
ココナッツミルク（ココナッツ
ミルク飲料ではありません）で
代用できます。

ナツメグは，目の細かいおろし
器でおろします。

スロークッカーで調理中は，ふ
たを開けないようにしてくださ
い。一度開けると熱が逃げてし
まうので，調理時間が20〜30
分延びてしまいます。

• スロークッカー（容量3.8L）

りんご　一口大に切る	2カップ（500ml）
バナナ（大きめ2本）　一口大に切る	2カップ（500ml）
ココナッツクリーム（全脂肪，ポイント参照）	1缶（400ml）
アーモンドミルク（61ページ参照）	2カップ（500ml）
スティールカットオーツ（グルテンフリー）	1カップ（250ml）
ココナッツシュガー（オーガニック）	大さじ3
純粋メープルシロップ	大さじ1
シナモン（粉）	小さじ1/2
バニラパウダー（7ページ参照）	小さじ1/4
ナツメグ　おろす（ポイント参照）	小さじ1/8
ヴィーガンホイップバター（283ページ参照）　さいの目に切る	
	大さじ3（省略可）

1. スロークッカーの内鍋にりんご，バナナ，ココナッツクリーム，アー
   モンドミルク，スティールカットオーツ，ココナッツシュガー，メー
   プルシロップ，シナモン，バニラパウダー，ナツメグを入れ，ふた
   をして低温で8時間にセットして調理します。
2. 木べらで鍋底をこそげるようにしながら混ぜます。ヴィーガンホ
   イップバターを使う場合は，ここで混ぜ入れます。温かいうちにい
   ただきます。密閉容器に移せば冷蔵庫で約5日間保存できます。

アサイー・スーパーフードボウル

栄養満点，1日の始まりに最高のスーパー朝ごはんです。

2人分

ポイント

冷凍のベリー類を混ぜると，濃厚で風味豊かにしあがります。冷凍ブルーベリーを同量のいちごやラズベリーに置き換えることもできます。

アサイーパウダーは大型スーパーや自然食品店，オンラインストアで入手できます。

- ● ミキサー

オレンジ果汁	1カップ（250ml）
冷凍ブルーベリー（ポイント参照）	1/2カップ（125ml）
チアシード	60ml
アサイーパウダー（フリーズドライ，ポイント参照）	大さじ2
バニラエクストラクト	小さじ1/4
マンゴー　一口大に切る	1/2カップ（125ml）
りんご，ラズベリー，いちご　きざむ	各60ml
生ヘンプシード（皮なし）	大さじ2
生カシューナッツ	大さじ2

1. ミキサーに果汁，ベリー，チアシード，アサイーパウダー，バニラエクストラクトを入れ，なめらかになるまで高速で回します。器に分けて，残りの材料をトッピングしていただきます。

キヌアのポリッジ　メープル＆ベリー

メープルシロップとたくさんのベリーでいただく，イギリス風おかゆです。大好評のレシピです。

4人分

ポイント

このレシピには，61ページで紹介しているアーモンドミルクの使用をおすすめします。ほかに，脂肪含有量が多いカシューミルク（61ページ参照）やココナッツミルク（62ページ参照）でも代用できます。

植物性ミルク（ポイント参照）	3カップ（750ml）
白キヌア　洗って水を切る	1カップ（250ml）
ブルーベリー，ラズベリー，いちご　それぞれ半量ずつに分けておく	
	各1カップ（250ml）
純粋メープルシロップ	60ml
シナモン（粉）	小さじ1/2
バニラエクストラクト	小さじ1/2
生ヘンプシード（皮なし）	60ml
生カシューナッツ	60ml

1. 鍋に植物性ミルク，白キヌア，メープルシロップ，シナモン，バニラエクストラクト，半量のブルーベリー，ラズベリー，いちごを入れ，ひと煮立ちさせます。煮立ったら弱火にして，ときどきかき混ぜながら，水分がなくなるまで18〜20分ほど煮ます。器に分けて，残りのベリー類各大さじ2，生ヘンプシードと生カシューナッツ各大さじ1をトッピングし，温かいうちにいただきます。

ローストピーチとチアシードのプディング

桃が旬の夏に，よく熟れた新鮮な桃を使ってつくりたい，おいしい朝ごはんです。抹茶入りグリーンジュース（41ページ参照）と合わせれば，栄養も完璧です。

2人分

ポイント

このレシピにはアーモンドミルクまたはカシューミルク（61ページ参照）がおすすめですが，どのタイプの植物性ミルクでも代用できます。

アガベシロップは，遺伝子組み換えでない低温処理（ロー）のものを選びましょう。100％天然の甘味料で，自然にできた果糖（フルクトース）を含み，GI値が低いのが特徴です。ゆっくりとグルコースに分解されるため，エネルギーが持続します。

桃は，真ん中に果物ナイフを入れて種に沿って一周させ，切り離した両側を両手で持って優しくひねり，半分に割ります。ナイフで種を取り除いてから，適当な厚さに輪切りにします。

ココナッツオイルがかたまっている場合は，小さめのフライパンに入れて弱火にかけ，温めて溶かします。

- オーブンは260℃に余熱
- オーブンシートを敷いたオーブントレイ

植物性ミルク（ポイント参照）	1と1/2カップ（375ml）
チアシード	80ml
アガベシロップ（ポイント参照）　分けて使用	大さじ3
バニラパウダー（7ページ参照）	小さじ1/4
桃（ポイント参照）	2個
液状ココナッツオイル（ポイント参照）	大さじ1
シナモン（粉）	小さじ1/2

1. ボウルに植物性ミルクとチアシード，大さじ2のアガベシロップ，バニラパウダーを入れ，よく混ぜます。チアシードが水分を吸収してふくらむまで，15分ほど置きます。
2. その間に，桃をローストします。ボウルに桃とココナッツオイル，大さじ1のアガベシロップとシナモンを入れ，桃によくからませます。オーブントレイに均等に並べ，桃がやわらかくなり，軽く焦げ目がつくまで15分ほど焼きます。オーブンから取り出し，器に取り分けます。
3. 桃に1のチアシードをかけて完成です。冷蔵庫で約2日間保存できます。

そば粉とココナッツのパンケーキ

3種類のグルテンフリー粉を混ぜ合わせて、しっとりとやわらかなパンケーキにしあげました。ヴィーガンホイップバター（283ページ参照）をたっぷり落とし、温めたメープルシロップをかけて食べるのが私のお気に入りです。

8枚分

ポイント

水を同量のアーモンドミルクまたはカシューミルク（61ページ参照）に置き換えると、より豊かな風味になります。

カシューナッツを水につける：1/2カップ（125ml）のカシューナッツを2カップ（500ml）の水につけます。30分ほど置いて、ざるに上げます。

グルテンフリーの粉は、計量する前に必ず一度ボウルにあけて、泡立て器で軽く空気を通してください。計量もより正確になります。計量カップは耐熱ガラス製のビーカー型のものではなく、定量の粉をすり切りで測れる製菓用のものを使いましょう。

この生地はかなり重めで、クッキー生地のようです。焼くとやわらかくなりますが、それでも重すぎると感じたら、水を大さじ1ずつ足しながら様子を見てください。

グルテンフリーの粉は、ブランドによって大きく異なり、ちょうどよい水の量が違うので、注意しましょう。

- ミキサー

そば粉	1カップ（250ml）
玄米粉	1/2カップ（125ml）
ココナッツ粉	60ml
重曹	小さじ1と1/2
シナモン（粉）	小さじ1/4
海塩	小さじ1/8
水（ポイント参照）	300ml
生カシューナッツ（ポイント参照）	1/2カップ（125ml）
バナナ　切る（小さめ1個分）	1/2カップ（125ml）
液状ココナッツオイル（前ページのポイント参照）	60ml
アガベシロップ（前ページのポイント参照）	大さじ2
バニラパウダー（7ページ参照）	小さじ1/4

1. 器に粉類、重曹、シナモン、塩を入れ、混ぜておきます。
2. ミキサーに、水、カシューナッツ、バナナ、ココナッツオイル、アガベシロップ、バニラパウダーを入れ、高速でなめらかになるまで回します。これを1にそそぎ、全体をよく混ぜます。生地が重い場合は水を足してもよいですが、本来とても重い生地です。
3. ノンスティック加工*のフライパンを中火にかけ、1枚あたり約60mlずつ落として焼いていきます。下面がこんがり焼け、表面に気泡が上がってくるまでおよそ4分焼き、裏返してさらに2分ほど焼きます。残りの生地も同様に焼いていきます。

---

* 油を使わないので、こびりつかないようにフッ素樹脂などがコーティングされたフライパンやホットプレートを使います。

ココナッツフレンチトースト

乳製品も卵も砂糖も使わない，やさしい甘さのヴィーガンフレンチトーストです。温めたメープルシロップと新鮮なベリーと一緒にどうぞ。

2人分

ポイント

ココナッツシュレッドは，砂糖無添加のミディアムカットを使うと，パンによくつきます。

グルテンフリーのパンは保存料とデンプンが無添加のものを使いましょう。

質の高いグルテンフリーのパンは冷凍保存しましょう。使う1時間ほど前に冷凍庫から出し，室温で解凍します。

このフレンチトーストはオーブンでもつくれます。オーブンを200℃に予熱し，オーブンシートを敷いたトレイにパンをのせ，つくり方4の段階でオーブンに入れます。ココナッツがこんがりときつね色になるまで，12〜15分間焼きます。途中で裏返すのも忘れずに。温かいうちにいただきます。

• ミキサー

アーモンドミルク（61ページ参照）	2カップ（500ml）
バナナ（小さめ2本）	1カップ（250ml）
玄米粉　分けて使用	185ml
液状ココナッツオイル	大さじ1
シナモン（粉）　分けて使用	小さじ3/4
バニラパウダー（7ページ参照）	小さじ1/4
ココナッツシュレッド（ポイント参照）	1カップ（250ml）
海塩	少々
グルテンフリーのパン（ポイント参照）	8枚
グレープシードオイル　分けて使用	60ml

1. ミキサーにアーモンドミルク，バナナ，60mlの玄米粉，ココナッツオイル，シナモン小さじ1/2，バニラパウダーを入れ，なめらかになるまで高速で回し，バットなど浅めの容器に移します。

2. ボウルにココナッツシュレッド，残りの玄米粉1/2カップ（125ml），シナモン小さじ1/4と塩を混ぜ合わせます。

3. 1にパンを入れて両面をしっかりひたしてから，2のボウルに移し，両面にまんべんなくココナッツシュレッドと粉をまぶします。

4. 大きめのフライパンでグレープシードオイル大さじ1を中火で熱し，4回に分けてパンを焼きます（ポイント参照）。パンの下面に焼き色がつくまで3〜5分，裏返して2〜3分焼きます。必要に応じてオイルを足しながら，全体に火が通り黄金色になるまで焼きます。温かいうちにいただきます。

チョコレートとヘーゼルナッツのワッフル

ふわっと軽いワッフルは，私のブランチの定番メニューです。

4〜6枚分

ポイント

ココナッツ粉は大型スーパーや自然食品店，オンラインストアで販売しています。

カカオパウダーがない場合は，ココアパウダー大さじ3で代用できます。

グルテンフリーの粉類はブランドによって差があるため，一概に水の分量を決めることはできません。このレシピの生地はかなり重めで，ワッフル型にやっとそそげる濃さです。生地が重すぎると思う場合は，アーモンドミルクを大さじ2ずつ足して様子を見てください。わからないときは，小さいサイズで試し焼きをしてみましょう。

ブルーベリーワッフルをつくる：つくり方3で，カカオとヘーゼルナッツの代わりに，冷凍ブルーベリーを1カップ（250ml）加えます。

- ミキサー
- ワッフルメーカー　予熱する

生フラックスシード（粉）	大さじ2
湯	60ml
米粉	1カップ（250ml）
玄米粉	180ml
片栗粉	60ml
アーモンドパウダー，ココナッツ粉（ポイント参照），タピオカ粉	各大さじ2
カカオパウダー（ポイント参照）	大さじ2
ココナッツシュガー（オーガニック）	大さじ2
ベーキングパウダー（グルテンフリー，ポイント参照）	小さじ1
バニラパウダー（7ページ参照）	小さじ1/4
海塩	小さじ1/4
生ヘーゼルナッツ　きざむ	1/2カップ（125ml）
アーモンドミルク（61ページ参照）	1と1/2カップ（375ml）
りんご酢	小さじ4/1
液状ココナッツオイル	大さじ2
アガベシロップ（次ページのポイント参照）	大さじ2
レモンの皮のすりおろし	小さじ1
レモン果汁	大さじ2

1. ボウルに生フラックスシードと湯を入れて混ぜ，ふたをしておきます。
2. 別のボウルに米粉，玄米粉，片栗粉，アーモンドパウダー，ココナッツ粉，タピオカ粉，カカオパウダー，ココナッツシュガー，ベーキングパウダー，バニラパウダー，塩を入れて全体を混ぜ合わせ，生ヘーゼルナッツも加えて，ざっくりと混ぜます。
3. ミキサーにアーモンドミルク，りんご酢，ココナッツオイル，アガベシロップ，レモンの皮のすりおろしと果汁を加え，なめらかになるまで高速で回します。2のボウルにそそぎ入れ，1も加えて，ダマがなくなるまでしっかり混ぜます。
4. 予熱して油（分量外）をひいたワッフルメーカーに60mlずつそそぎます。ワッフルメーカーの取扱説明書に従って焼き，温かいうちにいただきます。

フラッファーナッター・サンドイッチ

フラッファーナッター・サンドイッチは，マシュマロクリームとピーナッツバターをはさんだ甘いサンドイッチです。このレシピでは，もっと健康的に味わい豊かにアレンジしています。テンペベーコン（38ページ参照）とオレンジクリームジュース（46ページ参照）がよく合います。

2人分

ポイント

アガベシロップは，低温処理（ロー）のものを選びましょう。遺伝子組み換えでない100％天然の甘味料で，自然にできた果糖（フルクトース）を含み，GI値が低いのが特徴です。ゆっくりとグルコースに分解されるため，エネルギーが持続します。

イングリッシュマフィンの代わりに，お好きなグルテンフリーのパンをトーストしたものも使えます。

ヘーゼルナッツバター	1/2カップ（125ml）
カカオパウダー	60ml
アガベシロップ（ポイント参照）	大さじ3
バニラパウダー（7ページ参照）	小さじ1/4
ブルーベリー	1/2カップ（125ml）
いちご　ヘタを取る	1/2カップ（125ml）
イングリッシュマフィン（グルテンフリー，ポイント参照）	
2つに割ってトーストする	2個

1. ボウルにヘーゼルナッツバター，カカオパウダー，アガベシロップ，バニラパウダーを入れてよく混ぜ，ブルーベリーといちごを加えて，つぶさないように気をつけながら包むように混ぜ込みます。
2. 皿に，トーストしたイングリッシュマフィンの半分2枚を並べ，1を塗ります。その上に残りの半分のイングリッシュマフィンをのせ，さらに1を塗り，2枚重ねのオープンフェイスサンドイッチにします。

クラブサンドイッチ

ランチに食べるだけではもったいないクラブサンドイッチ。香ばしいテンペベーコン，なめらかな
ヴィーガンマヨネーズとアボカドでつくるこのサンドイッチは，1日の始まりに最適です。

大きなサンド1個分

ポイント

アガベシロップは，低温処理（ロー）のものを選びましょう。遺伝子組み換えでない100％天然の甘味料で，自然にできた果糖（フルクトース）を含み，GI値が低いのが特徴です。ゆっくりとグルコースに分解されるため，エネルギーが持続します。

リキッドスモークは，木を焚いた煙に水蒸気をさらして香りをつけ，濃縮させた調味料です。燻製せずにスモーキーな香りを簡単につけることができます。オンラインストアや大型スーパー，自然食品店で探してみてください。

サンドイッチがくずれそうなときは，楊枝などで固定しましょう。

ヴィーガンマヨネーズの代わりに，基本のひよこ豆フムス（74ページ参照）も使えます。

たまりしょうゆ	大さじ2
水	大さじ1
グレープシードオイル　分けて使用	小さじ4
アガベシロップ（ポイント参照）	小さじ2
リキッドスモーク（ポイント参照）	小さじ1/8
豆腐　しっかり水切りして5mmの薄切り	3枚
グルテンフリーのパン　トーストする	3枚
ヴィーガンマヨネーズ　分けて使用（ポイントと下巻参照）	60ml
ロメインレタス	4枚
アボカド　薄切り	1/4個
トマト　薄切り	3枚
テンペベーコン（38ページ参照）	4枚

1. ボウルにしょうゆ，水，グレープシードオイル小さじ1，アガベシロップ，リキッドスモークを入れて混ぜます。薄切りにした豆腐を入れてよくからめ，ふたをして30分置きます（一晩つけておく場合は冷蔵庫に入れます）。

2. フライパンでグレープシードオイル小さじ3を中火で熱します。つけ汁を切った豆腐を並べ，片面2～3分ずつ，こんがり色づくまで焼き，取り出します。

3. トーストにヴィーガンマヨネーズ大さじ2を塗り，ロメインレタス2枚，アボカド，豆腐をのせます。もう1枚のトーストにもヴィーガンマヨネーズ大さじ2を塗り，塗った面を上にして重ね，レタス，トマト，テンペベーコンをのせ，残ったトーストを重ねて，全体を半分に切って完成です。

しっかり朝食ラップサンド

温かいものが食べたい朝にぴったり。お腹もいっぱいになり，満足感抜群です。

2個分

ポイント

シンプルな豆腐のスクランブルのつくり方：水切りした豆腐500gを使います。フライパンでグレープシードオイル大さじ3を中火で熱し，豆腐をくずしながら加え，炒めます。焼き色がついてきたら，タイムの葉をきざんだもの大さじ1，クミン（粉）小さじ1/2，ターメリック（粉）小さじ1/4を加えて，香りが立つまで混ぜながら炒めます。火を止め，ニュートリショナルイースト180〜250mlとしょうゆ60mlを加えて混ぜます。

野菜と豆腐のスクランブルエッグ風（30ページ参照）	
	1と1/2カップ（375ml）
テンペベーコン（38ページ参照）	8枚
ヴィーガンモッツァレラ（282ページ参照）	1/2カップ（125ml）
グルテンフリーピタパン（280ページ参照）	2枚
グレープシードオイル	大さじ2

1. 清潔な台にグルテンフリーピタパンを置いて，左右を2.5cmほどあけて，野菜と豆腐のスクランブルエッグ風の半量を広げます。その上に4枚のテンペベーコン，半量のヴィーガンモッツァレラを広げます。

2. 左右の両端を具の上に折り込み，手前からきつく巻いていきます。もう1枚も同様につくります。

3. 大きめのフライパンでグレープシードオイルを中火で熱し，巻き終わりを下にして2を置きます。5分ほどして下面がこんがり焼けたら，全体に火が通るように転がしながらさらに5分ほど焼いて完成です。温かいうちにいただきます。

エルビスのラップサンド

エルビス・プレスリーの大好物だったというサンドイッチにヒントを得たラップサンドです。とろりとしたローストバナナと香ばしいピーナッツバターに，メープルシロップの甘さがたまらない朝ごはんです。半分に切ってデザートとしてもどうぞ。

2個分

ポイント

バナナが熟れすぎてしまったときは，皮をむいて，ジッパーつき保存袋に入れ，まろやかな冷たいスムージーをつくるときまで冷凍保存しておきましょう。

オーガニックの高品質のシナモンを使いましょう。スパイスミルを使って，スティックから挽くと，最高の香りが楽しめます。

- オーブンを200℃に予熱
- オーブンシートを敷いたオーブントレイ

バナナ（ポイント参照） 2～3cmに切る	2～3本
純粋メープルシロップ	大さじ2～3
ピーナッツバター（粒あり） 分けて使用	1カップ（250ml）
シナモン（粉，ポイント参照） 分けて使用	小さじ1/4
グルテンフリーピタパン（280ページ参照）	2枚

1. ボウルにバナナとメープルシロップを入れ，よくからむように混ぜます。オーブントレイにのせ，予熱したオーブンで10～12分ほど，焼き色がつくまで焼いたら，冷ましておきます。
2. 清潔な台にグルテンフリーピタパンを置き，左右を1cmほどあけてピーナッツバターの半量を広げて塗ります。1のバナナの半量も並べ，小さじ1/8のシナモンをふりかけます。
3. ピタパンの左右両端を内側に折り込み，手前からきつく巻いていきます。もう1枚も同様につくります。すぐに食べない場合は，密閉容器に入れて冷蔵庫へ。当日中に召し上がってください。

野菜と豆腐のスクランブルエッグ風

タンパク質と体によい脂質が豊富で，チーズの風味（次ページのポイント参照）がうれしい朝食の定番です。テンペベーコン（38ページ参照）とトーストを添えて召し上がれ。

6人分

ポイント

豆腐はしっかり水切りし，手で一口大にくずします。

ブラックソルト（カラナマック）はヒマラヤ山脈の北西，パキスタンが原産地です。硫黄を含んだ塩は，料理に卵の風味を加えてくれます。ヴィーガンの「卵料理」には欠かせない塩です。

グレープシードオイル	60ml
マッシュルーム　4つに切る	4カップ（1L）
赤パプリカ　粗みじん切り	2カップ（500ml）
玉ねぎ　粗みじん切り	1/2カップ（125ml）
木綿豆腐（ポイント参照）	1kg（3～4丁分）
タイムの葉　きざむ	大さじ2
たまりしょうゆ	大さじ1と1/2
クミン（粉）	小さじ1
ターメリック（粉）	小さじ1/8
ニュートリショナルイースト	80ml
ブラックソルト（ポイント参照，省略可）	小さじ1/8

1. 大きめのフライパンでグレープシードオイルを強火で熱し，マッシュルームと赤パプリカ，玉ねぎを炒めます。ときどき混ぜながら5～6分，野菜に軽く焼き色がつくまで炒めます。

2. 豆腐をくずして加え，さらに5～6分全体に火が通り，豆腐にも焼き色がつくまで炒めます。タイム，しょうゆ，クミン，ターメリックを加え，さらに2～3分，スパイスの香りが立って，水分がなくなるまで炒めます。

3. 火からおろし，ニュートリショナルイーストとブラックソルトをふりかけて混ぜ，温かいうちにいただきます。

バリエーション

カレー豆腐スクランブル：つくり方2の段階で，タイムを使わずに，クミンの量を小さじ2に増やし，カレーパウダー大さじ1，コリアンダー（粉）小さじ1，きざみ生姜小さじ1を追加します。最後にきざんだトマト60mlを加えて，全体に火が通るまで炒めます。

チーズ風味のブロッコリーと豆腐のスクランブル：つくり方2の段階で，きざんだブロッコリー2カップ（500ml）を加えて炒めます。しあげのニュートリショナルイーストを1カップ（250ml）に増やし，生ヘンプシード1/2カップ（125ml）を混ぜます。

チーズ&ベビースピナッチのグリッツ

グリッツはアメリカ南部の伝統的な朝食のメニューです。オーガニックのとうもろこしを臼で挽いたグリッツは栄養も豊富です。とろりとした食感で，家族みんなが楽しめる健康的な朝食です。

2人分

ポイント

ヴィーガンレシピにチーズは使いませんが，ニュートリショナルイーストにはチーズのような食欲をそそる風味があります。また，ヴィーガンの食生活ではなかなか満足に摂取できないビタミンB$_{12}$を豊富に含んでいます。

アーモンドミルクの代わりに，同量のカシューミルク（61ページ参照）やココナッツミルク（62ページ参照）でもつくれます。

アーモンドミルク（ポイントと61ページ参照）　1カップ（250ml）	
海塩　分けて使用	小さじ1/2
グリッツ*（オーガニック，臼挽き）	大さじ4
ニュートリショナルイースト（ポイント参照）　1カップ（250ml）	
ヴィーガンホイップバター（283ページ参照）	大さじ2
グレープシードオイル　分けて使用	大さじ2
玉ねぎ　みじん切り	大さじ2
ベビースピナッチ　カップに詰めて計量する	4カップ（1L）
トマト　2cmの輪切り	1個

1. 鍋にアーモンドミルクと塩小さじ1/4を入れて煮立たせ，グリッツを加えて混ぜ，とろみがつくまで2〜3分煮ます。火を弱めて，ときどき木べらでかき混ぜながら15〜20分，グリッツが水分を吸って鍋肌から離れ，全体がもったりとするまで煮ます。ニュートリショナルイーストとヴィーガンホイップバターを加えて全体をよく混ぜ，火を止めます。

2. フライパンでグレープシードオイル大さじ1を中火で熱します。まず玉ねぎが透明になるまで4分ほど炒め，ベビースピナッチと塩小さじ1/4を加えて，しんなりするまで1〜2分炒めます。1のグリッツに入れて全体をよく混ぜ合わせ，器に盛りつけます。

3. 別のフライパンでオイル大さじ1を強火で熱し，トマトを加えます。下面が軽く焦げるまで5分ほど，裏返してさらに2〜3分，軽く焦げるまで焼きます。2のグリッツの器にトッピングして，温かいうちにいただきます。

バリエーション

ハーブ&ガーリックのグリッツ：ニュートリショナルイーストの分量を大さじ2に減らし，きざんだイタリアンパセリとバジルの葉を各大さじ4，きざんだタイムの葉を大さじ1，ガーリックパウダー大さじ2を加えます。

---

* グリッツは，大型スーパーや輸入食品店で販売されています。GMO（遺伝子組み換え作物）を避けるためにも，オーガニックのものを選びましょう。

ヴィーガンベネディクト

伝統的なエッグベネディクトのヴィーガン版です。濃厚なオランデーズソースと栄養豊富なベビース
ピナッチを添えましょう。私の大好きな朝食の一つです。

2人分

ポイント

リキッドスモークは，木を焚い
た煙に水蒸気をさらして香りを
つけ，濃縮させた調味料です。
燻製せずにスモーキーな香りを
簡単につけることができます。
オンラインストアや大型スー
パー，自然食品店で探してみて
ください。

このレシピには，シャルドネな
どの辛口の白ワインを使います。

豆腐

たまりしょうゆ	大さじ2
水	大さじ2
アガベシロップ	大さじ1
リキッドスモーク（ポイント参照）	小さじ1/2
グレープシードオイル	大さじ1と1/2
絹ごし豆腐　水切りして4枚に切る	250g

トマト

コーンミール（オーガニック，粗挽き）	1/2カップ（125ml）
ガーリックパウダー	大さじ1
フェンネルシード	小さじ1と1/2
パプリカパウダー	小さじ3/4
海塩	小さじ1/8
ビーフステーキトマト　4枚の厚めの輪切りにする	大1個
グレープシードオイル	大さじ3

オランデーズソース

液状ココナッツオイル	60ml
玄米粉	80ml
ターメリック（粉）	小さじ1/8
白ワイン　辛口（ポイント参照）	大さじ3
レモン果汁	大さじ2
アーモンドミルク（61ページ参照）	1と1/2カップ（375ml）
ニュートリショナルイースト	大さじ1
ディジョンマスタード	小さじ1と1/2

ベビースピナッチ

グレープシードオイル	大さじ2
にんにく　みじん切り	大さじ1
ベビースピナッチ　カップに軽く詰めて計量する	8カップ（2L）
白ワイン　辛口	大さじ3
タイムの葉　きざむ	小さじ1
海塩	小さじ1/4
イングリッシュマフィン（グルテンフリー）　半分にしトーストする	
	2個

1. **豆腐**：ボウルにしょうゆ，水，アガベシロップ，リキッドスモーク，グレープシードオイルを入れて混ぜます。絹ごし豆腐を加えて全体につけ汁をからませ，ラップをかけて常温で約10分，または冷蔵庫で一晩置きます。

2. 豆腐を取り出し（つけ汁は使いません），ノンスティック加工のフライパンに入れて中火にかけ，両面それぞれ2分ほど，こんがりと色づくまで焼きます。

3. **トマト**：浅めのボウルにコーンミール，ガーリックパウダー，フェンネルシード，パプリカパウダー，塩を入れて混ぜ合わせます。ビーフステーキトマトを入れて，全体によくまぶします。

4. フライパンでグレープシードオイルを強火で熱します。衣をつけたトマトを入れ，香ばしく黄金色になるまで片面2～3分ずつ揚げ焼きにします。皿に取り出し，油を切ります。

5. **オランデーズソース**：小鍋にココナッツオイル，玄米粉，ターメリックを入れ，中火で3～4分，混ぜながら煮ます。粉っぽさがなくなったら白ワインを加え，ときどきかき混ぜながら2分ほど煮詰めます。レモン果汁を加え，弱火にして約1分煮て，アーモンドミルクを混ぜながら加え，火を強めてひと煮立ちさせます。煮立ったら弱火にし，ふたをせずに2～3分かき混ぜながら煮詰めます。スプーンを挿して出したときにからむ程度に煮詰まったら火を止め，ニュートリショナルイーストとディジョンマスタードを加えます。目の細かい濾し器を使い，鍋から器にソースを濾し入れ，ダマを取り除きます。膜ができるのを防ぐため，器にラップをかけておきます。

6. **ベビースピナッチ**：フライパンでグレープシードオイルを中火で熱し，にんにくを1分ほどソテーします。ベビースピナッチと白ワインを加え，よく炒めます。2～3分炒めて全体がしんなりして水分が飛んだら，きざんだタイムと塩を加えて混ぜ，火を止めます。

7. **盛りつけ**：皿にトーストしたイングリッシュマフィンを2枚ずつ置いて，**6**のベビースピナッチ1/4，**4**のトマト1枚，**2**の豆腐1枚の順に重ねます。オランデーズソースをたっぷりかけて，温かいうちにいただきます。

豆腐のフリッタータ

フリッタータはイタリア料理の一つで，伝統的なレシピでは卵，小麦粉，チーズ，牛乳でつくります。ここでは，豆腐とグルテンフリー粉，ニュートリショナルイーストとアーモンドミルクを使い，おいしいヴィーガンバージョンができました。

6～8人分

ポイント

しっかり水切りした木綿豆腐または焼き豆腐と，水切りした絹ごしを使用します。木綿豆腐は，手で一口大にくずします。

- オーブンを180℃に予熱
- ミキサー
- 25cmのパイ皿　油（分量外）を塗る

ココナッツオイル	大さじ2
にんにく　みじん切り	3かけ
玉ねぎ　粗みじん切り	1/2カップ（125ml）
木綿豆腐（ポイント参照）	500g
ターメリック（粉）　分けて使用	小さじ1
海塩　分けて使用	小さじ1
タイムの葉　きざむ	大さじ1
たまりしょうゆ	大さじ1
ニュートリショナルイースト　分けて使用	60ml
絹ごし豆腐（ポイント参照）	375g
アーモンドミルク（61ページ参照）	1/2カップ（125ml）
玄米粉	大さじ2
ひよこ豆粉	大さじ2
生フラックスシード（粉）	大さじ1
コーンスターチ（オーガニック）	小さじ2

1. フライパンでココナッツオイルを中火で熱します。にんにくを2分ほど，焦がさないようにソテーします。玉ねぎを加えて，透き通るまで4～5分炒めます。木綿豆腐，ターメリック小さじ半分，塩小さじ半分，タイムを加え，豆腐に軽く焼き色がつくまで5～6分炒めます。火を止めてしょうゆとニュートリショナルイースト大さじ2を加えて混ぜ，ボウルに移します。

2. ミキサーに，絹ごし豆腐，アーモンドミルク，玄米粉，ひよこ豆粉，生フラックスシード，コーンスターチ，残りのニュートリショナルイースト，ターメリック，塩を入れ，高速で回して全体を混ぜます。ときどき止めてミキサーの内側をこそげて混ぜ込みながら，なめらかになるまで回します。1のボウルにあけ，全体を混ぜ合わせます。

3. 油（分量外）を塗ったパイ皿に入れて均等にならし，オーブンに入れ，25～30分または楊枝を真ん中に刺して抜いたとき，何もついてこない状態まで焼きます。焼き上がったらオーブンから取り出して，20分ほど休ませます。6～8等分に切って，温かいうちに

いただきます。

バリエーション

ほうれん草とマッシュルームのフリッタータ：つくり方1で，フライパンでココナッツオイル大さじ3を中火で熱し，薄切りにしたマッシュルーム2カップ（500ml）とベビースピナッチ4カップ（1L，軽く詰めて計量します）をソテーします。しんなりしたら，水切りした木綿豆腐と調味料を加えて，**2**へ。

ブラックオリーブとドライトマトのフリッタータ：トマトは天日干しのものを使いましょう。タイムは使いません。塩分が気になる方は塩も使いません（オリーブとドライトマトには塩気があります）。つくり方**1**の豆腐のソテーに，切ったカラマタオリーブ1カップ（250ml）と水戻ししたドライトマト1/2カップ（125ml），オレガノ大さじ1を加えて混ぜます（ドライトマトの戻し方：ぬるま湯に30分，またはやわらかくなるまでひたします）。

ヴィーガンオムレツ

卵を食べない方のためのヴィーガンオムレツです。あめ色玉ねぎとほうれん草のソテーをはさむのが私の定番ですが，ジェノベーゼなどの市販のソースや好きなものを使っていろいろな味を試してみましょう。

3個分

ポイント

フラックスシードは粉末状のものが売られていますが，自分で挽くこともできます。ミキサーに1カップ（250ml）を入れ，高速で回し，細かい粉末にします。冷蔵で1カ月ほど保存できます。

保存料無添加で遺伝子組み換え作物を使っていないオーガニックのコーンスターチを使いましょう。

ブラックソルト（カラナマック）はヒマラヤ山脈の北西，パキスタンが原産です。硫黄を含んだ塩は，料理に卵の風味を加えてくれます。ヴィーガンの「卵料理」には欠かせない塩です。

- フードプロセッサー

絹ごし豆腐　水切りする	125g
アーモンドミルク（61ページ参照）	60ml
コーンミール（オーガニック，中粗挽き）	大さじ3
エクストラバージンオリーブオイル	大さじ1
ニュートリショナルイースト	大さじ1
玄米粉	大さじ1
生フラックスシード（粉，ポイント参照）	大さじ1
コーンスターチ（オーガニック，ポイント参照）	小さじ1と1/2
ブラックソルト（省略可，ポイント参照）	小さじ1/2
ターメリック（粉）	小さじ1/4
グレープシードオイル	大さじ1〜3

1. フードプロセッサーに，絹ごし豆腐，アーモンドミルク，コーンミール，オリーブオイル，ニュートリショナルイースト，玄米粉，生フラックスシード，コーンスターチ，ブラックソルト，ターメリックを入れて回します。ときどき止めて容器の内側をこそげて混ぜ込みながら全体がなめらかになるまで回し，ボウルに移します。

2. ノンスティック加工のフライパンにグレープシードオイル大さじ1を入れ，中火で熱します。1を1/2カップ（125ml）そそぎ，フライパンを傾けて全体に広げます。下面に軽く焼き色がつくまで5〜6分焼いて裏返し，さらに4〜5分焼きます。全体に火が通り，半分に折れるかたさになったら取り出し，残りの2つを同様に焼きます。温かいうちにいただきます。

さつまいもとコーンのハッシュ

伝統的な朝食のサイドメニュー，ローストポテトを健康的かつぜいたくな味わいにアレンジしたレシピです。野菜と豆腐のスクランブルエッグ風（30ページ参照）やヴィーガンオムレツ（前ページ参照）のつけ合わせにどうぞ。

6人分

ポイント

冷凍コーンを使う場合は，炒める時間を10〜12分にします。

さつまいも　皮のまま一口大に切る	4カップ（1L）
グレープシードオイル	大さじ3
にんにく　薄切り	6〜8かけ
玉ねぎ　みじん切り	1/2カップ（125ml）
海塩	小さじ1/2
コーン　冷凍または生（ポイント参照）	1カップ（250ml）
タイムの葉　きざむ	大さじ2

1. 大きめの鍋に，水（分量外）とさつまいもを入れて煮立たせます。煮立ったら火を弱め，やわらかくなるまで6〜8分ゆで，ざるに上げます。

2. フライパンでグレープシードオイルを中〜強火で熱します。にんにくを焦がさないように2分ほど炒め，玉ねぎと塩を加えます。ときどき混ぜながら，あめ色に近い色になるまで5〜6分炒めたら，コーンを加えてさらに5〜6分炒めます。さつまいもも加えて2〜3分炒め，タイムを加えて香りを出し，火を止めます。温かいうちにいただきます。密閉容器で1週間ほど冷蔵保存できます。

テンペベーコン

スモークの風味と塩気が効いた，カリカリの食感がまるでベーコンのようなテンペは，どんな朝食メニューにもよく合います。野菜と豆腐のスクランブルエッグ風（30ページ参照）に添えて，こんがり焼いたトーストと一緒にお楽しみあれ。

（30ページ参照）

26 〜 28枚分

ポイント

加熱殺菌していないテンペは，大型スーパーや自然食品店の冷凍コーナーにあります。

リキッドスモークは，木を焚いた煙に水蒸気をさらして香りをつけ，濃縮させた調味料です。燻製せずにスモークの香りを簡単につけることができます。オンラインストアや大型スーパー，自然食品店で探してみてください。

つくり方2では，材料を乳化させることがポイントなので，必ずミキサーを使用してください。

冷蔵保存したテンペベーコンを再加熱するときは，フライパンでグレープシードオイル大さじ1を中火で熱し，片面をそれぞれ2分ずつ焼きます。

- ミキサー
- オーブンシートを敷いたオーブントレイ

テンペ　ブロック（ポイント参照）	240g
水	8カップ（2L）
たまりしょうゆ	1カップ（250ml）
水	60ml
アガベシロップ	60ml
グレープシードオイル	60ml
リキッドスモーク（ポイント参照）	小さじ2

1. 大きめの鍋に水2Lとテンペ，しょうゆの半量を入れ，強火にかけます。煮立ったら弱火にし，15分間ゆでます。ゆで上がったテンペは器に取り出します。ゆで汁は使いません。

2. ミキサーに，水60ml，残りのしょうゆ，アガベシロップ，グレープシードオイル，リキッドスモークを入れ，高速で攪拌します（ポイント参照）。

3. テンペが冷めたら，よく切れる包丁で26 〜 28枚に薄く切り分けます。バットなどに並べて，上から2のつけ汁をそそぎ入れてラップをかけ，最低でも30分置くか，冷蔵庫で一晩寝かせます。

4. オーブンを200℃に予熱します。テンペをつけ汁から取り出し（汁は使いません），オーブントレイに重ならないように並べ，15 〜 20分，水分がなくなり，こんがりと色づくまで焼きます。すぐに食べない場合は，完全に冷ましてから，密閉容器に移します。1週間ほど冷蔵保存できます（ポイント参照）。

ジュース，スムージー，植物性ミルク

きゅうり，アロエ，すいかのジュース

アロエベラの効能は，火傷や日焼けをしずめるだけではありません。このレシピでは，消化を助けるお腹の味方として使ってみました。さわやかな，軽い口あたりのジュースです。

2カップ（500ml）分

ポイント

アロエベラの植物は，ホームセンターや園芸センターで販売しています。

アロエ果肉の取り方：包丁で，外側の皮を切り落とします（皮は使いません）。ジェルの周りの黄色い部分は苦味があるので，丁寧に切り落としてください。ジェルの部分を手で押し込むようにジューサーに入れます。

• 電動ジューサー

きゅうり　半分に切る	1本
アロエベラジェル（ポイント参照）	15cm分
すいか　適当な大きさに切る	4カップ（1L）

1. 電動ジューサーにきゅうり，アロエジェル，すいかをそれぞれ半量ずつ，2回のサイクルに分けて入れます。全体をよく混ぜてからグラスに分けます。できるだけ早めに飲み切りましょう。

バリエーション

ミントの葉（生）を適量加えると，さらにさわやか風味が広がります。

レモンライムのフュージョンジュース

トロピカルな風味は，豆腐とレモングラスのココナッツ野菜カレー（下巻参照）など，ココナッツを使った料理によく合います。

2カップ（500ml）分

ポイント

このレシピには，手でひねって搾るタイプのレモン搾り器が便利です。

水	1カップ（250ml）
レモン果汁（ポイント参照）	60ml
ライム果汁	60ml
純粋メープルシロップ	大さじ2
たまりしょうゆ	大さじ1
生姜のすりおろし	1cm分
カイエンペッパー	少々

1. 器に水，レモンとライムの果汁，メープルシロップ，しょうゆ，生姜のすりおろし，カイエンペッパーを入れ，泡立て器でよく混ぜます。できるだけ早めに飲み切りましょう。

抹茶入りグリーンジュース

新鮮な緑の野菜と抹茶の香りが爽快なジュースです。豆腐のスイート＆サワー炒め（下巻参照）などのアジアンテイストのメニューによく合います。

2カップ（500ml）分

ポイント

抹茶には抗酸化成分が多く含まれています。また，目覚まし効果もあります。

生姜をもっと効かせたいときは，量を2倍にします。

- 電動ジューサー

抹茶（ポイント参照）	小さじ1
水	1/2カップ（125ml）
ケール	2枚
セロリ	1本
きゅうり	1/2本
生姜（ポイント参照）	1cm
レモン（皮ごと）	1/4個

1. 小さなボウルに抹茶と水を入れ，完全に溶けるまでよく混ぜます。
2. ケール，セロリ，きゅうり，生姜，レモンをジューサーにかけます。1の抹茶を加え，全体をよく混ぜ合わせます。できるだけ早めに飲み切りましょう。

クロロフィルジュース

1日の始まりに最高のグリーンジュースです。緑の野菜の栄養が詰まっていて，どんな朝食メニューにもぴったりです。

300ml分

ポイント

ブラックケールはカーボロネロとも呼ばれ，葉物野菜のなかでも特に栄養価に優れています。ほかのケールよりも濃い緑色になるので，ジュースによく使います。

- 電動ジューサー

ブラックケール（ポイント参照）	1束
イタリアンパセリ（生）	1/4束
セロリ	2本
レモン（皮ごと）	1/4個
生姜	1cm

1. ブラックケール，イタリアンパセリ，セロリ，レモン，生姜をジューサーにかけ，全体をよく混ぜ合わせます。できるだけ早めに飲み切りましょう。

ウィートグラスジュース

デトックス効果抜群のウィートグラス（小麦若葉）入りのジュースです。クロロフィルが豊富なこのブレンドジュースは，朝食にも午後のエネルギー補給にも最適です。

2カップ（500ml）分

ポイント

ウィートグラスは小麦の若葉です。通常の電動ジューサーでは搾るのが難しく，専用ジューサーまたは圧搾ジューサーが必要になります。このレシピでは，市販の生または瞬間冷凍のジュースを使用します。

● 電動ジューサー

ケール（次ページのポイント参照）	6〜8枚
りんご　切る	1個
セロリ	2〜3本
ロメインレタス	2枚
レモン（皮ごと）	1/4個
ウィートグラスジュース（ポイント参照）	60ml

1. ウィートグラスジュース以外の全材料を1/3ずつに分け，3回のサイクルに分けてジューサーにかけます。全体を混ぜ，最後にウィートグラスジュースを加えて混ぜます。できるだけ早めに飲み切りましょう。

デトックスジュース

クロロフィル豊富な緑の野菜と，ペッパーの辛みが効いた朝の1杯で代謝を上げ，一日をスタートさせましょう。

2カップ（500ml）分

ポイント

ケールなど水分の少ない野菜をジューサーにかけたあとに，きゅうりやセロリなどの水分の多いものをかけると，ジューサーの内部がきれいになります。

辛みを強くしたい場合は，カイエンペッパーの量を小さじ1/8に増やします。

● 電動ジューサー

ケール（ポイント参照）	6〜8枚
セロリ	4本
きゅうり	2〜3本
ロメインレタス	4枚
生姜	2.5cm
レモン（皮ごと）	1/2個
イタリアンパセリ	1/2束
カイエンペッパー（ポイント参照）	少々

1. カイエンペッパー以外の材料を1/4の量に分け，4回のサイクルに分けてジューサーにかけます。最後にカイエンペッパーを加えて，全体を混ぜます。できるだけ早めに飲み切りましょう。

マッドウォーター

デトックス効果のあるケール，ベータカロテン豊富なにんじん，血液浄化作用が期待できるビーツに
りんごの甘さと生姜の香りが加わった，体にしみわたるフレッシュジュースです。

2カップ（500ml）分

ポイント

ブラックケール（カーボロネ
ロ）は風味が強いので，ジュー
スには苦すぎることもありま
す。マイルドにしあげたい場合
は，カーリーケールを使ってく
ださい。

• 電動ジューサー

ケール（ポイント参照）	4〜6枚
にんじん　4つに切る	1〜2本
ビーツ赤　4つに切る	1個
りんご　4つに切る	1個
生姜	1cm

1. 各材料を1/4に分け，4回のサイクルに分けてジューサーにかけま
   す。最後に，全体をよく混ぜ合わせます。できるだけ早めに飲み切
   りましょう。

根菜のジュース

甘いにんじんとさつまいも，デトックス効果のあるごぼうと風味豊かなビーツを使ったジュースです。
午後のエネルギー補給に最高の一杯です。

2カップ（500ml）分

ポイント

ジューサーによっては，野菜を
縦長に切らなくてはならない場
合がありますが，開口部の大き
いジューサーなら洗った野菜を
切らずにそのまま使えます。

ごぼうにはデトックス効果があ
ります。

• 電動ジューサー

にんじん	1〜2本
さつまいも	1/2本
ごぼう（ポイント参照）	1本（30cm程度）
赤ビーツ	中2〜3個

1. 野菜をそれぞれ1/4の量に分け，4回のサイクルに分けてジュー
   サーにかけます。最後に，全体をよく混ぜ合わせます。できるだけ
   早めに飲み切りましょう。

ガーデナーのジュース

小腹がすいたときは，甘いおやつではなく，体によいクロロフィルが豊富なジュースはいかがでしょうか。みずみずしいりんごは，ひまわりスプラウトと相性抜群。セロリの香りと繊維質で満足感も得られます。

2カップ（500ml）分

ポイント

ブラックケール（カーボロネロ）は風味が強いので，ジュースには苦すぎることもあります。マイルドにしあげたい場合は，カーリーケールを使ってください。

ひまわりスプラウトがない場合，同量の豆苗で代用できます。

- 電動ジューサー

りんご　4つに切る	2個
ケール（ポイント参照）	2〜3枚
ひまわりスプラウト（ポイント参照）	1カップ（250ml）
生姜	1cm
セロリ	2本

1. 材料をそれぞれ半量ずつ，2回のサイクルに分けてジューサーにかけます。最後に，全体をよく混ぜ合わせます。できるだけ早めに飲み切りましょう。

ピンクビーツジュース

新鮮なビーツとオレンジに，メープルシロップの甘さを加えました。スイーツのような，ピンク色の健康的なジュースです。

2カップ（500ml）分

ポイント

赤ではなくゴールデンビーツを使用すると，ピンクではなく琥珀色になります。

ビーツは，できるだけ葉がついたものを選びましょう。葉の部分も，サラダやラップサンド，炒めものに使えます。葉を水洗いし，湿らせたキッチンペーパーに包んで冷蔵庫へ。2日間ほど保存できます。

- 電動ジューサー
- レモン搾り器

赤またはゴールデンビーツ（ポイント参照）　4つに切る	4〜5個
オレンジ　半分に切る	2個
純粋メープルシロップ	60ml

1. ビーツをジューサーにかけ，300mlのジュースをつくります。
2. レモン搾り器でオレンジを搾り，125mlの果汁を出します。
3. グラスに1と2を入れて混ぜ合わせ，メープルシロップを加えて全体を混ぜます。できるだけ早めに飲み切りましょう。

ピニャコラーダジュース

ピニャコラーダは，砕いた氷にラム酒とココナッツクリームを加えてつくるトロピカルカクテルの定番ですが，それをヴィーガン用のジュースにアレンジしました。ジャーク豆腐とアボカド，プランテーンのラップサンド（下巻参照）やなすとテンペのパエリア（238ページ参照）によく合います。

2カップ（500ml）分

ポイント

ココナッツウォーターにはさまざまなブランドがありますが，風味と栄養価の面から，できるだけ加熱殺菌されていない低温圧搾で，オーガニックのものを選ぶようにしましょう。

- 電動ジューサー

パイナップル　ざく切り（中1個，次ページのポイント参照）	2カップ（500ml）
ココナッツウォーター（ポイント参照）	1/2カップ（125ml）
砕いた氷	60ml

1. パイナップルをジューサーにかけます。
2. ピッチャーに1とココナッツウォーターを入れて混ぜ合わせます。
3. グラスに砕いた氷を入れて，2のジュースをそそぎます。冷たいうちにいただきます。

ピンクサンセットジュース

ピンクグレープフルーツの酸味とデトックス効果のあるビーツの深い味に，りんごの甘さ。小腹がすいた遅い午後にぴったりのジュースです。

2カップ（500ml）分

ポイント

りんごをジューサーにかけるときは，かたいものを選びます。乾燥したり，やわらかくなったりしているものは，ジューサーをうまく通らないので注意しましょう。

- レモン搾り器
- 電動ジューサー

ピンクグレープフルーツ　半分に切る	1個
ビーツ　4つに切る	中2～3個
りんご　4つに切る（ポイント参照）	1～2個

1. レモン搾り器でグレープフルーツを搾ります。
2. ビーツとりんごは3回に分けて，交互にジューサーにかけます。
3. グラスに1と2を入れ，混ぜ合わせます。できるだけ早めに飲み切りましょう。

アイランドタイムジュース

マンゴーとパイナップルに，セロリ，生姜，りんごをミックスしました。いつでもトロピカルな気分になれるジュースです。

1と1/2カップ（375ml）分

ポイント

パイナップルは皮ごとジューサーにかけることもできます。

完熟のマンゴーをジューサーにかけると詰まってしまい，果汁があまり出ません。このレシピには未熟の，かためのマンゴーを使うことをおすすめします。

- 電動ジューサー

パイナップル ざく切り（中1/4個，ポイント参照）	1/2カップ（125ml）
セロリ	2本
りんご 4つに切る	1個
マンゴー ざく切り（中1/4個，ポイント参照）	60ml
生姜	1cm

1. 各材料の半量をジューサーにかけます。残りも同様にし，全体を混ぜ合わせます。できるだけ早めに飲み切りましょう。

オレンジクリームジュース

オレンジジュースとココナッツオイルを混ぜたクリームのようなジュースは，子どもの頃に食べたアイスキャンディーのような懐かしい味わいです。3時のおやつや食後のデザートにどうぞ。

2カップ（500ml）分

ポイント

材料はすべて室温に戻しておきます。冷たいものがあると，ココナッツオイルがかたまってしまい，うまく混ざらないので注意しましょう。

ココナッツオイルがかたまっている場合は，小さめのフライパンに入れて弱火にかけ，温めて溶かします。

- レモン搾り器
- ミキサー

オレンジ（次ページのポイント参照）	5個
ライム果汁	大さじ2
レモン果汁	大さじ1
アガベシロップ（8ページ参照）	大さじ2
液状ココナッツオイル（ポイント参照）	大さじ2
バニラエクストラクト	小さじ1/2

1. レモン搾り器でオレンジを搾り，1と1/2カップ（375ml）の果汁をつくります。
2. ミキサーにオレンジ果汁とレモン果汁，ライム果汁，アガベシロップ，ココナッツオイル，バニラエクストラクトを入れ，高速で10秒間回し，全体を混ぜます。できるだけ早めに飲み切りましょう。

スパイシージンジャージュース

風邪をひきそうなときにぴったりです。生姜とカイエンペッパーで，代謝を上げましょう。

300ml分

ポイント

柑橘類は，室温に30分ほど置き，平らな台の上で手で押さえながら転がします。こうすると，より多くの果汁が搾れます。

辛みを強くしたい場合は，カイエンペッパーを小さじ1/4に増やします。

• 電動ジューサー

生姜	7.5cm
レモン（皮ごと，ポイント参照）	1/2個
熱湯	1カップ（250ml）
カイエンペッパー（ポイント参照）	小さじ1/8

1. 生姜とレモンをジューサーにかけます。熱湯を入れたカップにジュースとカイエンペッパーを入れ，よく混ぜて温かいうちにいただきます。

バリエーション

スパイシージンジャー・グリーンジュース：グリーンケール1束ときゅうり1本をジューサーにかけ，生姜とレモンのジュースと混ぜ合わせます（熱湯は使いません）。カイエンペッパーを加えて混ぜ合わせます。

ポップタルトジュース

暑い日にマンゴー，パパイヤ，バナナなどのフルーツと一緒に楽しみたい，甘いジュースです。

2カップ（500ml）分

ポイント

やわらかく熟したいちごは，ジューサーにかけてもあまり果汁が出ないので，ここでは完熟前のかためのものを使いましょう。いちごがやわらかい場合は，冷凍庫に3時間ほど入れ，凍らせてからジューサーにかけます。

• 電動ジューサー

いちご　ヘタを取る（ポイント参照）	2カップ（500ml）
ぶどう（レッドグレープ）	2カップ（500ml）
りんご　2つに切る	1個
パイナップル　ざく切り（中1/4個）	1/2カップ（125ml）

1. いちご，ぶどう，りんご，パイナップルをジューサーにかけ，全体をよく混ぜます。

バリエーション

ポップタルトスムージー：搾ったジュースをミキサーに移します。冷凍したバナナ1本とバニラパウダー小さじ1/4またはバニラエクストラクト小さじ1/2を加え，全体がなめらかになるまで高速で回します。

フレッシュUPジュース

フルーツの甘さとセロリの香りに，ミントの爽快さが加わったジュースです。ランチにはたっぷりの新鮮なグリーンサラダに合わせてみてはいかがでしょうか。

2カップ（500ml）分

ポイント

青りんごを使うと，少し酸味が強まります。

ミントは茎も捨てずに丸ごとジューサーにかけます。

- 電動ジューサー

りんご　4つに切る（本ページと次ページのポイント参照）	3個
ぶどう	1/2カップ
セロリ	3〜4本
ミント（生，ポイント参照）	1/2束

1. 材料を半量に分け，ジューサーにかけます。残りも同様にし，全体を混ぜ合わせます。できるだけ早めに飲み切りましょう。

スパイスアップルジュース

りんごにクローブとナツメグを加えると，クリスマスの風物詩であるホットアップルサイダーのような味わいになります。大人は，ラム酒やウイスキーを少し加えてもよいでしょう。

2カップ（500ml）分

ポイント

低温圧搾のジュースをつくるときは，電動ジューサーを使います。回転刃がないので，熱の発生がなく，野菜や果物に含まれる酵素を壊しません。ジュースの酸化も，比較的ゆっくりです。

このレシピには，甘みの強いりんごを使いましょう。

メープルシロップは，好みで加減してください。

- 電動ジューサー（ポイント参照）

りんご　5つに切る（本ページと次ページのポイント参照）	4個
純粋メープルシロップ（省略可，ポイント参照）	大さじ1
クローブ（粉）	小さじ1/8
ナツメグ（粉）	小さじ1/8

1. りんごをジューサーにかけます。
2. ジュースをグラスにそそぎ，クローブとナツメグ，好みでメープルシロップを加えてよく混ぜ合わせます。できるだけ早めに飲み切りましょう。

バリエーション

スパイスアップルジュース・スムージー：できあがったジュースをミキサーに移し，生ヘンプシード60mlとチアシード小さじ1を加え，全体がなめらかになるまで高速で回します。

スパイスアップルのチアシードプディング：できあがったジュースを器に入れ，チアシード大さじ3を加えて混ぜます。チアシードが水分を吸収してふくらむまで，ふたをして約10分置きます。

冷え予防のアップルジュース

体を冷やしたくないけれどリフレッシュしたい，そんな寒い夜にぴったりのジュースです。もちろん，朝食にもどうぞ。

2カップ（500ml）分

ポイント

りんごはかたく，みずみずしいものを使いましょう。乾燥したものはジューサーをうまく通らず，しあがりもにごった，口あたりの悪いものになります。

- 電動ジューサー

りんご　4つに切る（ポイント参照）	4〜5個
にんじん　スライスする	中1本
生姜	2.5cm
レモン（皮ごと）	1/2個

1. 全材料をジューサーにかけ，最後に全体を混ぜ合わせます。できるだけ早めに飲み切りましょう。

ホリデースパイスジュース

オレンジとりんごのジュースに，クリスマスシーズンには欠かせないスパイスをブレンドしました。炭酸水で割ったり，好きなスピリッツでカクテルにするのもおすすめです。

2カップ（500ml）分

ポイント

ナツメグは，目の細かいおろし器でおろします。

- 電動ジューサー
- レモン搾り器

りんご　4つに切る	3個
オレンジ　半分に切る	中2個
オールスパイス（粉）	小さじ1/4
クローブ（粉）	小さじ1/8
ナツメグ　おろす（ポイント参照）	少々
純粋メープルシロップ（省略可）	大さじ1

1. りんごをジューサーにかけます。
2. オレンジは搾り器で搾ります。
3. 大きめのグラスに1と2を入れて混ぜ，スパイス類と好みでメープルシロップを加えて，全体を混ぜ合わせます。できるだけ早めに飲み切りましょう。

バリエーション

ホリデースパイス・スムージー：3をミキサーに入れ，冷凍バナナ1本とバニラパウダー小さじ1/8，またはバニラエクストラクト小さじ1/4を加え，全体がなめらかになるまで回します。

チアシード入りベリースムージー

ベリー類を冷凍しておけば，手軽にさっとつくれるスムージーです。

ポイント

オーガニックの冷凍ベリー類を常備しておくと，必要なときに必要な分だけ使えて便利です。また，氷の代わりにも使えます。密閉容器で約6カ月間保存できます。

• ミキサー

オレンジ果汁	1カップ（250ml）
いちご	6個
ブルーベリー	10粒
ブラックベリー，ラズベリー	各4粒
マジョールデーツ　種を取ってきざむ	1個
チアシード	小さじ1

1. ミキサーに全材料を入れ，全体がなめらかになるまで高速で回します。冷たいうちにいただきます。

バリエーション

ほかのベリー類でもつくれます。甘みの少ないベリーを使うときは，好みでアガベシロップ大さじ1〜2を加えてもよいでしょう。

いちごとキウイのスムージー

甘い香りがたまらないスムージーです。いちごとキウイが旬の季節につくりたいですね。

ポイント

オレンジ果汁の代わりに同量のアーモンドミルクを使い，液状ココナッツオイル大さじ3を加えてつくると，ミルクシェイクのようなしあがりになります。

キウイフルーツのむき方：果物ナイフで底のかたい部分を切り取り，小さいスプーンを皮と実の間に差し込んでゆっくり回しながら，実をすくい取ります。

• ミキサー

オレンジ果汁（ポイント参照）	1カップ（250ml）
キウイフルーツ　皮をむく（ポイント参照）	2個
バナナ	1本
いちご	8〜10個
アガベシロップ（8ページ参照），バニラエクストラクト	各小さじ1

1. ミキサーに全材料を入れ，全体がなめらかになるまで高速で回します。冷たいうちにいただきます。

バリエーション

いちごとぶどうのスムージー：キウイフルーツの代わりに，ぶどう1カップ（250ml）を使います。
いちごといちじくのスムージー：キウイフルーツの代わりに，きざんだいちじく1/2カップ（125ml）を使います。

クラシック・グリーンスムージー

時間のない朝，軽めのランチ，小腹が空いたときなどに最高のエネルギー補給になります。キヌアのタブーリ（219ページ参照）に合わせるのもおすすめです。

２カップ（500ml）分

ポイント

ケールの茎の取り方：片手で茎の元のほうを持って，もう片方の手で茎をつまみ，先端のほうへすべらせながら葉を取ります（茎は使いません）。

プロテインパウダーにはヴィーガン用のロータイプをおすすめします。

- ミキサー

アーモンドミルク（61ページ参照）	300ml
冷凍バナナ（53ページのポイント参照）	1本
ケール　茎は取る（ポイント参照）	3〜4枚
プロテインパウダー（省略可，ポイント参照）	1スクープ
ベビースピナッチ　軽く詰めて計量する	1/2カップ（125ml）
パイナップルまたはマンゴー　ざく切り	60ml
バニラエクストラクト	小さじ1/2

1. ミキサーに全材料（プロテインパウダーは省略可）を入れ，全体がなめらかになるまで高速で回します。冷たいうちにいただきます。

アボカドとほうれん草のスムージー

濃厚なのにさっぱりとしておいしいスムージーで一日を始めましょう！　タンパク質と体によい脂質，緑黄色野菜がたっぷりなので満腹感が長続きします。

２カップ（500ml）分

ポイント

ヘンプ＆チアミルクの代わりに，同量のアーモンドミルク，カシューミルク（ともに61ページ参照），オートミルク（63ページ参照），グリーンミルク（65ページ参照）でもつくれます。

ここで使用するアボカドの量はおよそ1/2カップ（125ml）です。

- ミキサー

ヘンプ＆チアミルク（64ページとポイント参照）	300ml
アボカド　ざく切り（ポイント参照）	中1/2個
ベビースピナッチ　軽く詰めて計量する	1/2カップ（125ml）
砕いた氷	60ml
純粋メープルシロップ	小さじ1
バニラエクストラクト	小さじ1/4

1. ミキサーに全材料を入れ，全体がなめらかになるまで高速で回します。冷たいうちにいただきます。

ハイビスカスとすいかのスムージー

花の香りとすいかの甘みが口いっぱいに広がるスムージーです。

2カップ（500ml）分

ポイント

ハイビスカスティーをつくる：
熱湯125mlにハイビスカス
ティーのティーバッグを入れ，
ふたをして約10分置きます。
ティーバッグを取り出し，冷蔵
庫で30分冷やします。

ローズウォーターは特にインド
食材店で扱っています。食用の
オーガニック製品を選びましょう。

• ミキサー

キヌアミルク（62ページ参照）	180ml
ハイビスカスティー（ポイント参照）	1/2カップ（125ml）
生ヘンプシード（皮なし）	大さじ2
スイカ　ざく切り	60ml
ローズウォーター（オーガニック，ポイント参照）	小さじ1/2
カルダモン（粉）	小さじ1/8

1. ミキサーに全材料を入れ，全体がなめらかになるまで高速で回します。冷たいうちにいただきます。

スプリングタイムスムージー

春の若葉のようなさわやかなスムージーで緑の野菜をたくさんとりましょう。

2カップ（500ml）分

ポイント

カシューナッツヨーグルトがな
い場合は，生カシューナッツ大
さじ2とレモン果汁小さじ1で
代用できます。

• ミキサー

ヘンプ＆チアミルク（64ページ参照）	300ml
冷凍バナナ（次ページのポイント参照）	1本
ベビースピナッチ　軽く詰めて計量する	1/2カップ（125ml）
カシューナッツヨーグルト　レモンバニラ（ポイントと18ページ参照）	1/2カップ（125ml）
ペパーミントエクストラクト（オーガニック）	小さじ1/4
バニラエクストラクト	小さじ1/2

1. ミキサーに全材料を入れ，全体がなめらかになるまで高速で回します。冷たいうちにいただきます。

バリエーション

ミント香るグリーンスムージー：ベビースピナッチを1カップ
（250ml）に増やします。茎を取ったケール2〜3枚とスピルリナパ
ウダー小さじ1/4を加えます。

レモネードスムージー

真夏の暑い昼下がりは，甘酸っぱくてさわやかなスムージーでリフレッシュしましょう。

2カップ（500ml）分

ポイント

アーモンドミルクの代わりに，カシューミルク（61ページ参照）でもつくれます。

ココナッツシュガーはGI値の低い天然の甘味料です。ブラウンシュガーに近い甘さです。

• ミキサー

アーモンドミルク（61ページとポイント参照）	1カップ（250ml）
冷凍バナナ（下段のポイント参照）	1本
レモン果汁	大さじ3
ココナッツシュガー（オーガニック）または純粋メープルシロップ（ポイント参照）	大さじ2
バニラエクストラクト	小さじ1/2

1. ミキサーに全材料を入れ，全体がなめらかになるまで高速で回します。冷たいうちにいただきます。

なんでも入れちゃうスムージー

冷凍フルーツに緑の野菜，なんでも入れてつくるスムージーは栄養たっぷり。忙しい日の朝に最適です。

2カップ（500ml）分

ポイント

バナナを冷凍する：バナナは皮をむいて，ジッパーつき保存袋に入れ，できるだけ空気を抜いて密封します。冷凍庫で約4カ月間保存可能です。

• ミキサー

アーモンドミルク（61ページ参照）	1カップ（250ml）
冷凍バナナ（ポイント参照）	1本
ケール　茎を取る（51ページのポイント参照）	2枚
りんご　皮をむいて芯を取る	1/4個
冷凍マンゴー	大さじ4
冷凍ブルーベリー	大さじ3
冷凍いちご	大さじ2
バニラエクストラクト	小さじ1/2

1. ミキサーに全材料を入れ，全体がなめらかになるまで高速で回します。冷たいうちにいただきます。

ダブルデトックススムージー

たんぽぽの葉とケールを使ったスムージーです。葉に独特の苦味がありますが，デトックス効果は抜群です。青りんごがバランスよく甘酸っぱさを加えています。

2カップ（500ml）分

ポイント

グリーンミルクの代わりに同量のアーモンドミルク，カシューミルク（61ページ参照），オートミルク（63ページ参照）でもつくれます。

スピルリナは，タンパク質とミネラルが豊富な青緑色の藻で，免疫力アップが期待できます。自然食品店で入手できます。

• ミキサー

グリーンミルク（65ページとポイント参照）	300ml
冷凍バナナ（前ページのポイント参照）	1本
ケール　茎を取る	3〜4枚
たんぽぽの葉　かたい茎を取る	1〜2枚
青りんご　皮をむいて芯を取り，ざく切り	60ml
バニラエクストラクト	小さじ1/2
スピルリナ（ポイント参照）またはクロレラパウダー	小さじ1/8

1. ミキサーに全材料を入れ，全体がなめらかになるまで高速で回します。冷たいうちにいただきます。

アールグレイのスムージー

暑い日の午後のリフレッシュに最高の一杯です。シンプルサマーサンドイッチ（96ページ参照）と合わせるのが私の一番のお気に入りです。

2カップ（500ml）分

ポイント

アールグレイティーをつくる：アールグレイのティーバッグを2個入れたカップに，沸騰した湯1/2カップ（125ml）をそそぎます。ふたをして10分ほど置いたらティーバッグを取り出して，冷蔵庫で30分ほど冷やします。

• ミキサー

アーモンドミルク（61ページ参照）	1カップ（250ml）
冷たいアールグレイ（ポイント参照）	1/2カップ（125ml）
冷凍バナナ（前ページのポイント参照）	1本
ココナッツシュガー，アガベシロップ（8ページ参照），純粋メープルシロップのいずれか	大さじ1
生ヘンプシード（皮なし）	大さじ1
バニラエクストラクト	小さじ1/2

1. ミキサーに全材料を入れ，全体がなめらかになるまで高速で回します。冷たいうちにいただきます。

ティータイムスムージー

緑茶のラッテが好きならきっと気に入る，さわやかなスムージーです。

2カップ（500ml）分

ポイント

グリーンミルクの代わりに同量
のヘンプ＆チアミルク（64ペー
ジ参照）やオートミルク（63
ページ参照）でもつくれます。

緑茶をつくる：1/2カップ
（125ml）の水に緑茶のティー
バッグを入れ，冷蔵庫で30分
ほど冷やし，ティーバッグを取
り除きます。

・ミキサー

グリーンミルク（65ページおよびポイント参照）	
	1カップ（250ml）
冷凍バナナ（53ページのポイント参照）	1本
冷たい緑茶（ポイント参照）	1/2カップ（125ml）
レモン果汁	大さじ3
アガベシロップ（8ページ参照）	大さじ1
バニラエクストラクト	小さじ1/2

1. ミキサーに全材料を入れ，全体がなめらかになるまで高速で回します。冷たいうちにいただきます。

バリエーション

チャイのスムージー：緑茶の代わりに冷たいチャイを使い，シナモン小さじ1/4を加えます。

アップルパイのスムージー

簡単につくれて，おいしくて健康的です。デザートの代わりにしてもいいですね。

2カップ（500ml）分

ポイント

アーモンドミルクの代わりに同
量のカシューミルク（61ペー
ジ参照）でもつくれます。

ココナッツオイルがかたまって
いる場合は，小さめのフライパ
ンに入れ，弱火で温めて溶かし
ます。

・ミキサー

アーモンドミルク（61ページとポイント参照）	1カップ（250ml）
冷凍バナナ（53ページのポイント参照）	1本
りんご　皮をむいて芯を取り，ざく切り	180ml
液状ココナッツオイル（ポイント参照）	大さじ2
純粋メープルシロップ	大さじ2
シナモン（粉）	小さじ1
バニラパウダー（7ページ参照）	小さじ1/4

1. ミキサーに全材料を入れ，全体がなめらかになるまで高速で回します。冷たいうちにいただきます。

スイートポテトパイのスムージー

さつまいも，メープルシロップ，香り豊かなココナッツオイル，香ばしいシナモンにまろやかなバナナが加わったスムージーです。秋を思わせる濃厚な味で，満足感もあります。

2カップ（500ml）分

ポイント

さつまいもの下ゆで：皮をむいて，さいの目に切ったさつまいもと水を鍋に入れます。強火にかけ，煮立ったら火を弱め，10～12分ほど，やわらかくなるまでゆでます。ざるに上げて冷ましておきます。

• ミキサー

実りの秋のかぼちゃミルク（71ページ参照）	300ml
冷凍バナナ（53ページのポイント参照）	1本
ゆでたさつまいも（ポイント参照）	80ml
液状ココナッツオイル（次ページのポイント参照）	大さじ2
純粋メープルシロップ	大さじ1
シナモン（粉）	小さじ1/4

1. ミキサーに全材料を入れ，全体がなめらかになるまで高速で回します。冷たいうちにいただきます。

ウーピーパイのスムージー

子どもの頃に大好きだったお菓子ウーピーパイを再現した，禁断のスムージーです。ピュアチョコレートアイスクリーム（下巻参照）をのせてフロートにすると最高です。

2カップ（500ml）分

ポイント

カシューミルクの代わりに，同量のアーモンドミルク（61ページ参照）でもつくれます。

アガベシロップは，遺伝子組み換えでない低温処理（ロー）のものを選びましょう。100％天然の甘味料で，自然にできた果糖（フルクトース）を含み，GI値が低いのが特徴です。ゆっくりとグルコースに分解されるため，エネルギーが持続します。

• ミキサー

カシューミルク（61ページ参照）	1カップ（250ml）
冷凍バナナ（60ページのポイント参照）	1本
カカオパウダー（次ページのポイント参照）	大さじ4
液状ココナッツオイル（次ページのポイント参照）	大さじ3
アガベシロップ（ポイント参照）	大さじ3
生アーモンド	大さじ2
カカオニブ（次ページのポイント参照）	大さじ1
バニラエクストラクト	小さじ1/2

1. ミキサーに全材料を入れ，高速で10秒間回します（生アーモンドとカカオニブの粒を少し残し，パイの食感を出します）。冷たいうちにいただきます。

マシュマロスムージー

バナナをココナッツオイルとカシューナッツと一緒にミキサーでブレンドしました。フワフワなマシュマロみたいなスムージーです。

2カップ（500ml）分

ポイント

ココナッツオイルがかたまっている場合は，小さめのフライパンに入れ，弱火で温めて溶かします。

ココナッツシュガーがない場合は，アガベシロップ大さじ2で代用できます。

- ミキサー

ホワイトチョコレートミルク（69ページ参照）	1カップ（250ml）
冷凍バナナ（60ページのポイント参照）	2本
液状ココナッツオイル（ポイント参照）	大さじ4
ココナッツシュガー（オーガニック，ポイント参照）	大さじ3
生カシューナッツ	6〜8粒
バニラエクストラクト	小さじ1/2

1. ミキサーに全材料を入れ，全体がなめらかになるまで高速で回します。冷たいうちにいただきます。

クッキードウのスムージー

カカオニブが香ばしいスムージーです。子どもの頃，家で焼く前のクッキーの生地をつまみ食いしたときの，あの味と食感を思い出します。塩キャラメルアイスクリーム（下巻参照）をのせて，禁断のデザートはいかがでしょうか。

2カップ（500ml）分

ポイント

ダークチョコレートの豊潤な風味と高い栄養価から，このレシピにはカカオパウダーが最適ですが，手元にない場合は，高品質のココアパウダー大さじ2で代用できます。

カカオニブは，カカオ豆の加工過程で出る細かい粒で，チョコレートチップのように使えますが，砂糖をいっさい含みません。

- ミキサー

アーモンドミルク（61ページ参照）	300ml
冷凍バナナ（60ページのポイント参照）	1本
カカオニブ（ポイント参照）	大さじ3
液状ココナッツオイル（上段のポイント参照）	大さじ1
カカオパウダー（ポイント参照）	小さじ1
アガベシロップ（前ページのポイント参照）	大さじ1
バニラエクストラクト	小さじ1/2

1. ミキサーに全材料を入れ，全体がなめらかになるまで高速で回します。冷たいうちにいただきます。

サワーピーナッツバタースムージー

クリーミーなバナナにライムのさわやかな酸味が加わったスムージーです。

2カップ（500ml）分

ポイント

アーモンドミルクの代わりに，同量のカシューミルク（61ページ参照），ココナッツミルク（62ページ参照），ヘンプ＆チアミルク（64ページ参照）でもつくれます。

ピーナッツバターの代わりに，同量のアーモンドバターでもつくれます。

● ミキサー

アーモンドミルク（61ページとポイント参照）	300ml
冷凍バナナ（60ページのポイント参照）	1本
ピーナッツバター（粒なし，ポイント参照）	大さじ4
ライムの皮のすりおろし	小さじ1/4
ライム果汁	大さじ3

1. ミキサーに全材料を入れ，全体がなめらかになるまで高速で回します。冷たいうちにいただきます。

ピーナッツバターパフェのスムージー

濃厚なクリームにナッツの香ばしさがたまりません。おやつや食後のデザートにどうぞ。

2カップ（500ml）分

ポイント

オートミルクの代わりに，同量のアーモンドミルク，カシューミルク（61ページ参照）でもつくれます。

ピーナッツバターの代わりに，同量のアーモンドバターやカシューバターでもつくれます。

ココナッツオイルがかたまっている場合は，小さめのフライパンに入れ，弱火で温めて溶かします。

● ミキサー

オートミルク（63ページとポイント参照）	1カップ（250ml）
冷凍バナナ（60ページのポイント参照）	1本
ピーナッツバター（粒あり，ポイント参照）	大さじ2
液状ココナッツオイル（ポイント参照）	大さじ1
カカオパウダー	大さじ1
アガベシロップ（8ページ参照）	小さじ2
バニラエクストラクト	小さじ1/2
砕いたピーナッツ（省略可）	大さじ1

1. ミキサーに全材料を入れ，全体がなめらかになるまで高速で回します。
2. グラスに入れ，好みでピーナッツをトッピングし，冷たいうちにいただきます。

ピーチ＆バタースコッチスムージー

新鮮な桃とデーツの甘さ，バニラとシナモンの香りが混ざると，まるでバタースコッチのマーブルアイスクリームのような味になりました。

2カップ（500ml）分

ポイント

マジョールデーツを水につける：ぬるま湯1カップ（250ml）とマジョールデーツを器に入れ，ふたをして30分ほど置きます。やわらかくなったら，種を取り除きます。

- ミキサー

ココナッツミルク（62ページ参照）	1カップ（250ml）
桃（22ページのポイント参照）	1/2個
マジョールデーツ（ポイント参照）	4〜5個
液状ココナッツオイル	大さじ1
シナモン（粉）	小さじ1/2
バニラエクストラクト	小さじ1/2

1. ミキサーに全材料を入れ，全体がなめらかになるまで高速で回します。冷たいうちにいただきます。

サンクスギビングスムージー

秋のサンクスギビングデー（感謝祭）の頃につくりたい，ゆでたかぼちゃを使ったスムージーです。体も心も温まる，秋を感じる風味が楽しめます。

2カップ（500ml）分

ポイント

かぼちゃの下ゆで：鍋に水を入れ，皮をむいてさいの目に切ったかぼちゃを入れて，強火にかけます。煮立ったら火を弱め，10〜12分弱火でゆでます。やわらかくなったら，ざるに上げて水を切ります。

- ミキサー

アーモンドミルク（61ページ参照）	1カップ（250ml）
冷凍バナナ（60ページのポイント参照）	1本
ゆでたかぼちゃ（ポイント参照）または	
かぼちゃピューレ缶（オーガニック）	80ml
純粋メープルシロップ	大さじ2
液状ココナッツオイル	大さじ1
シナモン（粉）	小さじ1/2
ナツメグ　おろす	小さじ1/4
バニラエクストラクト	小さじ1/2
オールスパイス（粉）	小さじ1/8

1. ミキサーに全材料を入れ，全体がなめらかになるまで高速で回します。冷たいうちにいただきます。

エッグノッグスムージー

クリスマスの伝統的な飲みもののエッグノッグ。家族のだんらんやパーティーに，ヴィーガン版の健康的なエッグノッグはいかがでしょうか。

2カップ（500ml）分

ポイント

ホリデーミルクの代わりに，同量のカシューミルク（次ページ参照）でもつくれます。

バナナを冷凍する：バナナは皮をむいて，ジッパーつき保存袋に入れ，できるだけ空気を抜いて密封します。冷凍庫で約4カ月間保存可能です。

● ミキサー

ホリデーミルク（72ページとポイント参照）	1カップ（250ml）
冷凍バナナ（ポイント参照）	1本
純粋メープルシロップ	大さじ2
生カシューナッツ	大さじ1
ナツメグ　おろす	小さじ1/2
バニラエクストラクト	小さじ1/2
シナモン（粉）	小さじ1/4

1. ミキサーに全材料を入れ，全体がなめらかになるまで高速で回します。冷たいうちにいただきます。

キャンディケーンスムージー

ミントが香るピンク色のスムージーが華やかにクリスマスを彩ります。ホリデーシーズンの朝食やブランチにぴったりです。

2カップ（500ml）分

ポイント

ビーツのジュースの代わりに，砕いたグルテンフリーのキャンディケーン（ミントキャンディ）60mlを使うと，とっておきのスイーツになります。

ペパーミントエクストラクトは，オーガニックでアルコールフリーのものを選びましょう。

● ミキサー

アーモンドミルク（次ページ参照）	300ml
冷凍バナナ（上段のポイント参照）	1本
ビーツのジュース（ポイント参照）	60ml
純粋メープルシロップ	大さじ2
ペパーミントエクストラクト（ポイント参照）	小さじ1/2
バニラエクストラクト	小さじ1/2

1. ミキサーに全材料を入れ，全体がなめらかになるまで高速で回します。冷たいうちにいただきます。

アーモンドミルク

牛乳の代用として日常的に使える万能ミルクです。

4カップ（1L）分

ポイント

アーモンドを水にひたす：アーモンド1カップ（250ml）を4倍の水につけます。ラップをかけて常温で3時間ほど，または冷蔵庫で一晩置き，水を切ります。

アーモンドパルプ（搾りかす）はオーブンで温めて乾かし，ミキサーなどで挽くとアーモンドパウダーとして使えます。

- ミキサー
- こし器（目の細かいもの）

生アーモンド（ポイント参照）	1カップ（250ml）
水	4カップ（1L）
海塩	少々

1. ミキサーに全材料を入れ，なめらかになるまで高速で回します。
2. こし器をのせた容器に1を濾し入れます（下段のポイント参照）。冷蔵して5日以内に使い切りましょう。

バリエーション

スイートバニラ・アーモンドミルク：つくり方1で，種を取ったデーツ3個，またはアガベシロップまたは純粋メープルシロップ大さじ2と，バニラエクストラクト小さじ1/2を加え，あとは同様につくります。

カシューミルク

カシューミルクはほかの植物性ミルクに比べて脂肪分が豊富なのでコクがあり，デザートのレシピに使うのに向いています。

4カップ（1L）分

ポイント

カシューナッツを水にひたす：カシューナッツ1カップ（250ml）を4倍の水につけます。ラップをかけて常温で3時間ほど，または冷蔵庫で一晩置き，水を切ります。

植物性ミルクを濾すには，こし器を使うほかに，チーズクロス（さらし布）やナッツミルクバッグを使って絞る方法もあります。

- ミキサー
- こし器（目の細かいもの）

生カシューナッツ（ポイント参照）	1カップ（250ml）
水	4カップ（1L）
海塩	少々

1. ミキサーに全材料を入れ，なめらかになるまで高速で回します。
2. こし器をのせた容器に1を濾し入れます（ポイント参照，残りかすは使いません）。冷蔵して5日以内に使い切りましょう。

バリエーション

スイートバニラ・カシューミルク：上段のバリエーションと同じ要領です。

ココナッツミルク

香りがよく，牛乳の代わりに飲めるおいしいミルクです。

4カップ（1L）分

ポイント

ココナッツを水にひたす：ココ
ナッツ1カップ（250ml）を4
倍の水につけます。ラップをか
けて30分ほど置き，水を切り
ます。

このミルクは，缶入りのココ
ナッツミルクの代用にはなりま
せん（缶入りのほうが濃厚）。
スムージー，コーヒー，紅茶，
シリアルなどに使いましょう。

- ミキサー
- こし器（目の細かいもの）

ココナッツシュレッド（無糖，ポイント参照）	1カップ（250ml）
水	4カップ（1L）
海塩	少々

1. ミキサーに全材料を入れ，なめらかになるまで高速で回します。
2. こし器をのせた容器に1を濾し入れます（次ページのポイント参照，残りかすは使いません）。冷蔵して5日以内に使い切りましょう。

バリエーション

スイートバニラ・ココナッツミルク：つくり方1で，種を取ったデーツ3個，またはアガベシロップかメープルシロップ大さじ2と，バニラエクストラクト小さじ1/2を加え，なめらかになるまで高速で回します。つくり方2へ続きます。

キヌアミルク

ナッツアレルギーの人にもうれしい，栄養価の高いミルクです。オートミールやポリッジに最適ですが，冷やしてそのまま飲んでもおいしいです。

4カップ（1L）分

ポイント

キヌアの下ゆで：鍋にキヌア1
カップ（250ml）と水2カップ
（500ml）を入れ，強火にかけ
ます。煮立ったら弱火にし，水
分がなくなるまで約15分間，
ふたをせずにゆでます。火を止
め，ふたをして約5分間蒸らし
ます。完全に冷めてから使いま
しょう。

- ミキサー
- こし器（目の細かいもの）

ゆでたキヌア（ポイント参照）	2カップ（500ml）
水	4カップ（1L）
海塩	少々

1. ミキサーに全材料を入れ，なめらかになるまで高速で回します。
2. こし器をのせた容器に1を濾し入れます（次ページのポイント参照，残りかすは使いません）。冷蔵して5日以内に使い切りましょう。

バリエーション

スイートバニラ・キヌアミルク：上段のバリエーションと同じ要領です。

オートミルク

ナッツを使わない，なめらかな口あたりのミルクです。

4カップ（1L）分

ポイント

オートを水にひたす：オート1カップ（250ml）4倍の水につけます。ラップをかけて常温で3時間ほど，または冷蔵庫で一晩置き，目の細かいざるに上げ，白っぽい水が出なくなるまで，流水で洗います。

植物性ミルクを濾すには，こし器を使うほかに，チーズクロス（さらし布）やナッツミルクバッグを使って絞る方法もあります。

- ミキサー
- こし器（目の細かいもの）

スティールカットオーツ（グルテンフリー，ポイント参照）	1カップ（250ml）
水	4カップ（1L）
海塩	少々

1. ミキサーに全材料を入れ，なめらかになるまで高速で回します。
2. こし器をのせた容器に1を濾し入れます（ポイント参照，残りかすは使いません）。冷蔵して5日以内に使い切りましょう。

バリエーション

メープルシナモン・オートミルク：つくり方1で，純粋メープルシロップ大さじ3，シナモン（粉）小さじ1/2，バニラエクストラクト小さじ1/2を加えます。

フラックスシードミルク

オメガ3脂肪酸が豊富で健康的なナッツ不使用のミルクです。

4カップ（1L）分

ポイント

フラックスシードを水にひたす：生フラックスシード1カップ（250ml）を4倍の水につけます。ラップをかけて30分ほど置き，水を切ります。

ゴールデンフラックスシードを使うと薄い色のミルクになり，ブラウンフラックスシードを使うと濃い色のミルクになります。

植物性ミルクを濾すには，こし器を使うほかに，チーズクロス（さらし布）やナッツミルクバッグ（こし袋）を使って絞る方法もあります。

- ミキサー
- こし器（目の細かいもの）

生フラックスシード（ポイント参照）	1カップ（250ml）
水	4カップ（1L）
海塩	少々

1. ミキサーに全材料を入れ，なめらかになるまで高速で回します。
2. こし器をのせた容器に1を濾し入れます（ポイント参照，残りかすは使いません）。冷蔵して5日以内に使い切りましょう。

バリエーション

バニラシナモン・フラックスミルク：つくり方1で，バニラエクストラクト小さじ1とシナモン（粉）小さじ1/4を加えます。

ヘンプ&チアミルク

ヘンプシードとチアシードは，脳を活性化するといわれるオメガ3脂肪酸を豊富に含んでいます。コーヒーや紅茶，スムージーやシリアルなどに，毎日使いたいミルクです。

4カップ（1L）分

ポイント

ヘンプシードとチアシードは脂質が多くて傷みやすいため，冷蔵庫で保存しましょう。

- ミキサー
- こし器（目の細かいもの）

生ヘンプシード（皮なし，ポイント参照）	大さじ4
チアシード（ポイント参照）	大さじ3
水	4カップ（1L）
純粋メープルシロップ（ポイント参照）	大さじ2
バニラエクストラクト	小さじ1/2
海塩	少々

メープルシロップの代わりに，種を取ったデーツ3個を入れても甘さが出ます。

1. ミキサーに全材料を入れ，なめらかになるまで高速で回します。
2. こし器をのせた容器に**1**を濾し入れます（前ページのポイント参照，残りかすは使いません）。冷蔵して5日以内に使い切りましょう。

グリーンミルク

エネルギーチャージに最適な栄養たっぷりのミルクです。スムージーやシリアルにぴったりです。

4カップ（1L）分

ポイント

アーモンドミルクの代わりに同量のカシューミルク（61ページ参照），ココナッツミルク（62ページ参照）でもつくれます。

スピルリナパウダーがない場合，同量のクロレラパウダーでも代用できます。クロレラは栄養豊富な淡水藻で，デトックス効果があるとされています。

- ミキサー
- こし器（目の細かいもの）

アーモンドミルク（61ページとポイント参照）	
	3と1/2カップ（875ml）
ケール　茎を取ってきざむ	1カップ（250ml）
純粋メープルシロップ	大さじ1
スピルリナパウダー（ポイント参照）	小さじ1/2
バニラエクストラクト	小さじ1/2

1. ミキサーに全材料を入れ，なめらかになるまで高速で回します。
2. こし器をのせた容器に**1**を濾し入れます（前ページのポイント参照，残りかすは使いません）。冷蔵して5日以内に使い切りましょう。

にんじん，カシューナッツ，生姜のミルク

インド風の料理によく合うミルクです。栄養もあって香りもよいので，スムージーなどのベースにもぴったりです。

4カップ（1L）分	

ポイント

カシューナッツを水にひたす：カシューナッツ1カップ（250ml）を4倍の水につけます。ラップをかけて常温で30分ほど，または冷蔵庫で一晩置き，水を切ります。

生姜の皮をむくときは，スプーンなどのふちでこそげるようにすると無駄がありません。

- ミキサー
- こし器（目の細かいもの）

生カシューナッツ（ポイント参照）	1カップ（250ml）
水	875ml
にんじん　ざく切り	2カップ（500ml）
生姜のすりおろし（ポイント参照）	大さじ2

1. ミキサーに全材料を入れ，なめらかになるまで高速で回します。
2. こし器をのせた容器に 1 を濾し入れます（次ページのポイント参照，残りかすは使いません）。冷蔵して5日以内に使い切りましょう。

いちごとヘーゼルナッツのミルク

甘いものがほしくなる午後にぴったりのミルクです。シリアルやポリッジにかけたり，お気に入りのスムージーに混ぜてもおいしいでしょう。

4カップ（1L）分	

ポイント

ヘーゼルナッツを水にひたす：ヘーゼルナッツ1カップ（250ml）を4倍の水につけます。ラップをかけて常温で30分ほど，または冷蔵庫で一晩置き，水を切ります。

生ヘーゼルナッツがない場合は，ヘーゼルナッツバター1/2カップ（125ml）で代用できます。

- ミキサー
- こし器（目の細かいもの）

生ヘーゼルナッツ（ポイント参照）	1カップ（250ml）
いちご　ヘタを取る	1カップ（250ml）
アガベシロップ（8ページ参照）	大さじ3
バニラエクストラクト	小さじ1/2
水またはアーモンドミルク	4カップ（1L）
海塩	少々

1. ミキサーに全材料を入れ，なめらかになるまで高速で回します。
2. こし器をのせた容器に 1 を濾し入れます（次ページのポイント参照，残りかすは使いません）。冷蔵して5日以内に使い切りましょう。

カルダモン香るブラジルナッツミルク

スパイスの効いた極上のスイーツのようなミルクです。

4カップ（1L）分

ポイント

ブラジルナッツを水にひたす：ブラジルナッツ1カップ（250ml）を4倍の水につけます。ラップをかけて常温で30分ほど，または冷蔵庫で一晩置き，水を切ります。

ブラジルナッツは，脂肪分が多いので腐敗が早いため，冷蔵庫か冷凍庫で保存します。

植物性ミルクを濾すには，こし器を使うほかに，チーズクロス（さらし布）やナッツミルクバッグ（こし袋）を使って絞る方法もあります。

- ミキサー
- こし器（目の細かいもの）

生ブラジルナッツ（ポイント参照）	1カップ（250ml）
水	4カップ（1L）
アガベシロップ（8ページ参照）	大さじ1
カルダモン（粉）	小さじ1/2
バニラエクストラクト	小さじ1/4
海塩	少々

1. ミキサーに全材料を入れ，なめらかになるまで高速で回します。
2. こし器をのせた容器に**1**を濾し入れます（ポイント参照，残りかすは使いません）。冷蔵して5日以内に使い切りましょう。

バリエーション

カルダモン香るブラジルナッツのホットチョコレート：ミキサーに，**2**のミルク1/2カップ（125ml），熱湯1/2カップ（125ml），カカオパウダー大さじ2，アガベシロップ大さじ2，ココナッツオイル大さじ1，バニラエクストラクト小さじ1/2を入れて混ぜます。

チャイ風アーモンドミルク

弱火でゆっくり温めれば，午後のお茶にぴったりのミルクになります。

4カップ（1L）分

ポイント

チャイをつくる：カップにチャイのティーバッグを1つ入れ，沸騰した湯1/2カップ（125ml）をそそぎます。15分ほど置いたら，ティーバッグを出し，粗熱を取って冷蔵庫で冷やします。

- ミキサー

アーモンドミルク（61ページ参照）	3と1/2カップ（875ml）
チャイ（ポイント参照）	1/2カップ（125ml）

1. ミキサーにアーモンドミルクとチャイを入れ，混ぜ合わせます。容器に移して冷蔵し，5日以内に使い切りましょう。

塩キャラメル＆ピスタチオミルク

甘いものがほしいときにうれしいデザートミルクです。ピーカンパイ（下巻参照）やブルーベリーチーズケーキ（下巻参照）によく合います。

4カップ（1L）分

ポイント

ピスタチオを水にひたす：ピスタチオ1カップ（250ml）を4倍の水につけます。ラップをかけて常温で30分ほど，または冷蔵庫で一晩置き，水を切ります。

ココナッツシュガーはGI値が低く，ミネラル分が豊富。甘さとテクスチャーはブラウンシュガーに似ています。

- ミキサー
- こし器（目の細かいもの）

生ピスタチオ（ポイント参照）	1カップ（250ml）
水	4カップ（1L）
ココナッツシュガー（オーガニック，ポイント参照）	大さじ3
液状ココナッツオイル	大さじ3
アガベシロップ（8ページ参照）	大さじ2
純粋メープルシロップ	大さじ1
海塩	小さじ1/2
バニラエクストラクト	小さじ1/2

1. ミキサーに全材料を入れ，なめらかになるまで高速で回します。
2. こし器をのせた容器に1を濾し入れます（次ページのポイント参照，残りかすは使いません）。冷蔵して5日以内に使い切りましょう。

ホットチョコレート

寒い日はホットチョコレートで温まりましょう。シナモンシュガーのチュロス（下巻参照）と一緒に，スペシャルなおやつはいかがでしょうか。

**1と1/2カップ
（375ml）分**

ポイント

ココナッツバターがない場合は，水につけた生のカシューナッツ80mlをミキサーにかけたもので代用できます。

沸騰した湯を使うと，ミキサーのふたが突然開いてしまうことがあるので，必ず少し冷ましてから使うようにしましょう。

- ミキサー

ココナッツバター（ポイント参照）	80ml
カカオパウダー（14ページ参照）	60ml
液状ココナッツオイル	大さじ1
ココナッツシュガー（オーガニック）	大さじ2
バニラエクストラクト	小さじ1/2
沸騰させて少し冷ました熱湯（ポイント参照）	300ml

1. ミキサーに熱湯以外の全材料を入れます。熱湯をそそいでふたをし，全体がなめらかになるまで高速で回します。温かいうちにいただきます。

ホワイトチョコレートミルク

レモンバニラビスコッティ（下巻参照）とよく合う，白いチョコレートミルクです。

4カップ（1L）分

ポイント

カシューナッツを水にひたす：カシューナッツ2カップ（500ml）を3倍の水につけます。ラップをかけて常温で30分ほど，または冷蔵庫で一晩置き，水を切ります。

カカオバターはカカオ豆の脂肪分で，チョコレートの風味のもとです。カカオバターを溶かすときは，小鍋に入れて弱火で温めます。

植物性ミルクを濾すには，こし器を使うほかに，チーズクロス（さらし布）やナッツミルクバッグ（こし袋）を使って絞る方法もあります。

- ミキサー
- こし器（目の細かいもの）

生カシューナッツ（ポイント参照）	2カップ（500ml）
水	3カップ（750ml）
液状カカオバター（ポイント参照）	1/2カップ（125ml）
アガベシロップ（8ページ参照）	60ml
純粋メープルシロップ	大さじ1
バニラエクストラクト	小さじ1/2

1. ミキサーに全材料を入れ，なめらかになるまで高速で回します。
2. こし器をのせた容器に1を濾し入れます（ポイント参照，残りかすは使いません）。冷蔵して5日以内に使い切りましょう。

ピュアチョコレート＆ヘーゼルナッツミルク

豊かな香りと甘さ，なめらかなチョコレートミルク。おいしさも栄養面もばっちりです。

４カップ（１L）分

ポイント

ヘーゼルナッツを水にひたす：ヘーゼルナッツ１カップ（250ml）を４倍の水につけます。ラップをかけて常温で30分ほど，または冷蔵庫で一晩置き，水を切ります。

生のヘーゼルナッツがない場合は，ヘーゼルナッツバター1/2カップ（125ml）で代用できます。

- ミキサー
- こし器（目の細かいもの）

生ヘーゼルナッツ（ポイント参照）	１カップ（250ml）
アガベシロップ（8ページ参照）	大さじ４
カカオパウダー	大さじ３
バニラエクストラクト	小さじ1/2
水またはアーモンドミルク（61ページ参照）	４カップ（1L）
海塩	少々

1. ミキサーに全材料を入れ，なめらかになるまで高速で回します。
2. こし器をのせた容器に１を濾し入れます（次ページのポイント参照，残りかすは使いません）。冷蔵して５日以内に使い切りましょう。

実りの秋のかぼちゃミルク

カフェのパンプキンスパイスラッテのようにおいしいのに健康的なミルクが，家で簡単につくれます。かぼちゃとさつまいもの自然な甘さに，オールスパイスとナツメグ，バニラの風味が加わると，秋らしい風味になります。そのまま飲むのはもちろん，シリアルやスムージーにも使ってください。

4カップ（1L）分

ポイント

アーモンドを水にひたす：アーモンド1カップ（250ml）を4倍の水につけます。ラップをかけて常温で30分ほど，または冷蔵庫で一晩置き，水を切ります。

ナツメグは，目の細かいおろし器でおろします。

植物性ミルクを濾すには，こし器を使うほかに，チーズクロス（さらし布）やナッツミルクバッグ（こし袋）を使って絞る方法もあります。

- ミキサー
- こし器（目の細かいもの）

生アーモンド（ポイント参照）	1カップ（250ml）
水	3カップ（750ml）
さつまいも　皮をむいて細かく切る	1/2カップ（125ml）
かぼちゃ　皮をむいて細かく切る	1/2カップ（125ml）
純粋メープルシロップ	大さじ3
オールスパイス（粉）	小さじ1/2
バニラエクストラクト	小さじ1/2
ナツメグ　おろす（ポイント参照）	小さじ1/8

1. ミキサーに全材料を入れ，なめらかになるまで高速で回します。
2. こし器をのせた容器に**1**を濾し入れます（ポイント参照，残りかすは使いません）。冷蔵して5日以内に使い切りましょう。

ホリデーミルク

クリスマスシーズン伝統のスパイスをブレンドしてつくるミルクです。家族が集まったときに，ちょっと豪華なおやつとしていかがでしょうか。じっくり弱火で温めたミルクと一緒に，ピーカンパイ（下巻参照）やトリプルジンジャークッキー（下巻参照）でにぎやかなひとときを過ごしましょう。

4カップ（1L）分

ポイント

アーモンドを水にひたす：アーモンド1カップ（250ml）を4倍の水につけます。ラップをかけて常温で30分ほど，または冷蔵庫で一晩置き，水を切ります。

ナツメグをおろすときは，目の細かいおろし器を使います。

植物性ミルクを濾すには，こし器を使うほかに，チーズクロス（さらし布）やナッツミルクバッグ（こし袋）を使って絞る方法もあります。

- ミキサー
- こし器（目の細かいもの）

生アーモンド（ポイント参照）	1カップ（250ml）
水	4カップ（1L）
純粋メープルシロップ	大さじ3
オールスパイス（粉）	小さじ1
シナモン（粉）	小さじ1
ジンジャーパウダー	小さじ1/2
ナツメグ　おろす（ポイント参照）	小さじ1/4
バニラエクストラクト	小さじ1/2
海塩	少々

1. ミキサーに全材料を入れ，なめらかになるまで高速で回します。
2. こし器をのせた容器に1を濾し入れます（ポイント参照，残りかすは使いません）。冷蔵して5日以内に使い切りましょう。

前菜

基本のひよこ豆フムス

冷蔵庫に常備したいとても便利な，ひよこ豆でつくるまろやかなフムスです。グルテンフリーのパンやピタパンにたっぷりのせれば健康的なおやつに。また，ラップサンドの具材として，にんじんやセロリのスティックのディップとして，さまざまな楽しみ方があり，レシピの幅が広がります。

2カップ（500ml）分

ポイント

私自身は乾燥ひよこ豆をゆでて使いますが，水煮缶も便利です。缶詰の豆は水を切ってすすいでから使います。

乾燥ひよこ豆の下ゆで：ひよこ豆1カップ（250ml）と 水3カップ（750ml）をボウルに入れます。ラップをかけ，3時間ほどまたは冷蔵庫で一晩置き，水を切ります。鍋に湯を沸かし，沸騰したら豆を加え，やわらかくなるまで30分ほどゆで，ざるに上げます。

• **フードプロセッサー**

レモン果汁	60ml
クミン（粉）	小さじ1
海塩	小さじ1/2
にんにく	4～6かけ
タヒーニ（練りごまで代用可）	大さじ2
ひよこ豆水煮（ポイント参照）	1カップ（250ml）
エクストラバージンオリーブオイル	1/2カップ（125ml）

1. フードプロセッサーに，レモン果汁，クミン，塩，にんにくを入れ，にんにくが細かくなるまで回します。タヒーニを加えて30秒ほど回し，ひよこ豆を加えてさらに30秒ほど回して全体がなめらかになるまで混ぜ合わせます。

2. モーターを回したまま，オリーブオイル全量を少しずつ注入口から流し入れます。ときどき止めて容器の内側をこそげて混ぜ込みながら，全体がなめらかになるまで回します。すぐに使わない場合は，密閉容器に移します。冷蔵庫で2週間ほど保存できます。

バリエーション

ハーブのひよこ豆フムス：クミンを使わずに，バジルの葉1/2カップ（125ml）とイタリアンパセリ60mlを入れます。

枝豆のフムス

タンパク質豊富な旬の枝豆と新鮮な柑橘の香りが夏を感じさせるディップです。にんじんやセロリのスティック，オーガニックのコーンチップスなどにたっぷりディップして召し上がれ。

2カップ（500ml）分

ポイント

スーパーの冷凍食品売り場には，さやつきとさやなしのゆで枝豆があります。私はさやつきの冷凍枝豆を常備しています。

冷凍枝豆をゆでる：冷凍したままの枝豆は，鮮やかな緑色になるまで5分ほどゆでるか軽く蒸します。

- フードプロセッサー

冷凍枝豆　ゆでるか蒸す（ポイント参照）	2カップ（500ml）
ライム果汁	60ml
レモン果汁	大さじ3
焙煎ごま油	大さじ1
海塩	小さじ1
にんにく	6かけ
タヒーニ（練りごまで代用可）	60ml
エクストラバージンオリーブオイル	1/2カップ（125ml）

1. フードプロセッサーに，枝豆，ライムとレモン果汁，ごま油，塩，にんにくを入れ，ときどき止めて容器の内側をこそげて混ぜ込みながら，全体がなめらかになるまで回します。タヒーニを加え，パルス操作で全体を混ぜます。
2. モーターを回したまま，オリーブオイル全量を少しずつ注入口から流し入れ，全体がなめらかになるまで回します。すぐに使わない場合は，密閉容器に移します。冷蔵庫で1週間ほど保存できます。

バリエーション

スパイシーわさびフムス：粉わさび大さじ1，カイエンペッパー小さじ1/8を加えます。ごま油の分量は60mlに増やし，オリーブオイルを80mlに減らします。

カシューナッツとケールのハーブフムス

千切りにしたきゅうりと一緒にロメインレタスにのせるのが，私のお気に入りの食べ方です。ゆでたてのパスタにからめれば，あっという間にメインディッシュの完成です。

2カップ（500ml）分

ポイント

ケールの茎の取り方：片手で茎の元を持って，もう片方の手で茎をつまみ，先端のほうへすべらせながら葉を取ります。茎は使いません。

ナッツを使わないレシピ：カシューナッツの代わりに生ひまわりの種310mlを使います。

タイムの葉の切り方：片方の手で茎の下のほうをつまんで持ち，もう片方の親指と人差し指ではさんで下から上へすべらせて葉を落とします。茎は野菜だしなどに使えます。葉はよく切れる包丁できざみます。切れない包丁を使うと葉を傷つけ，茶色に酸化させてしまうので気をつけましょう。

- フードプロセッサー

ケール　茎を取り除く（ポイント参照）	3カップ（750ml）
生カシューナッツ（ポイント参照）	1カップ（250ml）
レモン果汁	60ml
タイムの葉　きざむ（ポイント参照）	大さじ1
海塩	小さじ1/4
にんにく	3かけ
タヒーニ	大さじ2
エクストラバージンオリーブオイル	1/2カップ（125ml）

1. フードプロセッサーに，ケール，生カシューナッツ，レモン果汁，タイム，塩，にんにくを入れ，ときどき止めて容器の内側をこそげて混ぜ込みながら，全体がなめらかになるまで回します。タヒーニを加え，パルス操作で全体を混ぜます。
2. モーターを回したまま，オリーブオイル全量を少しずつ注入口から流し入れながら，全体がなめらかになるまで回します。すぐに使わない場合は，密閉容器に移します。冷蔵庫で1週間ほど保存できます。

バリエーション

カシューナッツとケールのスパイシーなカレーフムス：タイムは使いません。カレーパウダー大さじ1，クミン（粉）小さじ1/4，コリアンダー（粉）小さじ1/8と，カイエンペッパーひとつまみを加えます。

ズッキーニのカレーフムス

フムスには通常ひよこ豆を使いますが，こちらは豆類を使わないバージョンです。ズッキーニが旬を迎える夏にたくさんつくって楽しみましょう。

3カップ（750ml）分

ポイント

このレシピでは，必ずしもズッキーニの皮をむく必要はありませんが，皮つきのままだとしあがりの色に影響するので注意してください。

オリーブオイルの代わりに，同量のヘンプシードオイル，アマニ油，パンプキンシードオイルでもつくれます。

- **フードプロセッサー**

ズッキーニ　皮をむいてざく切り（ポイント参照）	中3本（約1L）
レモン果汁	1/2カップ（125ml）
水	大さじ2
カレーパウダー	小さじ1
クミン（粉）	小さじ1/2
ココナッツシュガー（オーガニック）	小さじ1/4
にんにく	4かけ
タヒーニ（練りごまで代用可）	1/2カップ（125ml）
エクストラバージンオリーブオイル（ポイント参照）	大さじ6

1. フードプロセッサーに，ズッキーニ，レモン果汁，水，カレーパウダー，クミン，ココナッツシュガー，にんにくを入れ，ときどき止めて容器の内側をこそげて混ぜ込みながら，全体がなめらかになるまで回します。タヒーニを加え，パルス操作で全体を混ぜます。

2. モーターを回したまま，オリーブオイル全量を少しずつ注入口から流し入れながら，全体がなめらかになるまで回します。すぐに使わない場合は，密閉容器に移します。冷蔵庫で1週間ほど保存できます。

白いんげん豆とローストガーリックのピューレ

なめらかな食感を生み出す白いんげん豆でつくる，素朴なおいしさのスプレッドです。軽食には焼いたグルテンフリーのフラットブレッドをたっぷり塗って召し上がれ。にんじんやセロリのスティックにつけるディップとしても最適です。

2と1/2カップ (625ml)分

ポイント

豆を水にひたす：乾燥いんげん豆2カップ（500ml）を 水8カップ（2L）につけます。ラップをかけ，1時間ほどまたは冷蔵庫で一晩置き，水を切ります。

にんにくを1株丸ごとローストするときは，包丁で株の上部0.5cmほどを切り落とし，中が少し見える状態にします。

ローストしたにんにくがない場合は，ガーリックパウダー大さじ1でも代用できます。

- オーブンを160℃に予熱
- オーブンシートを敷いたオーブントレイ
- フードプロセッサー

白いんげん豆（ポイント参照）	2カップ（500ml）
にんにく（ポイント参照）	4株
オリーブオイル　分けて使用	180ml
海塩　分けて使用	小さじ1
レモン果汁	60ml
イタリアンパセリ　きざむ	60ml
タイムの葉　きざむ	大さじ1

1. オーブントレイににんにくを置いてオリーブオイル60mlを回しかけます。オーブンに入れて約40分間，にんにくがやわらかくなり，表面にやや焦げ目がつくまで焼きます。焼き上がったらオーブンから出して冷まします。冷めたら，にんにくの実を押し出すようにして皮から取り出します。

2. 鍋に白いんげん豆とかぶるくらいの水（分量外），塩小さじ1/4を入れ，強火にかけます。煮立ったら火を弱め，とろ火で30分または豆がやわらかくなるまで煮ます。煮上がったらざるに上げて冷まします。

3. フードプロセッサーに，2の豆，1のにんにく，オリーブオイル120ml，レモン果汁，イタリアンパセリ，タイム，塩小さじ3/4を入れ，ときどき止めて容器の内側をこそげて混ぜ込みながら，全体がなめらかになるまで回します。すぐに使わない場合は，密閉容器に移します。冷蔵庫で約10日間保存できます。

きのことほうれん草のデュクセル

デュクセルとは，みじん切りのきのこをソテーしてハーブの香りをつけたフランスの伝統料理です。通常ガレットの具として使われますが，レンズ豆のローフ（210ページ参照）やカリフラワーのグラタン（169ページ参照）のつけ合わせにしたり，グルテンフリーの全粒粉クラッカーにのせてオードブルにしたりと，用途に応じてさまざまな楽しみ方ができます。

3カップ（750ml）分

ポイント

にんにくをみじん切りにしたりおろしたりするにはフードプロセッサーが便利で簡単です。フードプロセッサーにかけ，一度止めて容器の内側をこそげて混ぜ込み，もう一度回します。

ほうれん草2束の代わりにベビースピナッチを使う場合は，計量カップに軽く詰めて8カップ（2L）となります。

マッシュルームは，ホワイト，ブラウンのどちらでもOKです。

• フードプロセッサー

グレープシードオイル	大さじ3
玉ねぎ　みじん切り	1/2カップ（125ml）
にんにく　みじん切り（ポイント参照）	大さじ2
ほうれん草　太い茎を取ってきざむ（ポイント参照）	2束
マッシュルーム　薄切り（ポイント参照）	4カップ
タイムの葉　きざむ	大さじ2

1. 大きめのフライパンでグレープシードオイルを中火で熱します。玉ねぎを加えて3分ほど炒め，やわらかくなったらにんにくを加えます。焦がさないように注意しながら，香りが立つまでさらに2分ほど炒めます。
2. ほうれん草とマッシュルームを加えてさらに炒めます。野菜から出た水分がほぼなくなったら，火からおろして冷まします。
3. フードプロセッサーに，2とタイムを入れ，ときどき止めて容器の内側をこそげて混ぜ込みながら，全体がなめらかになるまで回します。すぐに食べない場合は，密閉容器に移します。冷蔵庫で1週間ほど保存できます。

ローストガーリックとブラックオリーブの タプナード

タプナードは南フランスの伝統的な料理で，オリーブの塩気と香ばしく焼いたにんにくの甘さが絶妙なおいしさを醸し出します。多めにつくれるレシピなので，おもてなしの前菜に最適です（多すぎる場合は分量をすべて半分にしてください）。好きなパンにのせて軽めのランチとしてもどうぞ。

2カップ（500ml）分

ポイント

にんにくを1株丸ごとローストするときは，包丁で株の上部0.5cmほどを切り落とし，中が少し見える状態にします。

このレシピにはカラマタオリーブをおすすめしますが，好みのオリーブを使ってください。

パセリの代わりに同量の香菜やバジルも使えます。

- オーブンを160℃に予熱
- オーブンシートを敷いたオーブントレイ
- フードプロセッサー

にんにく（ポイント参照）	12株
エクストラバージンオリーブオイル　分けて使用	
	1カップ（250ml）
海塩	小さじ1/2
カラマタオリーブ（種なし，ポイント参照）	3カップ（750ml）
イタリアンパセリ（ポイント参照）　きざむ	1/2カップ（125ml）
レモン果汁	大さじ1

1. ボウルににんにくを入れ，オリーブオイル70mlを全体にふりかけてよくからめます。オーブントレイに重ならないように並べ，オーブンに入れて45分ほど焼きます。黄金色に焼けてやわらかくなったら，オーブンから出して冷まします。完全に冷めたら，にんにくの実を押し出すようにして皮から取り出します。皮は使いません。

2. フードプロセッサーに，1のにんにく，塩，カラマタオリーブ，イタリアンパセリ，レモン果汁を入れ，ときどき止めて容器の内側をこそげて混ぜ込みながら，全体がなめらかになるまで回します。

3. モーターを回したまま，オイル180mlを止めずに少しずつ注入口から流し入れ，全体がなめらかになるまで回します。すぐに使わない場合は，密閉容器に移します。冷蔵庫で1週間ほど保存できます。

クリーミーカシューザジキ

にんにくの風味あふれるなめらかなディップです。野菜プレートに添えるだけでなく，サンドイッチやラップサンドのスプレッドとしても活躍します。

3と1/2カップ （825ml）分

ポイント

カシューナッツを水にひたす：
カシューナッツ2カップ（500ml）と水3カップ（750ml）をボウルに入れます。ラップをかけ，30分ほどまたは冷蔵庫で一晩置き，水を切ります。

• フードプロセッサー

生カシューナッツ（ポイント参照）	2カップ（500ml）
水	180ml
レモン果汁	60ml
海塩	小さじ1/2
きゅうり　細かくきざむ	1/2カップ（125ml）
にんにく　みじん切り	6〜8かけ
ディル（乾）	大さじ1
または新鮮なディルの場合，葉の部分60mlをきざむ	

1. フードプロセッサーに，生カシューナッツ，水，レモン果汁，塩を入れ，全体がなめらかになるまで回します。ボウルに移します。
2. 1にきゅうりとにんにく，ディルを入れてよく混ぜ合わせます。すぐに使わない場合は，密閉容器に移します。冷蔵庫で約5日間保存できます。

ランチディップ

いろいろな野菜の旨みを引き立ててくれる大人気のドレッシングです。カリフラワーやブロッコリーのディップとして，またサンドイッチやラップサンドのスプレッドとしてもどうぞ。

1と1/2カップ（375ml）分

ポイント

ディルの葉がない場合は，乾燥ディル大さじ1で代用します。

もっとクリーミーなディップにしたい場合には，エクストラバージンオリーブオイル1/2カップ（125ml）を追加します。つくり方2で，全体が混ぜ合わさってから，ふたの注入口からモーターを回したまま，少しずつ注入口から流し入れ，全体をよく混ぜます。

- **ミキサー**

生カシューナッツ	1カップ（250ml）
水	つくり方1〜2を参照
レモン果汁	大さじ3
赤ワインビネガー	大さじ1
万能ねぎ　小口切り	1/2カップ（125ml）
イタリアンパセリ　きざむ	60ml
ディルの葉　きざむ（ポイント参照）	大さじ3
ガーリックパウダー	小さじ2
海塩	小さじ1/2
黒こしょう　ミルで挽く	小さじ1/4

1. 鍋に生カシューナッツとかぶるくらいの水を入れます。強火でひと煮立ちさせたら火からおろし，ざるに上げ，冷まします。
2. ミキサーに冷ましたカシューナッツ，水125ml，レモン果汁，赤ワインビネガー，万能ねぎ，イタリアンパセリ，ディルの葉，ガーリックパウダー，塩，黒こしょうを入れ，全体がなめらかになるまで高速で回します（ポイント参照）。すぐに使わない場合は密閉容器に移し，冷蔵庫へ。1週間以内に使い切りましょう。

ピコ・デ・ガリョ

新鮮なトマトのサルサは，チップスにはもちろん，サラダのトッピングやラップサンドの具材にもぴったり。メキシコ料理には必ず登場する名わき役です。

3カップ（750ml）分

ポイント

かたい茎をもつイタリアンパセリと違って，香菜（シラントロー，パクチー）の茎はやわらかく風味もよいので，上部2/3は茎も捨てずに使います。

トマト　細かいさいの目切り	2カップ（500ml）
玉ねぎ　みじん切り	1/2カップ（125ml）
香草　粗みじん切り（ポイント参照）	1/2カップ（125ml）
ハラペーニョ　みじん切り	60ml
ライム果汁	大さじ3
エクストラバージンオリーブオイル	大さじ2
海塩	小さじ1/2

1. ボウルにすべての材料を入れて，よく混ぜ合わせます。すぐに使わない場合は密閉容器に移し，冷蔵庫へ。2日以内に使い切りましょう。

パーフェクトワカモレ

昔からある素朴なディップですが，栄養価も味も完璧な決定版レシピです。ビーツとひまわりの種のクラッカー（151ページ参照），山盛りナチョ（172ページ参照），ノンフライ・スイートポテトチップス（148ページ参照）のお供にどうぞ！

2カップ（500ml）分

ポイント

アボカドはつぶしすぎず，少しかたまりを残したほうが食感がいいです。

アボカドの種の取り方：先にヘタを取り除き，そのヘタのところから包丁を入れて種に沿って一周し，縦2つに切ります。両手で半分ずつ持ち，ひねって2つに分けます。種に包丁を食い込ませ，直角にひねりながら種を取り出します。

熟したアボカド（ポイント参照）	中3個
レモン果汁	60ml
赤玉ねぎ　みじん切り	大さじ2
にんにく　みじん切り	3かけ
海塩	小さじ1
黒こしょう　ミルで挽く	少々

1. ボウルにすべての材料を入れます。金属製の泡立て器，フォーク，マッシャーなどでアボカドをつぶしながら，全体をよく混ぜ合わせます。すぐに使わない場合は密閉容器に移し，冷蔵庫へ。2日以内に使い切りましょう。

バリエーション

ワカモレにはたくさんのバリエーションがあるので，自分好みの味を見つけるまでいろいろ試してみましょう。私自身は，きざんだ香草60ml，きざんだトマト大さじ2，カイエンペッパーをひとつまみ入れたりすることがあります。辛くしたいときは生の唐辛子を加えます。

ケソ（チーズ）ディップ

まるでチーズのようなコクのあるスパイシーなディップです。サクサクした食感のオーガニックの
コーンチップスをたっぷりディップして召し上がれ。さまざまな料理でチーズの代わりに使えます。

ポイント

このレシピに使用するじゃがい
もは適度なデンプン量があるイ
ンカのめざめなど（実が黄色い
もの）が最適です。

ナッツ不使用バージョンには，
アーモンドミルクではなく，同
量のキヌアミルク（62ページ
参照）またはオートミルク（63
ページ参照）を使います。

トマトの代わりに，市販のサルサ
を同量で使ってもよいでしょう。

- • フードプロセッサー

じゃがいも　皮をむいて切る（ポイント参照）　2カップ（500ml）	
水	4カップ（1L）
海塩　分けて使用	小さじ1
アーモンドミルク（61ページとポイント参照）	
	1/2カップ（125ml）
ニュートリショナルイースト（次ページのポイント参照）　60ml	
チリパウダー	小さじ1
クミン（粉）	小さじ1
パプリカパウダー（スイートスモーク）	小さじ1/2
ホットソース	小さじ1/4
にんにく　みじん切り	2かけ
エクストラバージンオリーブオイル	60ml
トマト　粗みじん切り（ポイント参照）	60ml
赤または青唐辛子　みじん切り	1個（省略可）

1. 大鍋にじゃがいもと水，塩小さじ1/2を入れ，強火にかけます。煮
   立ったら火を弱め，じゃがいもがやわらかくなるまで約12分ゆで
   ます。ざるに上げて水を切ります。
2. フードプロセッサーに，じゃがいも，アーモンドミルク，ニュート
   リショナルイースト，チリパウダー，クミン，パプリカパウダー，ホッ
   トソース，にんにく，残りの塩を入れ，ときどき止めて容器の内側
   をこそげて混ぜ込みながら，全体がなめらかになるまで回します。
3. モーターを回したまま，オリーブオイルを少しずつ注入口から流し
   入れ，全体がよく混ざるまで回します（オリーブオイルを2倍にす
   ると，ソースのようにしあがります）。ボウルに移し，トマト（使
   うなら唐辛子）を加えて混ぜます。すぐに使わない場合は，密閉容
   器に移します。冷蔵庫で1週間ほど保存できます。

バリエーション

カシューチーズソース：じゃがいもの代わりにカシューナッツを使
い，つくり方**2**から開始します。カシューナッツは，水4カップ（1L）
と一緒にボウルに入れ，ラップをかけて30分ほどまたは冷蔵庫で
一晩置き，水を切ります。

スパイシーナチョディップ

オーガニックのコーンチップスにたっぷりかけて，家族団らんのひとときに。トーストやサンドイッチのスプレッドとして，またセロリやにんじんのスティックにつけるディップとしても使えます。

2カップ（500ml）分

ポイント

ニュートリショナルイーストは，てんさい糖をつくるときに出る廃糖蜜を発酵させて育てた酵母を不活性化処理したもので，チーズのような風味があります。ソース，シチュー，スープ，ディップなどに使います。大型スーパーや自然食品店，オンラインストアで入手できます。

• フードプロセッサー

生カシューナッツ	2カップ（500ml）
水	つくり方1～2を参照
ニュートリショナルイースト（ポイント参照）	1カップ（250ml）
エクストラバージンオリーブオイル	1/2カップ（125ml）
レモン果汁	大さじ3
チリパウダー	小さじ2
海塩	小さじ1
ターメリック（粉）	小さじ1/8
にんにく	1～2かけ
カイエンペッパー	少々

1. 鍋に生カシューナッツとかぶるくらいの水を入れます。強火でひと煮立ちさせたら火からおろし，ざるに上げて冷まします。
2. フードプロセッサーに，1のカシューナッツ，水250ml，残りの全材料を入れ，ときどき止めて容器の内側をこそげて混ぜ込みながら，全体がなめらかになるまで回します。すぐに使わない場合は，密閉容器に移します。冷蔵庫で1週間ほど保存できます。

バリエーション

スパイシーカレーのナチョディップ：つくり方2で，カイエンペッパーを小さじ2に増やし，さらにカレーパウダー小さじ2，クミン（粉）小さじ1，コリアンダー（粉）小さじ1/4を加えます。

チーズフォンデュ

グルテンフリーのパンをたくさん用意して，たっぷりディップして楽しみたい，ヴィーガンチーズフォンデュです。

3カップ（750ml）分

ポイント

このレシピの白ワインにはオーガニックのシャルドネがおすすめです。

市販のヴィーガンモッツァレラでも代用できます（同量）。

ココナッツオイル	1/2カップ（125ml）
玄米粉	1/2カップ（125ml）
白ワイン　辛口（ポイント参照）	60ml
レモン果汁	60ml
アーモンドミルク（61ページ参照）	3カップ（750ml）
ニュートリショナルイースト	1カップ（250ml）
ヴィーガンモッツァレラ（282ページとポイント参照）	
	1カップ（250ml）
ディジョンマスタード	大さじ1
海塩	小さじ1

1. 鍋にココナッツオイルを入れ，中火で溶かします。玄米粉を入れ，かき混ぜながら3〜4分炒めて火を通します。白ワインとレモン果汁を加えて火を強め，アルコール分を飛ばしてから火を止めます。アーモンドミルクを2回に分けて入れ，ダマにならないようによく混ぜます。再び中火にかけ，温まったらとろ火にし，かき混ぜながら5〜6分煮ます。

2. 火からおろし，ニュートリショナルイースト，ヴィーガンモッツァレラ，ディジョンマスタード，塩を混ぜ入れ，温かいうちにいただきます。すぐに使わない場合は，完全に冷ましてから密閉容器に移します。冷蔵庫で1週間ほど保存できます。温め直すときは鍋に移し，中火にかけてよく混ぜながら，なめらかになるまで温めます。

チアシードとパプリカのディップ

チーズの風味が豊かな赤パプリカのディップです。グルテンフリーのクラッカーや新鮮な野菜のお供にどうぞ！

2カップ（500ml）分

ポイント

このレシピには白いチアシードを使います。白以外でもつくれますが，全体に黒い粒が残ってしまうので，白いチアシードがおすすめです。

• フードプロセッサー

生カシューナッツ	180ml
赤パプリカ　ざく切り	1カップ（250ml）
水	90ml
ニュートリショナルイースト	60ml
レモン果汁	大さじ2と1/2
チアシード（ポイント参照）	大さじ2
海塩	小さじ3/4
ターメリック（粉）	小さじ1/4

1. 鍋に生カシューナッツと水（分量外）を入れます。強火でひと煮立ちさせたら火からおろし，ざるに上げて冷まします。
2. フードプロセッサーに，1のカシューナッツ，赤パプリカ，水，ニュートリショナルイースト，レモン果汁，チアシード，塩，ターメリックを入れ，ときどき止めて容器の内側をこそげて混ぜ込みながら，全体がなめらかになるまで回します。すぐに使わない場合は，密閉容器に移します。冷蔵庫で1週間ほど保存できます。

ポレンタでつくるノンフライポテト

簡単なフライドポテトのヘルシー版です。メープル＆チポトレのBBQソース（111ページ参照）や
ローストパプリカのモレソース（108ページ参照）をつけて召し上がれ。

およそ20個分

ポイント

コーンミールは乾燥させたとうもろこしを挽いたものです。コーンミールを買うときは，オーガニックのものを選ぶようにしましょう。特に北米産のとうもろこしには遺伝子組み換え作物が多いので，注意が必要です。

コーンミールをゆでたものがポレンタと呼ばれます。温かくておかゆ状のものや，型に入れて冷やしかためたケーキ状のものなどがあります。

- オーブンシートを敷いた天板（32×23cm）
- オーブンシートを敷いたオーブントレイ

水	4カップ（1L）
海塩	小さじ1
コーンミール（オーガニック，臼挽き細粒，ポイント参照）	
	1カップ（250ml）
グレープシードオイル	大さじ3

1. フライパンに水と塩を入れ，沸騰させます。コーンミールをゆっくりと流し入れ，かき混ぜながらひと煮立ちさせます。火を弱め，コーンミールが水分を吸収して鍋から離れやすくなるまで，かき混ぜながら12〜15分ほど煮ます。

2. 1を天板に入れ，スパチュラで平らにならします。粗熱がとれたらラップをかけて冷蔵庫で3時間以上冷やしかためます。

3. オーブンを200℃に予熱します。ポレンタ（ポイント参照）を18〜20個に切り分け，グレープシードオイルをハケで塗り，オーブントレイに重ならないように並べます。

4. オーブンで18〜20分焼きます。途中で一度取り出し，裏返してオイルを塗ります。全体がこんがりと焼けて火が通ればできあがりです。温かいうちにいただきます。すぐに食べない場合は，完全に冷ましてから密閉容器に移します。冷蔵庫で約5日間保存できます。

バリエーション

チーズクリーミーポレンタ：つくり方1で，コーンミールが煮えたらニュートリショナルイースト1/2カップ（125ml），レモンの皮のすりおろし小さじ1を混ぜ入れます。温かいうちにいただきます。ジャックフルーツのスロークックBBQ（下巻参照）のつけ合わせに最適です。

スパイシーチポトレポレンタ：ミキサーにきざんだチポトレペッパー1/2カップ（125ml），たまりしょうゆ大さじ2，オリーブオイル大さじ1を入れ，なめらかになるまで回します。つくり方1で，コーンミールが煮えてから加え，混ぜ合わせます。ラタトゥイユ（下巻参照）のつけ合わせにどうぞ。

ノンフライオニオンリング

油で揚げないからカロリーも気にならない，サクサクのオニオンリングです。夏のバーベキューパーティーには抜群。衣にコーンミールを使っているので，カリッと香ばしい食感になります。メープル＆チポトレのBBQソース（111ページ参照）をたっぷりディップしていただきます。

4人分

ポイント

このレシピには甘みの強い新玉ねぎがおすすめです。

玉ねぎをアーモンドミルクにひたすと，やわらかくなって辛みもとれます。

● **オーブンシートを敷いたオーブントレイ　2セット**

玉ねぎ（ポイント参照）	大2個
アーモンドミルク（61ページ参照）　分けて使用	
	3カップ（750ml）
レモン果汁	大さじ2
りんご酢	大さじ1
コーンミール（オーガニック，臼挽き中粒）	1カップ（250ml）
玄米粉	1/2カップ（125ml）
ガーリックパウダー	大さじ1
パプリカパウダー（スイート）	小さじ1
海塩	小さじ1/2
ディジョンマスタード	60ml

1. 玉ねぎを2.5cm幅の輪切りにしていきます（根の部分は使いません）。切ったら輪をバラバラに離します。

2. ボウルにアーモンドミルク500ml，レモン果汁，りんご酢を入れ，よく混ぜます。そこへ玉ねぎを入れ，ラップをかけて30分ほどまたは冷蔵庫で一晩置きます。

3. 別のボウルにコーンミール，玄米粉，ガーリックパウダー，パプリカパウダー，塩を入れてよく混ぜ合わせます。

4. 別のボウルにアーモンドミルク250mlとディジョンマスタードを入れて混ぜ合わせます。

5. オーブンを200℃に予熱します。玉ねぎをつけ汁から取り出します。汁は使いません。玉ねぎを4のボウルに入れて全体にからませ，3のボウルに入れて衣をまぶしつけ，オーブントレイに重ならないように並べます。

6. オーブンに入れて，玉ねぎの外側がカリッと焼け，火が通ってやわらかくなるまで約20分焼きます。熱々をお楽しみください。

バリエーション

カレー味のオニオンリング：つくり方**3**で，カレーパウダー大さじ2，クミン（粉）小さじ1，コリアンダー（粉）小さじ1/2，ターメリック（粉）小さじ1/4を加えます。

ノンフライハラペーニョポッパー

ハラペーニョポッパーは，激辛のハラペーニョにチーズを詰めて揚げたスパイシーなおつまみですが，このレシピでは油を使わず，ヘルシーなヴィーガンバージョンにしました。辛すぎる場合は生野菜などをつけ合わせにしましょう。チポトレ，くるみ，きのこのライスバーガー（228ページ参照）やチージーケサディア（166ページ参照）のサイドディッシュとして，またはケソ（チーズ）ディップ（84ページ参照）をつけてもおいしいです。

4個分

ポイント

このレシピには特に大きなハラペーニョペッパーを使ってください。小さいものしかない場合はフィリングの分量を調節してください。

ヴィーガンペッパーチーズがない場合は，以下で代用できます：フードプロセッサーに，生カシューナッツ1カップ（250ml），レモン果汁大さじ2，ニュートリショナルイースト大さじ2，液状ココナッツオイル大さじ2，海塩小さじ1/4，パプリカパウダー小さじ1/8を入れ，なめらかになるまで回します。

細粒のコーンミールを使うとサクサクの食感にしあがりますが，どのタイプのものでもつくれます。

- オーブンを200℃に予熱
- オーブンシートを敷いたオーブントレイ

ハラペーニョペッパー（ポイント参照）	4個
ヴィーガンペッパーチーズ（ポイントと下巻参照）	1/2カップ（125ml）
アーモンドミルク（61ページ参照）などの植物性ミルク	1/2カップ（125ml）
ディジョンマスタード	60ml
海塩　分けて使用	小さじ1/4
玄米粉	60ml
コーンミール（オーガニック，臼挽き細粒，ポイント参照）	60ml
イタリアンパセリ　きざむ	大さじ2
レモンの皮のすりおろし	大さじ1

1. ハラペーニョペッパーのヘタの部分を切り落とし，小さいスプーンで種とワタを取り除きます。
2. ハラペーニョペッパーを破らないように注意しながら，ヴィーガンペッパーチーズを大さじ2ずつ，切り口までいっぱいに詰めていきます。
3. ボウルにアーモンドミルクなどの植物性ミルクとディジョンマスタード，塩小さじ1/8を入れて混ぜ合わせます。
4. 別のボウルに玄米粉，コーンミール，イタリアンパセリ，レモンの皮のすりおろし，塩小さじ1/8を入れて混ぜ合わせます。
5. 2のハラペーニョペッパーを3のボウルに入れて全体にからめ，余分な水気を切ってから4のボウルに入れます。全体によくまぶして衣をつけ，オーブントレイに並べます。
6. オーブンに入れ，黄金色になるまで15〜18分ほど焼きます。

さつまいもとキヌアのフリッター

おつまみやサイドディッシュにぴったりのクリスピーなフリッターです。モロッコ風ひよこ豆の煮込み（201ページ参照），アフリカ風スパイシー雑穀サラダ（217ページ参照）などのアフリカンスタイルの献立に合わせたり，中東風オードブルプレート（下巻参照）に加えてみたりしてはいかがでしょうか。

8個分

ポイント

キヌアの下ゆで：鍋に375mlの水と175mlのキヌアを入れ，強火にかけます。ひと煮立ちしたら火を弱め，ふたをせずに12～13分ゆでます。水分が吸収されたら火からおろし，ふたをして5分間蒸らします。フォークなどで混ぜほぐしてから使います。

ゴールデンフラックスシードを使うと明るい色に，ブラウンフラックスシードを使うと濃い色のフリッターになります。

揚げ油の量は具材が十分にひたるように調整してください。

- 調理用温度計
- 油切りバットまたはキッチンペーパーを敷いた器

さつまいも　皮をむいて乱切り	4カップ（1L）
キヌア　ゆでる（ポイント参照）	1と1/2カップ（375ml）
玄米粉	大さじ2
液状ココナッツオイル	大さじ2
フラックスシード（粉，ポイント参照）	大さじ2
シナモン（粉）	小さじ2
海塩	小さじ1/2
グレープシードオイル	2カップ程度（500ml程度）
水	

1. 大きめの鍋に水（分量外）とさつまいもを入れ，強火にかけます。煮立ったら火を弱め，弱火でやわらかくなるまで15分ほどゆでます。ざるに上げて水分を切り，ボウルに移します。

2. 金属製の泡立て器かマッシャーでさつまいもをつぶします。大きなかたまりがなくなったら，キヌア，玄米粉，ココナッツオイル，フラックスシード，シナモン，塩を加え，全体を混ぜ合わせます。ラップをかけて10～15分ほど置き，フラックスシードに水分を吸収させます。

3. 揚げ鍋にグレープシードオイル（ポイント参照）を入れ，中～強火で200℃まで熱します。

4. 2を8等分（60ml程度）し，手で丸めて小判状にします（完璧でなくてもOK）。

5. 油はねに注意しながら，数回に分けて（鍋の大きさに合わせて）揚げていきます。片面につき3～4分ほど，きつね色になるまで揚げ，バットまたはキッチンペーパーに取り，余分な油を切ります。熱々のうちにいただきます。

マカロニ&チーズバイツ

外はカリカリ，中はとろーり。ころっとした一口サイズのおつまみは，ホームパーティーでも大ヒット間違いなし。メープル&チポトレのBBQソース（111ページ参照）を添えてディップするのが私のお気に入りです。

（111ページ参照）

約22個分

ポイント

グルテンフリーのパスタをゆでるときは，水を多めにするとパスタ同士がくっつきません。少なくともパスタの4～5倍の量の水でゆでるようにしましょう。

ココナッツオイルがかたまっているときは，フライパンに入れ弱火にかけて温めて溶かします。

- ミキサー
- オーブンシートを敷いたオーブントレイ

マカロニ（グルテンフリー，乾麺，ポイント参照）	250g
水と塩	適量
バターナッツかぼちゃ　皮をむいて種を取り，ざく切り	
	小さめ1個（およそ1.25Lになります）
玉ねぎ　粗みじん切り	1/2カップ（125ml）
にんにく　半分に切る	1～2かけ
海塩　分けて使用	大さじ1
エクストラバージンオリーブオイル　分けて使用	60ml
ニュートリショナルイースト　分けて使用	
	1と1/2カップ（375ml）
液状ココナッツオイル（ポイント参照）　分けて使用	150ml
アーモンドミルク（61ページ参照）	60ml
ディジョンマスタード	大さじ3
玄米粉	1/2カップ（125ml）
コーンミール（オーガニック，臼挽き中粒）	1/2カップ（125ml）

（61ページ参照）

1. 大きめの鍋に塩を入れてお湯を沸かし（ポイント参照），パッケージの表示通りにマカロニをゆでます。ゆで上がったら，ざるに上げてすぐに流水にさらし，余熱でやわらかくなりすぎないようにします。水を切って大きめのボウルに移します。

2. マカロニをゆでている間に，鍋にバターナッツかぼちゃ，玉ねぎ，にんにく，塩小さじ1，全体がかぶるくらいの水（分量外）を入れ，強火にかけます。煮立ったら弱火にし，かぼちゃがやわらかくなるまで，12～15分ほどゆでます。ゆで上がったらざるに上げて水を切ります。

3. ミキサーに2の半量と塩小さじ1，オリーブオイル，ニュートリショナルイースト，ココナッツオイル各半量ずつ入れ，なめらかになるまで高速で回し，ボウルに移します。

4. 残りの半量も同じくミキサーにかけ，ボウルにあけます。ラップをかけ，冷蔵庫で15～20分ほど冷まします。

5. オーブンを200℃に予熱します。浅いボウルにアーモンドミルクとマスタードを入れ，混ぜ合わせます。

6. 別の浅いボウルに玄米粉とコーンミールを入れ，混ぜ合わせます。
7. 4の具材をスプーンに山盛りにすくい（60ml程度），手で丸めて5のボウルにつけてから，6の衣をまぶし，オーブントレイに並べていきます。
8. オーブンに入れ，表面に焦げ目がつくくらい，20～25分ほど焼きます。熱々のうちにいただきましょう。

トマトのクリスプ

夏，特にエアルームトマトが旬を迎えたら，ぜひつくってほしい一品です。旬のトマトならではの濃厚な味と香りを，薄いクリスプにギュッと閉じ込めました。どんなディップやスプレッドにも合うので，前菜として，またはおつまみとして手軽にメニューに加えてみてはいかがでしょうか。

約12枚分

ポイント

カシューチェダーチーズ（下巻参照）やクリーミーカシューリコッタ（下巻参照）などに合わせてみましょう。

- オーブンを200℃に予熱
- オーブンシートを敷いたオーブントレイ

エアルームトマトまたはハウストマト	大1個
エクストラバージンオリーブオイル	60ml
バジル（乾）	小さじ1
オレガノ（乾）	小さじ1
海塩	小さじ1/2

1. よく切れる包丁を使って，トマトを3mmくらいの薄い輪切りにします（10～12枚）。
2. オーブントレイにトマトを重ならないように並べ，オリーブオイル，バジル，オレガノ，塩を均等にふりかけます。オーブンに入れて35分ほど焼きます。焼き時間の終わりの頃は，うっかりすると焦げてしまいます。注意して見ているようにしましょう。
3. オーブンから取り出し，完全に冷めるまで，そのままオーブントレイに置いておきます。トマトが冷めてからいただきます。すぐに食べない場合は，密閉容器に移します。冷蔵庫で2週間ほど保存できます。

ミニソフトタコス

メキシカンスタイルのディナーやパーティーに最適な，つくるのも食べるのも楽しいミニタコスです。
スパイシーポータベロのファヒータ（下巻参照）の前菜にいかがでしょうか。

8個分

ポイント

このレシピには冷凍コーンを使うと便利です。ざるにあけ，湯をかけて解凍します。もちろん，生のとうもろこしも使えます。

フラックスシードは真空パックの粉末状のものが売られていますが，自分で粒から挽いてもOKです。ミキサーに1カップ（250ml）を入れ，高速で回し，細かい粉末にします。

白いトルティーヤにしたい場合は，ゴールデンフラックスシードを使ってください。濃い色にしあげたい場合はブラウンフラックスシードを使ってください。

ヘンプシードはタンパク質が豊富です。大さじ1あたり約5gの完全タンパク質が含まれています。

- オーブンを180℃に予熱
- フードプロセッサー
- トルティーヤプレス（あれば）
- オーブンシートを敷いたオーブントレイ　2セット

コーン（ポイント参照）	4カップ（1L）
フラックスシード（粉，ポイント参照）	300ml
にんじん　きざむ	1/2カップ（125ml）
エクストラバージンオリーブオイル　分けて使用	大さじ4
チリパウダー	小さじ2
クミン（粉）	小さじ1
熟したアボカド	中1個
レモン果汁　分けて使用	大さじ4
海塩　分けて使用	小さじ1/2
にんにく　みじん切り	1かけ
トマト　さいの目切り	1/2カップ（125ml）
イタリアンパセリ　きざむ	大さじ4
ロメインレタス　千切り	2カップ（500ml）
ヴィーガンサワークリーム（284ページ参照）	1/2カップ（125ml）
生ヘンプシード（皮なし，ポイント参照）	1カップ（250ml）

1. フードプロセッサーに，コーン，フラックスシード，にんじん，オイル大さじ3，チリパウダー，クミンを入れ，ときどき止めて容器の内側をこそげて混ぜ込みながら，全体がなめらかになるまで回し，ボウルに移します。

2. トルティーヤプレスに軽く打ち粉をし，1の生地を約60mlずつ落とし，ゆっくりとプレスしてトルティーヤをつくります。破れないようにはがして，オーブントレイに並べます。残りの生地でも繰り返し，全部で8枚つくります。トルティーヤプレスがない場合は，1の生地を8等分して丸め，オーブントレイに5cm間隔で並べます。手のひらで5mmほどの厚さに押し広げます。

3. 予熱したオーブンに入れ，20分ほど焼きます。一度取り出して，破れないよう注意しながら裏返します。さらに5〜7分，軽く焼き色がついて，折り曲げられるくらいにまで焼けたらオーブンから取り出し，冷まします。

4. ボウルにアボカド，レモン果汁大さじ3，塩小さじ1/4，にんにくを入れ，フォークでつぶしながら混ぜます。

5. 別のボウルにきざんだトマト，レモン果汁大さじ1，塩小さじ1/4，オリーブオイル大さじ1，イタリアンパセリを入れて混ぜます。

6. トルティーヤ1枚につきレタス約60ml，アボカド大さじ2，ヴィーガンサワークリーム大さじ1，トマト大さじ1，生ヘンプシード大さじ2をのせて盛りつけます。

シンガポールサマーロール

夏のおもてなしにぴったりのフレッシュな生春巻です。レモンと生姜のたまりしょうゆディップ（113ページ参照）や，ココナッツ・イエローカレーソース（118ページ参照）がよく合います。タイ風ココナッツとなすのライスヌードル（271ページ参照）のつけ合わせにもどうぞ。

8個分

ポイント

ライスペーパーは大型スーパーや自然食品店で入手できます。

きゅうりの代わりに同量のマンゴーを使ったり，ミントの代わりにバジルの葉を使ったりと，アレンジも楽しめます。

熱湯	4カップ（1L）
ライスペーパー（ポイント参照）	8枚（25cm）
にんじん　千切り	4カップ（1L）
赤パプリカ　千切り	2カップ（500ml）
きゅうり（ポイント参照）　千切り	2カップ（500ml）
ミントの葉	1束

1. 耐熱の器に湯を入れ，ライスペーパーを1枚ずつ湯にひたします。30秒ほどでやわらかくなるので，湯から出して布巾などで水分を拭き取り，台に広げます。

2. ライスペーパーの真ん中に，にんじん1/2カップ（125ml），赤パプリカ60ml，きゅうり60ml，ミントの葉5〜6枚を置きます。

3. ライスペーパーの手前の端から具を包むように巻き，両側も折り込んで具がバラバラにならないように押しながらきつく巻いていきます。全部で8個つくります。すぐに食べない場合は，濡らしたキッチンペーパーに包んで密閉容器に移します。冷蔵庫で約3日間保存できます。

シンプルサマーサンドイッチ

パンの代わりにレタスを使った軽くてフレッシュなサンドイッチです。ランチディップ（82ページ参照）やみそとタヒーニのソース（121ページ参照）をつけて召し上がれ。

（82ページ参照）（121ページ参照）

4個分

ポイント

にんじんは，体でビタミンAに変わるベータカロテンを非常に多く含んでいます。喫煙者やお酒を日常的に飲む方は，血中のベータカロテンが少なくなる傾向があるので，たくさん食べて必要な栄養素を補いたいものです。

ヘンプシードは，大さじ1あたり約5gの完全タンパク質を含むスーパーフードです。生の皮なしタイプのヘンプシードは常備しておくと便利です。

にんじん（ポイント参照）　千切り	2カップ（500ml）
ビーツ　千切り	2カップ（500ml）
赤パプリカ　千切り	1カップ（250ml）
イタリアンパセリ　きざむ	1/2カップ（125ml）
エクストラバージンオリーブオイル	60ml
りんご酢	大さじ3
アガベシロップ	大さじ2
オレガノ（乾）	小さじ2
バジル（乾）	小さじ1
海塩	小さじ1
生ヘンプシード（皮なし，ポイント参照）　分けて使用	60ml
ロメインレタス　大きめの葉	8枚

1. 大きめのボウルににんじん，ビーツ，赤パプリカ，イタリアンパセリ，オリーブオイル，りんご酢，アガベシロップ，オレガノ，バジル，塩を入れ，全体をなじませるように混ぜます。
2. レタスの葉を1枚置き，1の具材の1/4量をのせてヘンプシード大さじ1をふりかけます。その上にレタスの葉を1枚のせてサンドイッチにします。残りの材料で繰り返し，4個つくります。保存できないので，すぐにいただきます。

バリエーション

ロメインレタスの代わりにボストンレタス（サラダ菜）を16枚使うと，小さめのサンドイッチを8個つくれます。

アボカドの天ぷら

カリッとした衣の中のとろけるようなアボカドがたまりません。特別なおもてなしの前菜になります。

4人分

ポイント

フライヤーがあれば，説明書に従って使ってください。

塩で食べる場合は，天ぷらが熱いうちにふりかけるとよくなじみます。

衣は使う直前にもしっかり混ぜます。

揚げた天ぷらは油切りバットやキッチンペーパーに取り，しっかりと余分な油を落とします。

私自身は，ソースを少し入れたショットグラスに天ぷらを1個ずつ入れるという盛りつけをよくします。

1cmほどの細さのスティック状に切ったズッキーニでもおいしい天ぷらができます。

- ミキサー
- 油切りバットまたはキッチンペーパーを敷いた大皿
- 調理用温度計

衣

玄米粉	1カップ（250ml）
ニュートリショナルイースト	大さじ2
パプリカパウダー（スモーク，スイート）	大さじ1
チリパウダー	小さじ1/2
海塩	小さじ1/4
冷水	180ml
氷	2〜3個
グレープシードオイル	適量
アボカド　縦長に4つに切る	中2個
海塩（塩をつけて食べる場合，ポイント参照）	適量

五香粉とデーツのソース

エクストラバージンオリーブオイル	60ml
五香粉	大さじ1
たまりしょうゆ	大さじ1
万能ねぎ　緑色の部分を小口切り	大さじ1
生姜　みじん切り	小さじ1
マジョールデーツ　種をとってきざむ	5個

1. **衣**：ボウルに玄米粉，ニュートリショナルイースト，パプリカパウダー，チリパウダー，塩を入れ，泡立て器で混ぜます。冷水と氷を加えてよく混ぜます。
2. **ソース**：ミキサーにオリーブオイル，五香粉，しょうゆ，ねぎ，生姜，デーツを入れて高速で回し，ボウルに移します。
3. 揚げ鍋に5cmほどの深さまでグレープシードオイルを入れ，中火にかけます。温度計を使って測り，190℃に熱します。
4. アボカドに衣をしっかりつけ（ポイント参照），揚げ油に静かに落とします。表面がきつね色になるまで5〜6分揚げます。
5. 油切りバットまたはキッチンペーパーに取り，余分な油を落とします（ポイント参照）。塩を使う場合は，ここでふりかけます。残りも同様に揚げ，ソースを添えて熱いうちにいただきます。

ギリシャ風野菜の串焼き

レモンとオリーブオイル，オレガノで味つけした野菜の直火焼きです。どんな料理にもぴったり合う万能サイドディッシュで，ランチディップ（82ページ参照）とも相性抜群です。

12本分

ポイント

串を水につける：竹串は1Lほどの水に3時間ほどまたは一晩つけておきます。

野菜が均等に焼けるように，できるだけ同じ大きさに切るようにしましょう。

- グリルを高温で予熱
- 水につけた竹串12本（ポイント参照）

エクストラバージンオリーブオイル	1/2カップ（125ml）
レモン果汁	60ml
オレガノ（乾）	大さじ2
にんにく　薄切り	6かけ
赤パプリカ　2〜3cm角に切る	2個
赤玉ねぎ　2〜3cm角に切る	1個
ズッキーニ　2〜3cm角に切る	2本
マッシュルーム（白）	12個

1. 小さめのボウルにオリーブオイル，レモン果汁，オレガノ，にんにくを入れ，混ぜ合わせます。
2. 大きなボウルに赤パプリカ，赤玉ねぎ，ズッキーニ，マッシュルームを入れ，**1**をかけて全体にからめます。ラップをかけて1時間ほど置きます。調理のタイミングによっては1時間以上，または一晩置いてもかまいません。
3. 野菜を大皿に移し，つけだれはとっておきます。竹串にパプリカ，玉ねぎ，ズッキーニ，マッシュルームの順番で刺し，計12本つくります。
4. グリルに並べます。中火で4〜5分焼き，残りのつけだれをハケで塗ります。裏返してさらに4〜5分焼きます。野菜がやわらかくなり，表面に焦げ目がつくまで焼きます。
5. 大皿に移し，つけだれを少しハケで塗って，温かいうちにいただきます。すぐに食べない場合は，密閉容器に移します。冷蔵庫で約5日間保存できます。

バリエーション

モロッコ風スパイスの野菜のグリル：つくり方**1**で，オレガノの代わりにクミン（粉）大さじ1，シナモン（粉）小さじ1，チリパウダー小さじ1，ターメリック（粉）小さじ1/4を加えます。

豆腐のグリル＆ピーナッツソース

おいしくて，しかもタンパク質がたっぷりの豆腐のサテです。

ポイント

串を水につける：竹串は1Lほどの水に3時間ほどまたは一晩つけておきます。

豆腐を切る：このレシピでは豆腐は縦長に切ります。豆腐をまな板に縦長になるように置き，半分に切ります。半分をまた半分に縦に切り，さらに半分に切り，計8個に切り分けます。

グリルを使わずにオーブンのブロイラー機能で焼くこともできます。アルミホイルを敷いたオーブントレイに豆腐を並べ，片面3～4分，焦げ目がつくまで焼きます。

- グリルを中～高温で予熱
- 水につけた竹串8本（ポイント参照）

豆腐	
木綿豆腐（ポイント参照）	大きめ1丁
たまりしょうゆ	大さじ6

ピーナッツソース	
ピーナッツバター	1/2カップ（125ml）
水	60ml
ライム果汁	大さじ3
たまりしょうゆ	大さじ2
アガベシロップ	大さじ1
生姜	みじん切り小さじ1
海塩	小さじ1/4
カイエンペッパー	小さじ1/8

1. **豆腐**：鍋に水2Lと切った豆腐，しょうゆを入れて強火にかけます。煮立ったら火を弱め，8～10分煮たら火を止め，そのまま置きます。
2. **ピーナッツソース**：ミキサーにピーナッツバター，水，ライム果汁，しょうゆ，アガベシロップ，生姜，塩，カイエンペッパーを入れ，なめらかになるまで高速で回し，ボウルに移します。
3. 1の豆腐を2のボウルに移し（ゆで汁は使いません），ラップをかけて30分ほどまたは冷蔵庫で一晩つけ込みます。
4. 豆腐に串を通し，つけ汁はとっておきます。グリルで片面に4～5分，軽く焦げ目がつくまで焼きます。とっておいたソースと一緒に，温かいうちにいただきます。

バリエーション

豆腐のグリル＆ココナッツカレーソース：つくり方2をココナッツカレーソースに変えます。ココナッツミルク（全脂肪）1缶（400ml），ライム果汁大さじ3，カレーパウダー大さじ2，ココナッツシュガー大さじ1，たまりしょうゆ大さじ1，クミン（粉）小さじ1/2，ターメリック（粉）小さじ1/4，カイエンペッパーひとつまみを鍋に入れ，とろみがつくまで弱火で煮詰めます。

クリスピーそばケーキ

カクテルパーティーのおつまみやアジア風のコース料理の前菜として活躍する，香ばしいそばのケーキです。豆腐の照り焼き，パイナップルとココナッツの炒飯，枝豆のジンジャーライム炒め（いずれも下巻参照）などのつけ合わせにもぴったりです。

8個分

ポイント

たまりしょうゆは醸造の工程で小麦由来のアルコールを使っていません。風味がとても強いので，使用量は少なめでOKです。

このレシピには黒ごまを使うほうが見た目がよいですが，白ごまでもかまいません。

ケーキを揚げずに焼く場合は，オーブンの温度を200℃に設定し，オーブンシートを敷いたオーブントレイにのせ，12〜15分，上部がこんがり色づくまで焼いてください。

• **オーブンシートを敷いたピザ皿（直径30cm）　2セット**

十割そば（グルテンフリー，乾麺）	1パック（250g）
たまりしょうゆ（ポイント参照）	大さじ2
焙煎ごま油	大さじ2
生黒ごま（ポイント参照）	大さじ2
香菜（パクチー）　きざむ	1カップ（250ml）
グレープシードオイル	大さじ3
海塩	好みで

1. 鍋にたっぷりの湯を沸かし，パッケージの表示通りにそばをゆでます。ゆで上がったらざるに上げ，洗わずに大きめのボウルに移します。
2. 1のボウルにしょうゆ，ごま油，黒ごまを加え，全体を混ぜます。香菜も加えてさらに混ぜ合わせます。
3. 2のそばを1cmほどの厚みになるように均等にピザ皿に敷き詰めます。オーブンシートをのせ，もう1枚のピザ皿を重ねて，両手で強く押し，そばをケーキ状にかためます。上の皿とシートを取り，ラップをかけて冷蔵庫で約1時間，できれば一晩寝かせます。
4. よく切れる包丁を使って，3のケーキを8等分に切り分けます。
5. フライパンでオイルを中〜強火で熱します。切り分けたそばケーキを数回に分けて揚げ焼きにします。片面につき3分ほど，表面に軽く焦げ色がつくまで焼きます。必要に応じて揚げ油を足してください。好みで塩をふりかけます。

マッシュルームリゾットのケーキ

簡単につくれて，おいしさが凝縮された香ばしいライスケーキです。おもてなしにもどうぞ。

16個分

ポイント

このレシピには，アンズタケ，シロカノシタ，ヒラタケ，ムラサキシメジなど，ちょっと珍しい天然きのこを使いたいところです。もちろん普通のマッシュルーム（白，ブラウン）でもつくれます。

野菜だしがない場合，水3.7Lとたまりしょうゆ125mlを混ぜたもので代用できます。

アルボリオ米はリゾットによく使われるイタリア米です。ほかにバルード，カルリーソ，カルナローリ，ビアロネ・ナーノなどの種を使うことができます（どれもデンプン質が多く，ケーキにするのに適しています）。これらはすべて精米されているため，ホールフードではありません。

好みやシーンに合わせて，ケーキを一口サイズに切ってもよいでしょう。

• 20cm角のケーキ型

グレープシードオイル　分けて使用	大さじ6
きのこ　薄切り（ポイント参照）	4カップ（1L）
たまりしょうゆ　分けて使用	大さじ3
野菜だし（286ページおよびポイント参照）	16カップ（4L）
玉ねぎ　みじん切り	1/2カップ（125ml）
アルボリオ米（ポイント参照）	2カップ（500ml）
白ワイン　辛口（シャルドネなど，省略可）	1/2カップ（125ml）
タイムの葉　きざむ	60ml
タヒーニ（練りごまで代用可）	大さじ2
ニュートリショナルイースト	大さじ1

1. 大きめの鍋にグレープシードオイル大さじ2を入れ，強火で熱します。きのこを入れ，約5分炒めます。しょうゆ大さじ1を入れて混ぜ，火からおろしてボウルに移します。

2. 別の鍋に野菜だしを入れ，中火で温めます。温まったらとろ火にし，ふたをします。

3. 1の鍋にグレープシードオイル大さじ2を入れ，中火で熱します。玉ねぎとアルボリオ米を入れ，5分ほどよく炒め，あれば白ワインを加え，水分がなくなるまで炒めます。

4. 2の野菜だしをおたま1〜2杯ずつ加え，混ぜながら煮詰めます。野菜だしがすべてなくなるまで繰り返し，米が水分を吸収してやわらかくなり，とろみがつくまでかき混ぜながら約20分煮詰めます。

5. しょうゆ大さじ2，タイム，タヒーニ，ニュートリショナルイーストを加えて混ぜ合わせます。ケーキ型に移し，スパチュラで4〜5cmくらいの厚さにならし，ラップをかけて冷蔵庫で2時間ほど冷やしかためます。

6. ケーキ型をまな板に逆さまに置いて中身を出し，16個に均等に切り分けます。

7. フライパンでグレープシードオイル大さじ2を中火で熱します。切り分けたケーキを数回に分けて揚げ焼きにします。黄金色になるまで，片面4〜5分ずつ焼きます。

焦がしエリンギのスキャロップ風

エリンギを帆立貝柱に見立てたレシピです。レシピのつけ汁にひたしてからフライパンで焼いて焦げ目をつけると，味も食感も帆立そのものになります。ペッパーコーンソース（120ページ参照）やローストガーリックのチミチュリソース（109ページ参照）によく合います。

前菜として4人分

ポイント

エリンギはできるだけ大きなものを選びましょう。

フライパンで焼き目をつけるには，食材の水分をしっかり拭き取っておくことがポイントです。水分がついたままだと，蒸気が発生して，カリッとした焼き目になりません。

エリンギ（ポイント参照）	大きめ4個
たまりしょうゆ	大さじ3
オリーブオイル	大さじ2
アガベシロップ	大さじ1
タイムの小枝	5〜6本
グレープシードオイル	大さじ6
海塩	少々

1. エリンギの傘の部分は取り除き，別途使用に保存します。石づきの部分2.5cm程度を切り落とし，茎を2.5cmの輪切りにします。
2. 切ったエリンギをボウルに移し，しょうゆ，オリーブオイル，アガベシロップ，タイムを加えて全体を混ぜ合わせ，よくからめます。ふたをして常温で1時間または冷蔵庫で一晩置きます。
3. フライパンでグレープシードオイルを中火で熱します。
4. エリンギをつけ汁から取り出し，キッチンペーパーなどで水分をしっかり拭き取ります。それぞれの片面に包丁で十字の切り込みを入れます。
5. 切り込みを入れた面を下にして，フライパンに並べます。黄金色になるまで6〜7分，フライパンを動かさずに焼きます。裏返してさらに5〜6分焼き，キッチンペーパーを敷いた皿に移し，余計な油分を切ります。両面に塩をふって味を調え，温かいうちにいただきます。

キヌアのミニクロケット

外はカリッと，中はふっくら。前もってつくっておけば，パーティーやおもてなしの当日にオーブンで温め直すだけなので，とても便利です。グレープシードオイルで揚げ焼きにし，みそとタヒーニのソース（121ページ参照）をかけてもおいしいです。

10個分

ポイント

このレシピに使うキヌアは，通常より水分多めでつくります。そのほうがよくまとまります。

一般的にキヌアはふたをして炊きますが，私のやり方も紹介しましょう。キヌア1に対し水2を鍋に入れ，強火にかけて煮立たせます。弱火にしてふたをせずにゆで，水分がほとんどなくなったら火からおろし，ふたをして10〜15分蒸らします。この方法で，いつも上手に炊きあがります。

フラックスシードは粉末状のものが売られていますが，自分で粒から挽いてもOKです。ミキサーに1/2カップ（125ml）を入れ，高速で回し，細かい粉末にします。冷蔵で1カ月間ほど保存可能です。

冷蔵しておいたクロケットを温め直す：オーブンシートを敷いたオーブントレイにクロケットを並べ，180℃に予熱したオーブンで8〜10分温めます。

- オーブンを180℃に予熱
- オーブンシートを敷いたオーブントレイ

キヌア　洗って水を切る（ポイント参照）	1カップ（250ml）
水	つくり方1と2を参照
海塩　分けて使用	小さじ1
さつまいも　皮をむいてざく切り	1カップ（250ml）
フラックスシード（粉，ポイント参照）	大さじ6
タヒーニ（練りごまで代用可）	大さじ1
タイムの葉　きざむ	小さじ2
レモンの皮のすりおろし	小さじ1
レモン果汁	大さじ1

1. 大きめの鍋にキヌアと水2と1/2カップ（625ml），塩小さじ1/4を入れて強火にかけます。煮立ったら弱火にし12〜15分，キヌアがやわらかくなり水分がほとんどなくなるまでゆでます。ふたをして火からおろし，10分ほど蒸らし，水分がすべて吸収され，キヌアの粒がふっくらするまで置きます。

2. 別の鍋に水500mlとさつまいも，塩小さじ1/4を入れ強火にかけます。煮立ったら火を弱め，さつまいもがやわらかくなるまで8〜10分ゆでます。ざるに上げて水を切り，ボウルに移します。

3. 大きめのボウルにキヌアとさつまいもを入れ，フラックスシード，タヒーニ，タイム，レモンの皮のすりおろしと果汁，塩小さじ1/2を入れ，全体をよく混ぜ合わせます。フラックスシードが水分を吸収するまで5〜6分置きます。

4. 3の具材を10等分し，オーブンシートを敷いたオーブントレイに落としていきます。それぞれの生地を手のひらで押して形を整えます。手で丸めて成形してもOKです。

5. オーブンで8〜10分，うっすらと焼き色がつくまで焼きます。すぐに食べない場合は，密閉容器に移します。冷蔵庫で約5日間保存できます（ポイント参照）。

グリーントマトのカルパッチョとルッコラの バルサミコ和え

カナダの涼しい気候の地方では，トマトが旬を迎えるとグリーントマトが市場に大量に出回ります。通常はさまざまな味のピクルスやプリザーブにしますが，ここではカルパッチョ風にしあげました。レンズ豆の煮込みやスパイシー・エンジェルヘアーパスタ（249ページ参照）のつけ合わせにいかがでしょうか。

3〜4人分

ポイント

グリーントマトが手に入らない場合は，にんじんやかぶでもつくれます。

ここでは低温圧搾のエクストラバージンオリーブオイルをおすすめします。味と香りが格段によくなります。

メープルシロップの代わりに，同量のアガベシロップやココナッツシロップも使えます。

• スライサー

グリーントマト（ポイント参照）	中2個
エクストラバージンオリーブオイル（ポイント参照）　分けて使用	
	1/2カップ（125ml）
バルサミコ酢　分けて使用	大さじ4
レモン果汁　分けて使用	大さじ1
海塩　分けて使用	小さじ1/2
純粋メープルシロップ（ポイント参照）	小さじ2
ディジョンマスタード	小さじ1
オレガノ（乾）	小さじ1/4
ルッコラ	2カップ（500ml，軽く詰めて計量）

1. トマトのヘタと端の部分を切り落とし，スライサーで2mmくらいの薄切りにします。
2. ボウルにトマト，オリーブオイル60ml，バルサミコ酢大さじ2，レモン果汁，塩小さじ1/4を入れ，トマトがくずれないように気をつけながら混ぜ合わせます。ラップをかけて15分ほど置き，トマトに味をなじませます。
3. 別のボウルに残りのオリーブオイルとバルサミコ酢，塩小さじ1/4を入れて混ぜ，メープルシロップとディジョンマスタード，オレガノも加えてよく混ぜ合わせます。ルッコラを入れて全体によくからめます。
4. 2のボウルからトマトを取り出し，器に均等に分けて盛りつけます（余ったつけ汁は使いません）。3のルッコラも均等に分けて盛りつけます。

マッシュルームのセビーチェ風

セビーチェはメキシコの伝統料理で，柑橘果汁や唐辛子で味付けした魚介のマリネです。マッシュルームを使ったヴィーガンバージョンでは，ライムの香りとハラペーニョの辛さが，新鮮なとうもろこしの甘さをグッと引き立たせます。ヴィーガンサワークリーム（284ページ参照）と一緒に，クラッカーにのせて召し上がれ。おもてなし用には，マティーニグラスに盛りつけ，ローストガーリックのチミチュリソース（109ページ参照）で飾ります。

4人分

ポイント

このレシピでは，マッシュルーム（白），ひらたけ，しいたけを使っていますが，1種類のきのこだけでも十分おいしくつくれます。

とうもろこしが手に入らない場合は冷凍コーンを軽く蒸して使います。

オイルは，フルーティーで酸味が少ないエクストラバージンオリーブオイルを使います。高品質のスペイン産のものを探してみましょう。

ハラペーニョは縦に半分に切ります。小さいスプーンで種とワタをすべて取り除きます。

きのこミックス（ポイント参照）　薄切り	500g
とうもろこし（ポイント参照）	60ml
エクストラバージンオリーブオイル（ポイント参照）	大さじ3
ライム果汁	大さじ2
イタリアンパセリの葉　きざむ	大さじ2
香菜（シラントローまたはパクチー）　きざむ	大さじ1
たまりしょうゆ	大さじ1
ハラペーニョペッパー（ポイント参照）　みじん切り	小さじ1
ココナッツシュガー（オーガニック）	小さじ1/2
海塩	小さじ1/4

1. 大きめのボウルに全材料を入れ，よく混ぜ合わせます。ラップをかけて30分ほど置きます。すぐに食べない場合は，密閉容器に移します。冷蔵庫で約3日間保存できます。

ソース，バター，スプレッド

ローストパプリカのモレソース

スパイスとカカオが効いたメキシコ伝統のモレソースは，ダーティーライス（222ページ参照）などの米料理にかけたり，簡単ブリトー（189ページ参照）に添えるだけで，本場の味が楽しめます。

2カップ（500ml）分

ポイント

シナモンスティックを叩いて傷をつけるとオイルがしみ出して風味がよくなります。スティックはまな板に置き，包丁の持ち手のほうで軽く叩きます。

チポトレペッパーとはスモークドライしたハラペーニョで，乾燥のものとアドボソースにつかった缶入りのものがあります。缶入りを使う場合は，アドボソース大さじ1も含めてください。

乾燥チポトレを水にひたす：ボウルにチポトレとぬるま湯2カップ（500ml）を入れ，ラップをかけて30分ほどまたは冷蔵庫で一晩置き，水を切ります。

パプリカはローストしたあと，ボウルに入れてラップをしっかりかけておくと，余熱で蒸されて皮がむけやすくなります。

冷蔵しておいたモレソースは，鍋に入れて中火で2〜3分，全体に火が通るまで温めてから使います。

- オーブンを200℃に予熱
- オーブンシートを敷いたオーブントレイ
- ミキサー

赤パプリカ	2個
グレープシードオイル　分けて使用	大さじ3
玉ねぎ　粗みじん切り	1/2カップ（125ml）
クミン（粉）	小さじ1/2
コリアンダー（粉）	小さじ1/2
シナモンスティック（ポイント参照）　叩く	1本（7.5cm）
にんにく　みじん切り	2かけ
乾燥チポトレペッパー（ポイント参照）　きざむ	2個
白ワイン　辛口	60ml
海塩	小さじ1
カカオパウダー	60ml
液状ココナッツオイル	大さじ3

1. ボウルに赤パプリカを入れ，グレープシードオイル大さじ2を全体に回しかけてからめます。オーブントレイに並べて予熱したオーブンに入れ，パプリカに焦げ目がついてややしぼむまで15分ほど焼きます。ボウルに移し，しっかりとラップをかけて10分ほど置きます（ポイント参照）。

2. 赤パプリカを取り出し（まだ熱いので注意してください），手で薄皮をむき，半分に切って種とワタを取り除きます。

3. フライパンでオイル大さじ1を中火で熱します。玉ねぎを入れてよくかき混ぜ，玉ねぎが透き通るまで6分ほど炒めます。クミン，コリアンダー，シナモンスティックを加え，香りが立つまでさらに3〜4分炒めます。にんにくを加えて2〜3分炒め，チポトレペッパーと白ワインを加えます。よく混ぜながら2分ほど炒めて水分を飛ばし，火を止めます。シナモンは取り除きます。

4. ミキサーに1のパプリカと3を入れ，カカオパウダーとココナッツオイルを加えて高速で回し，全体がなめらかになったらできあがり。すぐに使わない場合は，密閉容器に移します。冷蔵庫で1週間ほど保存できます。

ローストガーリックのチミチュリソース

グリルやロースト料理によく合うフレッシュな味わいのソースです。エリンギのグリルとココナッツカレー風味ちまき（下巻参照）やハーブロスティ（168ページ参照）などにぴったりです。

1と1/2カップ（375ml）分

ポイント

にんにくを1株丸ごとローストするときは，包丁で株の上部0.5cmほどを切り落とし，中が少し見える状態にします。

にんにくの量は大きめなら2かけ，小さめなら3かけと調整してください。

かたい茎をもつイタリアンパセリと違って，香菜（シラントロー，パクチー，コリアンダー）の茎はやわらかく風味もよいので，上部2/3は茎も捨てずに使います。

- オーブンを160℃に予熱
- オーブンシートを敷いたオーブントレイ
- フードプロセッサー

にんにく（ポイント参照） 上部を切る	6株
エクストラバージンオリーブオイル 分けて使用	1/2カップ（125ml）
レモン果汁	大さじ1と1/2
たまりしょうゆ	大さじ1
にんにく（ポイント参照）	2〜3かけ
香菜（ポイント参照）	2カップ（500ml）
イタリアンパセリ 葉の部分	2カップ（500ml）
チリパウダー	小さじ1と1/2
クミン（粉）	小さじ1/2
海塩	少々

1. ボウルににんにくを入れ，オイル大さじ2を回しかけて全体にからめます。オーブンシートを敷いたトレイに並べ，予熱したオーブンに入れて45分ほど焼きます。黄金色に焼けてやわらかくなったら，オーブンから出して冷まします。完全に冷めたら，にんにくの実を取り出します（皮は使いません）。

2. フードプロセッサーに，1のにんにく，レモン果汁，しょうゆ，生のにんにくを入れ，生のにんにくが細かくなるまで回します。香菜，パセリ，チリパウダー，クミン，塩を入れ，パルス操作で全体を混ぜ合わせます。

3. モーターを回したまま，残りのオイルを少しずつ注入口から流し入れます。一度モーターを止めて，容器の内側をこそげて混ぜ込み，全体が混ざるまで回したらできあがりです。

4. すぐに使わない場合は，密閉容器に移します。冷蔵庫で1週間ほど保存できます。

クラシック・ガーリックトマトソース

トマトの香りと甘みが凝縮されたソースです。パスタと和えるだけでなく、ディップとしても使えます。シンプルだけどおいしい、何度もつくりたくなる味です。

6カップ（1.5L）分

ポイント

にんにくの量は大きめなら6かけ、小さめなら8かけに調整してください。

生のトマトを使う場合の量は、さいの目切りにして約4Lとなります。

グレープシードオイル	大さじ2
玉ねぎ　みじん切り	1/2カップ（125ml）
海塩	小さじ1/2
にんにく（ポイント参照）　みじん切り	6〜8かけ
トマト水煮缶（ダイスカット、汁も使用、ポイント参照）	
	4缶（1600ml）

1. 鍋にオイルを入れ、中火で熱します。玉ねぎと塩を入れ、玉ねぎが透き通るまで5〜6分炒めます。にんにくを加え、香りが立つまでさらに2〜3分炒めます。
2. トマト缶を汁ごと加え、ひと煮立ちさせます。煮立ったら火を弱め、15分ほど煮詰め、できあがり。すぐに使わない場合は、密閉容器に移します。冷蔵庫で2週間ほど保存できます。

バリエーション

さつまいも入りクリーミートマトソース：つくり方2で、鍋に皮をむいて乱切りにしたさつまいも1カップ（250ml）を加えます。さつまいもがやわらかくなるまで20分ほど煮ます。半分の量をミキサーに入れ、オリーブオイル大さじ2を加えてなめらかになるまで回します。残りの半量も同様です。

メープル＆チポトレのBBQソース

さまざまな用途で活躍してくれるスモーキーなバーベキューソースです。具材にひと塗りして焼いたり，サンドイッチのスプレッドにしたり，もちろんディップとしても使えます。

6カップ（1.5L）分

ポイント

チポトレペッパーとは燻煙したハラペーニョで，乾燥のものとアドボソースづけの缶入りのものがあります。缶入りを使う場合は，アドボソース大さじ1も含めてください。

乾燥チポトレを水にひたす：ボウルにチポトレとぬるま湯2カップ（500ml）を入れ，ラップをかけて30分ほどまたは冷蔵庫で一晩置き，水を切ります。

ブラックストラップモラセスは大型スーパーや自然食品店で入手できますが，見つからない場合は普通のモラセスを同じ量で代用できます。

ケチャップではなくトマトの水煮缶を使うこともできます。その場合は，ダイスカットのトマトの水煮缶6個（1缶あたり400ml）を使用し，45分間煮詰めます。ハンドブレンダーを使ってピューレにします。

グレープシードオイル	大さじ1
玉ねぎ　粗みじん切り	1/2カップ（125ml）
海塩	小さじ1
チリパウダー	小さじ1
にんにく　みじん切り	10～12かけ
ディジョンマスタード	大さじ2
乾燥チポトレペッパー（ポイント参照）　きざむ	4個
アガベシロップ	60ml
純粋メープルシロップ	60ml
ブラックストラップモラセス（ポイント参照）	60ml
たまりしょうゆ	60ml
ケチャップ（ポイント参照）	およそ1500g

1. 鍋にオイルを入れ，中火で熱します。玉ねぎ，塩，チリパウダーを入れ，玉ねぎが透き通るまで6分ほど炒めます。

2. にんにく，ディジョンマスタード，チポトレペッパーを加え，にんにくの香りが立つまでさらに2分ほど炒めます。アガベシロップ，メープルシロップ，モラセス，しょうゆを加えてひと煮立ちさせます。

3. 煮立ったら火を弱め，5分ほど煮詰めます。ケチャップを加え，とろ火で30分ほどさらに煮詰めます。ときどき鍋をかき混ぜて，好みの濃さまで煮詰めます。

4. 粗熱をとってから密閉容器に移します。冷蔵庫で約2カ月間保存できます。

赤ワインとたまりしょうゆのジュ

牛肉や仔牛肉を赤ワインと野菜で煮出した，伝統的なフランスのデミグラスソースのヴィーガンバージョンです。ハーブローストポテト（179ページ参照）に少しだけかけてメインに添えます。香り高いソースなので，少量で十分です。

1カップ（250ml）分

ポイント

とろみをつけたい場合は，コーンスターチ大さじ1を水45mlに溶いたものを用意しておきます。つくり方4で濾したソースを鍋に入れて煮立たせ，水溶きコーンスターチを混ぜ入れます。とろみがつくまで2〜3分煮詰めます。

必要に合わせて，量を2倍，3倍にできる簡単なレシピです。

冷蔵しておいたソースを温める場合は，鍋に入れて中火にかけます。全体が温まるまで2〜3分温めます。

グレープシードオイル	大さじ1
玉ねぎ みじん切り	60ml
セロリ みじん切り	60ml
にんじん みじん切り	60ml
トマトペースト	大さじ1
にんにく みじん切り	1〜2かけ
タイムの葉 細かくきざむ	大さじ1
赤ワイン 辛口	1/2カップ（125ml）
たまりしょうゆ	1カップ（250ml）
水	1カップ（250ml）

1. 鍋にグレープシードオイルを入れ，中火で熱します。玉ねぎ，セロリ，にんじんを加え，やわらかくなるまで6分ほど炒めます。

2. トマトペースト，にんにく，タイムを加え，さらに3〜4分，にんにくの香りが立つまで炒めます。赤ワインを加え，よく混ぜながら，水分が飛んで全体がペースト状になるまで煮詰めます。

3. 2にしょうゆと水を加え，ひと煮立ちさせます。火を弱め，再び水分が飛んで量が減るまで20分ほど煮詰めます。

4. 目の細かいこし器でソースを濾してできあがりです（残りかすは使いません）。すぐに使わない場合は，密閉容器に移します。冷蔵庫で2週間ほど保存できます。

レモンと生姜のたまりしょうゆディップ

アジア料理によく合う濃厚なソースです。アジアンヌードルの白菜巻き（275ページ参照）やパイナップルとココナッツの炒飯（下巻参照）などにつけ合わせてご堪能あれ。

180ml分

ポイント

アガベシロップは，遺伝子組み換えでない低温処理（ロー）のものを選びましょう。100％天然の甘味料で，自然にできた果糖（フルクトース）を含み，GI値が低いのが特徴です。ゆっくりとグルコースに分解されるため，エネルギーが持続します。

レモン果汁	大さじ2
水	60ml
たまりしょうゆ	1/2カップ（125ml）
アガベシロップ（ポイント参照）	1カップ（250ml）
生姜　皮をむいてきざむ	小さじ2

1. 小さめの鍋にレモン果汁，水，しょうゆ，アガベシロップ，生姜を入れて強火にかけます。煮立ったら火を弱め，25〜30分弱火で煮詰めます。スプーンを入れて取り出したとき，裏側にくっつくようであればOKです。

2. 火からおろして完全に冷ましたらできあがりです。すぐに使わない場合は，密閉容器に移します。冷蔵庫で約1カ月間保存できます。

オレンジジンジャーソース

豆腐や炒飯，タイ風ココナッツとなすのライスヌードル（271ページ参照）などによく合う，柑橘の香りがさわやかなソースです。豆腐やなすなどの野菜をマリネしてソテーするのもおすすめです。新しい味に出合えますよ。

1カップ（250ml）分

ポイント

コーンスターチを使ってソースにとろみをつけるときは，ダマになるのを防ぐために必ず水で溶いてから使います。コーンスターチはソースが煮立ったときにかたまりやすくなります。

遺伝子組み換え作物（GMO）を避け，オーガニックのコーンスターチを選びましょう。

オレンジ果汁	180ml
水	大さじ3
アガベシロップ	大さじ3
りんご酢	大さじ2
生姜　みじん切り	大さじ2
コーンスターチ（オーガニック，ポイント参照）	大さじ2
海塩	小さじ1/2

1. 小さめの鍋にオレンジ果汁，水，アガベシロップ，りんご酢，生姜，コーンスターチ，塩を入れ，よく混ぜ合わせます。コーンスターチのダマがなくなるまでしっかり混ぜます。

2. 1をひと煮立ちさせて火を弱め，かき混ぜながら8〜10分煮詰めてできあがり。すぐに使わない場合は，密閉容器に移します。冷蔵庫で2週間ほど保存できます。

ジンジャーテリヤキソース

どんな料理にも使える便利な万能ソースです。野菜や豆腐の炒めものの味つけをはじめ，キヌアや玄米に混ぜたり，グリーンサラダのドレッシングなどとしても試してみてください。

2と1/2カップ（625ml）分

ポイント

アガベシロップは，遺伝子組み換えでない低温処理（ロー）のものを選びましょう。100％天然の甘味料で，自然にできた果糖（フルクトース）を含み，GI値が低いのが特徴です。ゆっくりとグルコースに分解されるため，エネルギーが持続します。

このソースは，油分が分離することがあるので，使用前によく混ぜてください。

● ミキサー

たまりしょうゆ	1カップ（250ml）
アガベシロップ（ポイント参照）	180ml
焙煎ごま油	180ml
生姜のすりおろし	60ml
レモン果汁	小さじ2
にんにく	2かけ

1. ミキサーに全材料を入れて高速で回し，全体がなめらかになったらできあがりです。
2. すぐに使わない場合は，密閉容器に移します。冷蔵庫で2週間ほど保存できます。

スイート＆サワーソース

アボカドの天ぷら（97ページ参照）にかけたり，クラシックパッタイや，パイナップルとココナッツの炒飯（いずれも下巻参照）の味つけに使ってもぴったりのおいしいソースです。

1と1/2カップ（375ml）分

ポイント

ココナッツシュガーはGI値の低い自然の甘味料で，ブラウンシュガーに似た甘さです。大型スーパーや自然食品店で入手できます。

米酢の代わりに加熱殺菌をしていない（ロー）りんご酢も使えます。

ココナッツシュガー（オーガニック，ポイント参照）	
	1と1/2カップ（375ml）
米酢（ポイント参照）	150ml
たまりしょうゆ	60ml
ケチャップ	大さじ2
コーンスターチ（オーガニック）	大さじ2

1. 鍋に全材料を入れ，強火にかけます。かき混ぜながらひと煮立ちさせ，火を弱めて2分ほど煮詰めてできあがりです。
2. すぐに使わない場合は，密閉容器に移します。冷蔵庫で2週間ほど保存できます。

感謝祭のクランベリーソース

クランベリーは北米が原産です。酸味が強く，ポリフェノールやビタミンEなどの栄養を豊富に含んでいます。ヨーロッパから北米に移住した開拓者が収穫を祝うお祭りだった感謝祭には，クランベリーソースが必ず登場します。華やかな色合いのこのソースはあらゆるホームパーティーで活躍します。レンズ豆のローフ（210ページ参照）やキヌア入りレンズ豆のローフ（下巻参照）などによく合います。

2カップ（500ml）分

ポイント

アガベシロップがない場合は，同量のメープルシロップか，175mlのココナッツシュガーで代用できます。

シナモンは高品質のオーガニックのものを選びましょう。シナモンスティックをスパイスミルで挽くと，香りを存分に引き出せます。

ナツメグは，目の細かいおろし器でおろします。

必要に応じて量を2倍にしてください。

クランベリー	3カップ（750ml）
オレンジ果汁	60ml
アガベシロップ（ポイント参照）	60ml
水	大さじ2
シナモン（粉，ポイント参照）	小さじ1/4
海塩	少々
ナツメグ　おろす（ポイント参照）	少々

1. 鍋に全材料を入れ，ひと煮立ちさせます。弱火にして20分ほど煮詰めてできあがりです。
2. すぐに使わない場合は，密閉容器に移します。冷蔵庫で2週間ほど保存できます。

ココナッツ・イエローカレーソース

香り豊かなインド風ソースです。カリカリに焼いた豆腐と基本のキヌア（233ページ参照），野菜のロースト（177ページ参照）とは相性抜群の組み合わせです。

2カップ（500ml）分

ポイント

にんにくの量は大きめなら1かけ，小さめなら2かけに調整してください。

クミンやコリアンダーなどのスパイスは，ホールで買い，使用前にスパイスミルで挽くと香りを存分に楽しめます。

水の代わりに辛口の白ワインも使えます。

冷蔵しておいたカレーソースを温め直すには，鍋に入れ，かき混ぜながら中火で2〜3分加熱します。

グレープシードオイル	大さじ1
玉ねぎ　粗みじん切り	60ml
海塩	小さじ1/4
生姜　みじん切り	小さじ1/2
にんにく　みじん切り（ポイント参照）	1〜2かけ
カレーパウダー	大さじ1
クミン（粉，ポイント参照）	小さじ1/4
コリアンダー（粉，ポイント参照）	少々
水（ポイント参照）	60ml
ココナッツミルク	1缶（400ml）
レモン果汁	小さじ2

1. 鍋にグレープシードオイルを入れ，中火で熱します。玉ねぎと塩を入れ，玉ねぎが透き通るまで6分ほど炒めます。生姜とにんにくを加えてさらに2分炒め，香りを立たせます。カレーパウダー，クミン，コリアンダーを加えて，5分ほど混ぜながら炒めます。水を加えて火を弱め，2〜3分煮詰めます。ココナッツミルクを加え，ひと煮立ちさせます。

2. 煮立ったら弱火にし，10分ほど煮詰めます。レモン果汁を加え，火からおろします。すぐに使わない場合は，密閉容器に移します。冷蔵庫で1週間ほど保存できます。

バリエーション

グリーンココナッツカレーソース：カレーパウダーは使用しません。つくり方1で生姜とにんにくを炒めたあと，香菜（パクチー）のみじん切り1/2カップ（125ml），小さめの青唐辛子半分のみじん切り，ライムの葉1枚，レモングラス小さじ2を加えて，同様につくります。使う前に目の細かいこし器で濾すと，よりなめらかなしあがりになります。残りかすは使いません。

ほうれん草と白ワインのクリームソース

クリーミーマッシュポテト（178ページ参照）やスパナコピタパイとパプリカのマリネ，ルッコラの
レモンディジョン和え（下巻参照）と相性がよい，とろりとしたまろやかなソースです。

3カップ（750ml）分

ポイント

にんにくの量は大きめなら4か
け，小さめなら5かけに調整し
てください。

ほうれん草は，茎がしっかりし
たものを選びます。ベビースピ
ナッチを使う場合は，量を3L
に増やします。

白ワインは，水125mlと白ワ
インビネガー小さじ1で代用で
きます。

冷蔵しておいたソースを温め直
すには，鍋に入れ，かき混ぜな
がら中火で2〜3分温めます。

• ミキサー

生カシューナッツ	2カップ（500ml）
水	つくり方1〜2を参照
レモン果汁	大さじ3
海塩	小さじ1/2
グレープシードオイル	大さじ1
玉ねぎ　粗みじん切り	60ml
にんにく　みじん切り（ポイント参照）	4〜5かけ
ほうれん草（ポイント参照）　切る　8カップ（詰めて計量する，2L）	
白ワイン　辛口（ポイント参照）	1/2カップ（125ml）
ニュートリショナルイースト	大さじ2

1. 鍋に生カシューナッツとかぶるくらいの水を入れます。ひと煮立ち
させたら火からおろし，ざるに上げ，冷まします。

2. ミキサーに1のカシューナッツとレモン果汁，塩，水1カップ
（250ml）を入れ，なめらかになるまで回します。

3. フライパンでグレープシードオイルを中火で熱します。玉ねぎを加
えて透き通るまで6分ほど炒めます。にんにくを加え，香りが立つ
まで2分ほど炒めます。ほうれん草を加え，しんなりするまで2〜
3分炒め，白ワインを加えます。水分が飛ぶまで炒め，ニュートリ
ショナルイーストを加えたら火からおろします。

4. 3の半量を2のミキサーに加え，カシューナッツと一緒になめらか
になるまで回します。

5. 4のミキサーの中身を3のフライパンにあけます。中火で1〜2分
温め，全体がよく混ざったらできあがり。すぐに使わない場合は，
密閉容器に移します。冷蔵庫で約5日間保存できます。

ペッパーコーンソース

グリルした豆腐や野菜のロースト（177ページ参照）によく合うクリーミーなソースです。

1と1/2カップ
（375ml）分

ポイント

にんにくを細かくきざむ：にんにくをまな板に置き，包丁の腹で強く押します。薄皮がはがれやすくなるので，親指と人差し指でつまんで押し出すようにして実を取り出します。まずは粗めにきざみ，塩をごく少量ふり，包丁の腹でにんにくをまな板にすりつけるようにしてつぶし（塩粒があるのでつぶれやすくなります），さらに包丁で叩くようにきざみます。

ソースが分離するのを防ぐには，ヴィーガンホイップバター（283ページ参照）を冷たい状態で混ぜるのがポイントです。

• ミキサー

生カシューナッツ	1カップ（250ml）
水	つくり方1〜2を参照
ニュートリショナルイースト	小さじ2
海塩	小さじ1/4
グレープシードオイル	小さじ2
玉ねぎ　みじん切り	大さじ2
黒こしょう　ホール	大さじ2
にんにく　細かくきざむ（ポイント参照）	1かけ
白ワイン　辛口	大さじ2
赤ワインとたまりしょうゆのジュ（112ページ参照）	
	1/2カップ（125ml）
ヴィーガンホイップバター（283ページ参照）	大さじ1

1. 鍋に生カシューナッツとかぶるくらいの水を入れます。強火でひと煮立ちさせたら，ざるに上げて冷まします。

2. ミキサーに1のカシューナッツ，水2カップ（500ml），ニュートリショナルイースト，塩を入れ，全体がなめらかなクリーム状になるまで回します。

3. 鍋にオイルを入れ，中火で熱します。玉ねぎと黒こしょうを入れ，玉ねぎが透き通るまで3分ほど炒めます。にんにくを加え，香りが立つまで2分ほど炒めます。ワインを加え，水分が飛ぶまで2分ほど炒めます。赤ワインとたまりしょうゆのジュと，2のカシューナッツのピューレを加えて弱火で混ぜながら4〜5分煮詰めます。

4. 鍋を火からおろし，ヴィーガンホイップバターを分離しないように混ぜ入れます（ポイント参照）。すぐに使わない場合は，密閉容器に移します。冷蔵庫で1週間ほど保存できます。温め直すには，鍋に入れ，かき混ぜながら中火で2〜3分加熱します。

みそとタヒーニのソース

ゆでたて熱々のパスタにからめたり，サラダのドレッシングにしたり，生野菜のディップにも活用できる便利なソースです。

1カップ（250ml）分

ポイント

サラダドレッシングとして使う場合は，水の量を150mlに増やして少し薄めにつくります。

もっと濃厚なソースにしたい場合は，エクストラバージンオリーブオイルを60ml加えます。

- ## ミキサー

タヒーニ（練りごまで代用可）	1/2カップ（125ml）
水（ポイント参照）	1/2カップ（125ml）
玄米みそ	大さじ3
レモン果汁	大さじ1
にんにく	1かけ

1. ミキサーに全材料を入れて高速で回し，全体がなめらかになればできあがり。すぐに使わない場合は，密閉容器に移します。冷蔵庫で約5日間保存できます。

バリエーション

サウスウエスト風タヒーニドレッシング：みそは使用しません。レモン果汁を大さじ3に増やし，香菜（シラントローまたはパクチー）1束，チリパウダー小さじ1，クミン（粉）小さじ1/2，カイエンペッパー少々を加えます。

オランデーズソース

卵黄とバターでつくる伝統的なソースのヴィーガン版です。蒸した旬のアスパラガスなどにかけると，こってりした深い味わいがいっそう引き立ちます。朝食のローストポテトや基本のキヌア（233ページ参照）によく合います。ヴィーガンベネディクト（32ページ参照）に使う場合は，1と1/2カップ（375ml）必要です。

3カップ（750ml）分

ポイント

ココナッツオイルがかたまっているときはフライパンに入れ，弱火にかけて溶かします。

このレシピで使うワインにはシャルドネなどの辛口がおすすめです。

アーモンドミルクの代わりに，同量のヘンプ＆チアミルク（64ページ参照），カシューミルク（61ページ参照），ココナッツミルク（62ページ参照）を使ってもおいしくつくれます。

市販の植物性ミルクでも代用できます。

液状ココナッツオイル（ポイント参照）	1/2カップ（125ml）
玄米粉	1/2カップ（125ml）
ターメリック（粉）	小さじ1/4
白ワイン　辛口（ポイント参照）	60ml
レモン果汁	60ml
アーモンドミルク（61ページとポイント参照）	3カップ（750ml）
ニュートリショナルイースト	大さじ2
ディジョンマスタード	大さじ1
海塩	小さじ1

1. 鍋にココナッツオイルを入れて中火で熱し，玄米粉，ターメリックを入れ，よく混ぜながら5〜6分，粉っぽさがなくなるまで炒めます。白ワインを加え水分を飛ばしながらさらに2分ほど炒めます。レモン果汁を加えて混ぜ3〜4分炒めます。

2. アーモンドミルクを1カップ（250ml）ずつ加えてよく混ぜます。全量を加えたら火を強めてひと煮立ちさせます。火を弱めて10分ほど煮詰め，火からおろしてニュートリショナルイースト，ディジョンマスタード，塩を加えて混ぜます。

3. 目の細かいこし器を使い，ソースを濾します（残りかすは使いません）。すぐに使わない場合は，密閉容器に移します。冷蔵庫で1週間ほど保存できます。温め直すには，鍋に入れ，かき混ぜながら中火で2〜3分加熱します。

クリーミーアルフレドソース

伝統的なアルフレドソースは，生クリーム，バター，チーズでつくります。このヴィーガン版はもっとシンプルで，手軽につくれるのが魅力です。カシューナッツの濃厚な味わいとニュートリショナルイーストのチーズのような風味で，どんな料理にも活用できます。

1と1/2カップ （375ml）分

ポイント

ニュートリショナルイーストの代わりに玄米みそ小さじ2を使うことができます。その場合は，塩を小さじ1/2に減らします。

• ミキサー

生カシューナッツ	1カップ（250ml）
水	つくり方1〜2参照
ニュートリショナルイースト（ポイント参照）	60ml
レモン果汁	大さじ2
タイムの葉　きざむ	小さじ1
海塩	小さじ1
にんにく	1/2かけ

1. 鍋に生カシューナッツとかぶるくらいの水を入れます。ひと煮立ちさせたら，ざるに上げて冷まします。

2. ミキサーに1のカシューナッツ，水250ml，ニュートリショナルイースト，レモン果汁，タイム，塩，にんにくを入れ，全体がなめらかになるまで回します。

3. すぐに使わない場合は，密閉容器に移します。冷蔵庫で約5日間保存できます。温め直すには，鍋に入れ，かき混ぜながら2〜3分中火で加熱します。

ヘンプ＆チアシードのガーリックバター

トーストにぴったりのなめらかなバターです。にんじんやセロリのスティックにディップとして使ったり，ベイクドポテトにたっぷりのせたり，さまざまに活用できます。

1カップ（250ml）分

ポイント

白ではなくブラックチアシードを使うと，黒い粒の残ったバターになり，インパクトが増して食欲もそそられます。見た目の違いだけなので，どちらでも好きなほうでつくることができます。

にんにくの量は大きめなら6かけ，小さめなら8かけに調整してください。

オリーブオイルの代わりに同量のチアシードオイル，パンプキンシードオイル，アマニ油などでも代用ができます。

• フードプロセッサー

生ヘンプシード（皮なし）	180ml
チアシード（ポイント参照）	60ml
にんにく（ポイント参照）	6〜8かけ
レモン果汁	大さじ3
水	大さじ1
海塩	小さじ1/2
エクストラバージンオリーブオイル（ポイント参照）	60ml

1. フードプロセッサーに，生ヘンプシード，チアシード，にんにく，レモン果汁，水，塩を入れて回します。ときどき止めて，容器の内側をこそげて混ぜ込みながら，全体がなめらかになるまで10分ほど回します。
2. モーターを回したまま，オリーブオイルを少しずつ注入口から流し入れながら，全体がもったりとしたクリーム状になるまで5〜6分回します。
3. 密閉容器に移し，冷蔵庫で3時間ほど冷やしかためます。冷蔵庫で2週間ほど保存できます。

パセリとローストガーリックの
サンフラワーシードバター

パセリのさわやかな風味とローストしたにんにくの深い味わいを，ひまわりの種のペーストがバランスよくまとめているバターです。カンパーニュなどのかための パンに塗ったり，ゆでたてのパスタにからめたりするだけで，あっという間に一品完成です！

1と1/2カップ
（300ml）分

ポイント

にんにくを1株丸ごとローストするときは，包丁で株の上部0.5cmほどを切り落とし，中が少し見える状態にします。

- オーブンを160℃に予熱
- オーブンシートを敷いたオーブントレイ　2セット
- フードプロセッサー

にんにく　上部を切り取る（ポイント参照）	12株
エクストラバージンオリーブオイル	60ml
生ひまわりの種	2カップ（500ml）
ガーリックパウダー	小さじ1
海塩	小さじ1/2
イタリアンパセリ　きざむ	1カップ（250ml）
レモン果汁	大さじ1

1. ボウルににんにくを入れ，オリーブオイル大さじ2を全体にふりかけてよくからめます。トレイに重ならないように並べてオーブンに入れ，45分ほど焼きます。やわらかく黄金色になったら，オーブンから出して冷まします。完全に冷めたら，にんにくの実を取り出します（皮は使いません）。
2. 別のオーブントレイに生ひまわりの種を広げ，12〜15分焼きます。軽く焼き色がついていい香りがしてきたら取り出し，ボウルに移して10〜15分ほど置いて冷まします。
3. フードプロセッサーに2を入れ，粉状になるまで2〜3分回します。モーターを回したまま，残りのオイルを少しずつ注入口から流し入れながら，全体がなめらかになるまで12〜15分回します。ときどき止めて，容器の内側をこそげて混ぜ込みます。
4. にんにく，ガーリックパウダー，塩，イタリアンパセリ，レモン果汁を加え，さらに5分ほど回します。
5. 密閉容器に移し，冷蔵庫で3時間ほど冷やしかためます。冷蔵庫で2週間ほど保存できます。

シナモンレーズン入りサンフラワーシードバター

こんがり焼いたトーストと相性抜群の甘いバターです。そば粉とココナッツのパンケーキ（23ページ参照）やキヌアのポリッジ　メープル＆ベリー（21ページ参照）にもよく合います。

2カップ（500ml）分

ポイント

ココナッツオイルがかたまっているときはフライパンに入れ，弱火にかけて溶かします。

甘くないバターにしたい場合はココナッツシュガーを省きます。

高品質のオーガニックシナモンを使いましょう。シナモンスティックは使う直前にスパイスミルなどで挽くと，香りを存分に引き出すことができます。

オーガニックのバニラパウダーは大型スーパーや自然食品店で入手できます。乾燥したバニラビーンを丸ごと挽いた粉なので，バニラの香りづけには最適です。見つからない場合は小さじ1/4のバニラエクストラクト（オーガニック，アルコールフリー）で代用できます。

- オーブンを200℃に予熱
- オーブンシートを敷いたオーブントレイ
- フードプロセッサー

生ひまわりの種	3カップ（750ml）
液状ココナッツオイル（ポイント参照）	大さじ3
ココナッツシュガー（オーガニック，ポイント参照）	大さじ2
シナモン（粉，ポイント参照）	小さじ1
バニラパウダー（ポイント参照）	小さじ1/8
海塩	小さじ1/8
レーズン（トンプソンまたはサルタナ）	1/2カップ（125ml）

1. オーブントレイに生ひまわりの種を広げ，12〜15分ほど焼きます。軽く焼き色がついていい香りがしてきたら取り出してボウルに移し，10〜15分ほど置いて完全に冷まします。
2. フードプロセッサーに**1**を入れ，粉状になるまで2〜3分回します。モーターを回したまま，ココナッツオイルを少しずつ注入口から流し入れながら，全体がなめらかになるまで12〜15分回します。ときどき止めて，容器の内側をこそげて混ぜ込んでください。
3. ココナッツシュガー（省略可），シナモン，バニラパウダー，塩を入れ，全体が混ざるまで3〜4分回します。
4. ボウルに移し，レーズンを加えてよく混ぜ，密閉容器に移します。冷蔵庫で2週間ほど保存できます。

アーモンドブールブラン

サラダのドレッシングに，ディップに，サンドイッチのスプレッドにも使える万能ソースです。

2カップ（500ml）分

ポイント

りんご酢は特に消化によいとされていて，昔から民間療法にも使われていました。加熱殺菌されていないもの（ロー）を選ぶようにしましょう。

アガベシロップは，低温処理（ロー）のものを選びましょう。遺伝子組み換えでない100％天然の甘味料で，自然にできた果糖（フルクトース）を含み，GI値が低いのが特徴です。ゆっくりとグルコースに分解されるため，エネルギーが持続します。

• **ミキサー**

アーモンドバター	1カップ（250ml）
水	1/2カップ（125ml）
りんご酢（ポイント参照）	1/2カップ（125ml）
アガベシロップ（ポイント参照）	60ml
海塩	小さじ1/2
にんにく	2かけ

1. ミキサーに全材料を入れ，全体がなめらかなクリーム状になるまで高速で回し，混ぜ合わせます。
2. すぐに使わない場合は，密閉容器に移します。冷蔵庫で2週間ほど保存できます。

バリエーション

タイ風アーモンドブールブラン：りんご酢を大さじ2に減らします。ライム果汁大さじ2，たまりしょうゆ大さじ1，液状ココナッツオイル大さじ1，カイエンペッパーひとつまみを加えます。

バニラアーモンドバター

そば粉とココナッツのパンケーキ（23ページ参照）にぴったりの香ばしいバターです。りんごのスライスをディップするとおいしいので，ぜひお試しあれ。

300ml分

ポイント

ローストアーモンドを使えば，つくり方1は省略できます。

グレープシードオイルには風味がありません。ココナッツの香りが嫌いでなければ同量の液状ココナッツオイルでも代用できます。

ココナッツシュガーはGI値の低い自然の甘味料で，ブラウンシュガーに似た甘さがあります。大型スーパーや自然食品店で購入できます。

オーガニックのバニラパウダーは大型スーパーや自然食品店で取り扱っています。乾燥したバニラビーンを丸ごと挽いた粉なので，バニラの香りづけには最適です。見つからない場合は，小さじ1のバニラエクストラクト（オーガニック，アルコールフリー）でも代用できます。

- • オーブンを180℃に予熱
- • オーブンシートを敷いたオーブントレイ
- • フードプロセッサー

生アーモンド（ポイント参照）	2カップ（500ml）
グレープシードオイル（ポイント参照）	大さじ2
ココナッツシュガー（ポイント参照）	大さじ2
バニラパウダー（ポイント参照）	小さじ1/2
海塩	少々

1. オーブントレイに生アーモンドを広げ，12〜15分ほど焼きます。軽く焼き色がついてナッツ特有のいい香りがしてきたらオーブンから取り出し，ボウルに移して10〜15分ほど置いて完全に冷まします。
2. フードプロセッサーに1を入れ，粉状になるまで約3分回します。モーターを回したまま，グレープシードオイルを少しずつ注入口から流し入れます。ときどき止めて，容器の内側をこそげて混ぜ込みます。全体がなめらかになるまで15分ほど回します。
3. ココナッツシュガー，バニラパウダー，塩を入れて，全体がなめらかなクリーム状になるまで5分ほど回します。
4. すぐに使わない場合は，密閉容器に移します。常温で約1カ月間保存できます。

バリエーション

甘くないバターにしたい場合は，ココナッツシュガーを使わずに，塩を小さじ1/8に増やしてください。

ピスタチオのスーパーグリーンバター

栄養価の高い，とてもヘルシーなスプレッドです。にんじんやセロリのスティックをディップすればちょっとしたサラダになり，ゆでたてのパスタにからめれば手軽なランチができあがります。

1カップ（250ml）分

ポイント

クロレラは栄養豊富な淡水藻で，デトックス効果があるとされています。大型スーパーや自然食品店で入手できます。

スピルリナは，タンパク質とミネラルが豊富な青緑色の藻で，免疫力アップが期待できます。大型スーパーや自然食品店で入手できます。

- オーブンを200℃に予熱
- オーブンシートを敷いたオーブントレイ
- フードプロセッサー

生ピスタチオ	2カップ（500ml）
海塩	小さじ1/4
グレープシードオイル	大さじ2
レモンの皮のすりおろし	小さじ1/2
レモン果汁	大さじ1
クロレラパウダー（ポイント参照）	小さじ1
スピルリナパウダー（ポイント参照）	小さじ1/4

1. オーブントレイに生ピスタチオを広げ，8〜10分ほど焼きます。軽く焼き色がついてナッツ特有のいい香りがしてきたら取り出し，ボウルに移して10〜15分ほど置いて完全に冷まします。

2. フードプロセッサーに**1**と塩を入れ，粉状になるまで2〜3分回します。モーターを回したまま，グレープシードオイルを少しずつ注入口から流し入れます。ときどき止めて，容器の内側をこそげて混ぜ込みます。全体がなめらかになるまで12〜15分回します。

3. レモンの皮のすりおろし，レモン果汁，クロレラパウダー，スピルリナパウダーを入れ，全体がよく混ざるまで3分ほど回してできあがりです。

4. すぐに使わない場合は，密閉容器に移します。常温で2週間ほど保存できます。

タイ風マカデミアナッツバター

濃厚なマカデミアナッツとさわやかなライムのコンビネーションがエスニックな風味を醸し出します。塩味のクラッカーに塗って，レモンライムのフュージョンジュース（40ページ参照）と一緒にいかがでしょうか。

1と1/2カップ
（375ml）分

ポイント

マカデミアナッツは脂肪分が多く腐敗しやすいので，1〜2週間のうちに使い切らない場合は，冷蔵庫か冷凍庫で保存するようにしましょう。

ココナッツオイルがかたまっているときはフライパンに入れ，弱火にかけて温めて溶かします。

ココナッツシュガーはGI値の低い自然の甘味料で，ブラウンシュガーに似た甘さです。大型スーパーや自然食品店で購入することができます。

- オーブンを200℃に予熱
- オーブンシートを敷いたオーブントレイ
- フードプロセッサー

生マカデミアナッツ（ポイント参照）	2カップ（500ml）
液状ココナッツオイル（ポイント参照）	60ml
ライム果汁	大さじ3
たまりしょうゆ	大さじ2
ココナッツシュガー（オーガニック，ポイント参照）	大さじ2
海塩	小さじ1/8
カイエンペッパー	小さじ1/8

1. オーブントレイに生マカデミアナッツを重ならないように広げ，8〜10分ほど焼きます。軽く焼き色がついてナッツ特有のいい香りがしてきたらオーブンから取り出し，ボウルに移して10〜15分ほど置いて完全に冷まします。
2. フードプロセッサーに1を入れ，粉状になるまで約3分回します。モーターを回したまま，ココナッツオイルを少しずつ注入口から流し入れます。ときどき止めて，容器の内側をこそげて混ぜ込みます。全体がなめらかになるまで約15分回します。
3. ライム果汁，しょうゆ，ココナッツシュガー，塩，カイエンペッパーを入れて全体がよく混ざるまで5分ほど回しできあがり。すぐに使わない場合は，密閉容器に移します。冷蔵庫で約1カ月間保存できます。

ローストパプリカとタイムのカシューバター

たまりしょうゆとにんにくが香る，まろやかで使い勝手のよいカシューバターです。グルテンフリーのパンにたっぷり塗ったり，シャキシャキのグリーンサラダのドレッシングとして使ったり，ゆでたてのパスタに和えたりと，さまざまなレシピでお楽しみください。

2カップ（500ml）分

ポイント

パプリカはローストしたあと，ボウルに入れてラップをしっかりかけておくと，余熱で蒸されて皮がむきやすくなります。

カシューナッツをローストする：オーブンシートを敷いたオーブントレイにカシューナッツを広げ，200℃に予熱しておいたオーブンで8〜10分ほど焼きます。軽く焼き色がついてナッツ特有のいい香りがしてきたらオーブンから取り出し，ボウルに移して10〜15分ほど置いて完全に冷まします。

ガーリックパウダーの代わりに，にんにく3〜4かけでも代用できます。

- オーブンを200℃に予熱
- オーブンシートを敷いたオーブントレイ
- フードプロセッサー

赤パプリカ（ポイント参照）	2個
グレープシードオイル	大さじ3
カシューナッツ（ロースト，ポイント参照）	3カップ（750ml）
エクストラバージンオリーブオイル	大さじ1
タイムの葉　きざむ	大さじ2
たまりしょうゆ	大さじ1
レモン果汁	大さじ1
ガーリックパウダー（ポイント参照）	小さじ1/2
海塩	小さじ1/2

1. ボウルに赤パプリカを入れ，グレープシードオイルを全体にからめます。オーブントレイに並べ，オーブンに入れます。皮に焦げ目がつくまで18〜20分ほど焼きます。取り出したらボウルに入れ，しっかりとラップをかけて10分ほど置きます。

2. 赤パプリカを取り出し（まだ熱いので注意してください），手で薄皮をむき，半分に切って種とワタを取り除きます。

3. フードプロセッサーにカシューナッツを入れ，粉状になるまで約3分回します。モーターを回したまま，オリーブオイルを少しずつ注入口から流し入れます。ときどき止めて，容器の内側をこそげて混ぜ込みながら全体がなめらかになるまで約15分回します。

4. タイム，しょうゆ，レモン果汁，ガーリックパウダー，塩を加え，全体がよくなじむまで5分ほど回します。**2**のパプリカを加え，さらに1分ほど回して全体を混ぜ合わせます。密閉容器に移し，冷蔵庫で1時間ほど冷やしかためます。冷蔵庫で1週間ほど保存できます。

パンプキンスパイスのカシューバター

空気が少しずつ冷たくなり，木の葉も色づき始める秋。そんな収穫の季節になると，無性につくりたくなってしまうバターです。かぼちゃのなめらかさとオールスパイスの香りが食欲をかき立て，口の中で広がるカシューナッツの自然な甘さがクセになる一品です。朝食にはこんがり焼いたトーストにたっぷり塗って，午後の軽食にはグルテンフリーピタパン（280ページ参照）にはさんで召し上がれ。

2カップ（500ml）分

ポイント

かぼちゃはパイ用，シュガーパンプキン，バターナッツかぼちゃなども使えます。

ココナッツオイルがかたまっているときはフライパンに入れ，弱火にかけて溶かします。

ナツメグはホールで購入し，使用する直前に目の細かいおろし金でおろすと，香りがグンと引き立ちます。

- オーブンを200℃に予熱
- オーブンシートを敷いたオーブントレイ
- フードプロセッサー

かぼちゃ　皮を取って切る（ポイント参照）	2カップ（500ml）
生カシューナッツ	2カップ（500ml）
液状ココナッツオイル（ポイント参照）	大さじ3
海塩	小さじ1/2
オールスパイス（粉）	小さじ1/2
ナツメグ　おろす（ポイント参照）	小さじ1/4
クローブ（粉）	小さじ1/8

1. 鍋にかぼちゃとかぶるぐらいの水を入れてやわらかくなるまで15分ほどゆでます。ゆで上がったらざるに上げ，冷まします。

2. オーブントレイに生カシューナッツを広げ，オーブンで8〜10分ほど焼きます。軽く焼き色がついてナッツ特有のいい香りがしてきたら取り出し，ボウルに移して10〜15分ほど置いて完全に冷まします。

3. フードプロセッサーに2のカシューナッツを入れ，粉状になるまで2〜3分回します。モーターを回したまま，ココナッツオイルを少しずつ注入口から流し入れます。ときどき止めて，容器の内側をこそげて混ぜ込みながら，全体がなめらかになるまで12〜15分回します。

4. ゆでたかぼちゃ，塩，オールスパイス，ナツメグ，クローブを加え，5分ほど回して全体がよく混ざったらできあがり。すぐに使わない場合は，密閉容器に移します。冷蔵庫で2週間ほど保存できます。

ミックスベリーのカシューバター

甘いベリーがたくさん詰まったバターは，スイーツにも使えます。グルテンフリーのトーストに塗るのはもちろん，新鮮なフルーツをディップしたり，塩キャラメルアイスクリームやヴィーガンバニラアイスクリーム（いずれも下巻参照）のトッピングにもおすすめです。

2カップ（500ml）分

ポイント

ココナッツオイルがかたまっているときはフライパンに入れ，弱火にかけて溶かします。

オーガニックのバニラパウダーは大型スーパーや自然食品店で入手できます。乾燥したバニラビーンを丸ごと挽いた粉は，バニラの香りづけには最適です。見つからない場合は小さじ1/2のバニラエクストラクト（オーガニック，アルコールフリー）でも代用できます。

- オーブンを200℃に予熱
- オーブンシートを敷いたオーブントレイ
- フードプロセッサー

生カシューナッツ	2カップ（500ml）
海塩	小さじ1/8
液状ココナッツオイル（ポイント参照）	60ml
純粋メープルシロップ	大さじ2
バニラパウダー（ポイント参照）	小さじ1/4
いちご　ヘタを取って切る	1/2カップ（125ml）
ブルーベリー	1/2カップ（125ml）
ラズベリー	1/2カップ（125ml）
ブラックベリー	1/2カップ（125ml）

1. オーブントレイに生カシューナッツを広げ，オーブンで8〜10分ほど焼きます。軽く焼き色がついてナッツ特有のいい香りがしてきたら取り出し，ボウルに移して10〜15分ほど置いて完全に冷まします。
2. フードプロセッサーに1のカシューナッツと塩を入れ，粉状になるまで2〜3分回します。
3. モーターを回したまま，ココナッツオイルを少しずつ注入口から流し入れます。ときどき止めて，容器の内側をこそげて混ぜ込みながら全体がなめらかになるまで12〜15分回します。
4. メープルシロップ，バニラパウダー，いちご，ブルーベリー，ラズベリー，ブラックベリーを加えます。約5分回し，全体がよく混ざればできあがり。すぐに使わない場合は，密閉容器に移します。冷蔵庫で1週間ほど保存できます。

くるみとブラックオリーブのバター

地中海風の料理によく合う，塩気の効いたなめらかなバターです。グリルした野菜に添えたり，サラダのドレッシングに加えたり，いろいろなレシピに活用してみてください。

2カップ（500ml）分

ポイント

このレシピにはカラマタオリーブがおすすめですが，ブラックオリーブ（種なし）であればどの種類でもおいしくつくれます。

- オーブンを200℃に予熱
- オーブンシートを敷いたオーブントレイ
- フードプロセッサー

生くるみ（半割れ）	2カップ（500ml）
エクストラバージンオリーブオイル	大さじ2
オレガノ（乾）	小さじ1
カラマタオリーブ（種なし，ポイント参照）	2カップ（500ml）

1. オーブントレイに生くるみを重ならないように広げ，オーブンで6 ～8分ほど焼きます。軽く焼き色がついてナッツ特有のいい香りがしてきたら取り出し，ボウルに移して10 ～15分ほど置いて完全に冷まします。

2. フードプロセッサーに **1** のくるみを入れ，粉状になるまで2分ほど回します。モーターを回したまま，オリーブオイルを少しずつ注入口から流し入れます。ときどき止めて，容器の内側をこそげて混ぜ込みながら全体がなめらかになるまで12 ～15分回します。

3. オレガノ，カラマタオリーブを加えて5分ほど回し，全体がよく混ざればできあがり。すぐに使わない場合は，密閉容器に移します。冷蔵庫で2週間ほど保存できます。

ピーカンパイバター

感謝祭やクリスマスの頃，ピーカンパイがおいしい季節に，お気に入りのグルテンフリーのトーストにたっぷり塗って楽しみましょう。オートミールレーズンクッキーやバナナとクコの実のクッキー（いずれも下巻参照）にトッピングすれば，ホリデー気分を盛り上げるぜいたくなおやつになります。

2カップ（500ml）分

ポイント

メープルシロップがない場合，アガベシロップ大さじ1，またはココナッツシュガー大さじ3で代用できます。

オーガニックのバニラパウダーは大型スーパーや自然食品店で入手できます。乾燥したバニラビーンを丸ごと挽いた粉なので，バニラの香りづけには最適です。見つからない場合は小さじ1/2のバニラエクストラクト（オーガニック，アルコールフリー）でも代用できます。

デーツにはさまざまな種類がありますが，おすすめはマジョールです。価格はほかの種類よりやや高めですが，実が大きくてふっくらしており風味もいいので，このレシピには適しています。

- オーブンを200℃に予熱
- オーブンシートを敷いたオーブントレイ
- フードプロセッサー

生ピーカンナッツ（半割れ）	2カップ（500ml）
液状ココナッツオイル	大さじ3
純粋メープルシロップ（ポイント参照）	大さじ2
シナモン（粉）	小さじ1/2
海塩	小さじ1/4
バニラパウダー（ポイント参照）	小さじ1/4
マジョールデーツ　種を取ってきざむ（ポイント参照）	1/2カップ（125ml）

1. オーブントレイに生ピーカンナッツを広げ，オーブンで8〜10分ほど焼きます。軽く焼き色がついてナッツ特有のいい香りがしてきたらオーブンから取り出し，ボウルに移して10〜15分ほど置いて完全に冷まします。

2. フードプロセッサーに1のピーカンナッツを入れ，粉状になるまで2〜3分回します。モーターを回したまま，ココナッツオイルを少しずつ注入口から流し入れます。ときどき止めて，容器の内側をこそげて混ぜ込みながら全体がなめらかになるまで12〜15分回します。

3. メープルシロップ，シナモン，塩，バニラパウダーを加え，全体がよく混ざるまで，3分ほど回します。マジョールデーツを加えてさらに5分ほど回し，全体がなめらかなクリーム状になればできあがり。すぐに使わない場合は，密閉容器に移します。冷蔵庫で2週間ほど保存できます。

PB＆Jのバター

PB＆J（ピーナッツバター＆ジャム）という定番コンビのスプレッドです。お気に入りのグルテンフリーのパンはもちろん，フルーツのディップにも最適です。小腹が空いたら午後のおやつとして，ピンクビーツジュース（44ページ参照）と一緒に召し上がれ。

2カップ（500ml）分

ポイント

ココナッツオイルがかたまっているときはフライパンに入れ，弱火にかけて溶かします。

メープルシロップがない場合，アガベシロップ小さじ2で代用できます。

オーガニックのバニラパウダーは大型スーパーや自然食品店で入手できます。乾燥したバニラビーンを丸ごと挽いた粉なので，バニラの香りづけには最適です。見つからない場合は小さじ1/2のバニラエクストラクト（オーガニック，アルコールフリー）でも代用できます。

- オーブンを200℃に予熱
- オーブンシートを敷いたオーブントレイ
- フードプロセッサー

生ピーナッツ	2カップ（500ml）
液状ココナッツオイル（ポイント参照）	大さじ3
ココナッツシュガー（オーガニック）	大さじ2
純粋メープルシロップ（ポイント参照）	大さじ1
バニラパウダー（ポイント参照）	小さじ1/4
ラズベリー	60ml
いちご　ヘタを取って切る	60ml
ブルーベリー	60ml
マジョールデーツ　種を取ってきざむ	60ml

1. オーブントレイに生ピーナッツを広げ，オーブンで8〜10分ほど焼きます。軽く焼き色がついてナッツ特有のいい香りがしてきたらオーブンから取り出し，ボウルに移して10〜15分ほど置いて完全に冷まします。
2. フードプロセッサーに1のピーナッツを入れ，粉状になるまで2〜3分回します。モーターを回したまま，ココナッツオイルを少しずつ注入口から流し入れます。ときどき止めて，容器の内側をこそげて混ぜ込みながら全体がなめらかになるまで12〜15分回します。
3. ココナッツシュガー，メープルシロップ，バニラパウダーを加え，全体がよく混ざるまで，3分ほど回します。ラズベリー，いちご，ブルーベリー，マジョールデーツを加え，さらに5分ほど回し，全体がなめらかなクリーム状になればできあがり。すぐに使わない場合は，密閉容器に移します。冷蔵庫で1週間ほど保存できます。

バリエーション

PB&Jと桃のバター：ベリー類は使いません。代わりにざく切りの桃を1カップ（250ml）とシナモンパウダー小さじ1/4を加えます。

チョコレートヘーゼルナッツバター

チョコレートとヘーゼルナッツという人気の素材を組み合わせた，極上スイーツを思わせるスプレッドです。お気に入りのグルテンフリーのパンにたっぷり塗ってサンドイッチにしたり，スプーンですくってそのまま食べたり。りんごのスライスや桃のローストに添えれば，栄養満点のデザートにもなります。

2カップ（500ml）分

ポイント

ココナッツオイルがかたまっているときはフライパンに入れ，弱火にかけて溶かします。

ココナッツミルクは同量のアーモンドミルク（61ページ参照）で代用できます。

ココナッツシュガーがない場合，アガベシロップ60mlまたはメープルシロップ75mlで代用できます。

- オーブンを180℃に予熱
- オーブンシートを敷いたオーブントレイ
- フードプロセッサー

生ヘーゼルナッツ	2カップ（500ml）
カカオパウダー	1/2カップ（125ml）
液状ココナッツオイル（ポイント参照）	大さじ3
ココナッツミルク（62ページとポイント参照）	1/2カップ（125ml）
ココナッツシュガー（オーガニック，ポイント参照）	1/2カップ（125ml）
バニラパウダー（前ページのポイント参照）	小さじ1/4
海塩	少々

1. オーブントレイに生ヘーゼルナッツを重ならないように広げ，オーブンで10〜12分ほど焼きます。軽く焼き色がついてナッツ特有のいい香りがしてきたらオーブンから取り出し，湿らせたキッチンタオルの上にあけます。キッチンタオルでナッツを巻いて左右を閉じ，上から手でもむと薄皮が取れます（完全に取れなくてもかまいません）。ボウルに移し，10〜15分ほど置いて完全に冷まします。

2. フードプロセッサーに1のヘーゼルナッツとカカオパウダーを入れ，粉状になるまで3〜5分回します。

3. モーターを回したまま，ココナッツオイルを少しずつ注入口から流し入れながら，全体がクリーム状に近くなるまで回します。ときどき止めて，容器の内側をこそげて混ぜ込みます。このステップには20分ほどかかります。

4. ココナッツミルク，ココナッツシュガー，バニラパウダー，塩を加え，さらに5分ほど回します。全体がよく混ざればできあがり。すぐに使わない場合は，密閉容器に移します。常温で2週間ほど保存できます。

あめ色玉ねぎとチェリートマトのレリッシュ

好みのベジバーガーやサンドイッチ，ゆでたてのパスタなど，どんな料理にも使える甘くないレリッシュです。

2カップ（500ml）分

ポイント

チェリートマトがない場合は，普通のトマトをきざんで同じ量で代用できます。

アガベシロップは，低温処理（ロー）のものを選びましょう。遺伝子組み換えでない100％天然の甘味料で，自然にできた果糖（フルクトース）を含み，GI値が低いのが特徴です。ゆっくりとグルコースに分解されるため，エネルギーが持続します。

グレープシードオイル	大さじ1
玉ねぎ 薄切り	2個
海塩	小さじ1/2
チェリートマト 切る（ポイント参照）	1と1/2カップ（375ml）
バルサミコ酢	1/2カップ（125ml）
アガベシロップ（ポイント参照）	60ml
水	大さじ2

1. 大きめのフライパンでグレープシードオイルを強火で熱します。玉ねぎと塩を入れて炒めます。5分ほどして焼き色がつき始めたら弱火にし，さらに25〜30分，あめ色になるまで炒めます。

2. チェリートマト，バルサミコ酢，アガベシロップ，水を加えます。火を強めて，水分を飛ばし，15分ほど煮詰めればできあがり。すぐに使わない場合は，密閉容器に移します。冷蔵庫で2週間ほど保存できます。

梨といちじくとデーツのジャム

トーストに塗ったり，パンケーキのトッピングにしたり，フレンチトーストに添えたりしてください。
華やかさとおいしさをプラスしてくれる新鮮なジャムです。

4カップ（1L）分

ポイント

梨の代わりに同量のりんごでつ
くってもおいしいです。

ココナッツシュガーはGI値の
低い自然の甘味料で，ブラウン
シュガーに似た甘さです。大型
スーパーや自然食品店で入手で
きます。

デーツにはさまざまな種類があ
りますが，おすすめはマジョー
ル。価格はやや高めですが，実
が大きくてふっくらしており風
味も抜群なので，このレシピに
適しています。

スロークッカーで調理中はふた
を開けないようにします。一度
開けると温度が下がり，調理時
間を20〜30分延長しなければ
ならなくなります。

- スロークッカー（容量3.8L）

梨　皮をむいて切る（ポイント参照）	8カップ（2L）
いちじく　切る	2カップ（500ml）
ココナッツシュガー（オーガニック，ポイント参照）	
	2カップ（500ml）
マジョールデーツ　種を取ってきざむ（ポイント参照）	
	1カップ（250ml）
水	1/2カップ（125ml）
シナモンスティック	1本（7.5cm程度）
海塩	小さじ1/4

1. スロークッカーの内鍋に全材料を入れ，ふたをして低温で6時間煮
   ます。高温に変えてさらに3時間煮て，シナモンスティックを取り
   出します。
2. 密閉容器に移し，粗熱がとれたら冷蔵庫に入れて完全に冷まします。
   冷蔵庫で約1カ月間保存できます。

シチリア風なすのカポナータ

カポナータはシチリア島の伝統料理です。通常はかためのパンやクロスティーニなどに温かいままのせて食べますが，冷製パスタに使うなど，いろいろとアレンジして楽しめる一品です。生野菜のディップにもできますし，カポナータだけでも立派なサイドディッシュになります。

3カップ（750ml）分

ポイント

スロークッカーで調理中はふたを開けないようにします。一度開けると温度が下がり，調理時間を20〜30分延長しなければならなくなります。

冷蔵しておいたカポナータを温め直すには，鍋に入れ，かき混ぜながら中火で2〜3分加熱します。

• スロークッカー（容量3.8L）

グレープシードオイル　分けて使用	大さじ6
なす　皮をむいて乱切り（米なすなら大1個）	8カップ（2L）
玉ねぎ　粗みじん切り	1カップ（250ml）
オレガノ（乾）	大さじ1
海塩	小さじ1
にんにく　みじん切り	8〜10かけ
トマト　乱切り	12カップ（3L）
赤ワインビネガー	80ml
ココナッツシュガー（オーガニック）	大さじ1
グリーンオリーブ　粗みじん切り	1/2カップ（125ml）
ケイパー（水分を切る）	1/2カップ（125ml）
イタリアンパセリ　葉の部分をきざむ	1/2カップ（125ml）

1. 大きめの鍋にグレープシードオイル大さじ4を入れ，強火にかけて熱します。なすを入れて炒めます。焼き色がついてやわらかくなるまで8〜10分ほど炒め，穴あきおたまですくって油を切り，ボウルに出しておきます。

2. 1の同じ鍋に残りのオイルを入れ，中火で熱します。玉ねぎとオレガノ，塩を入れて玉ねぎが透き通るまで6分ほど炒めます。にんにくを加え，香りが立つまで2〜3分炒め，トマト，赤ワインビネガー，ココナッツシュガーを加えて煮立つ直前まで加熱し，スロークッカーに移します。

3. 1のなすを加えて，ざっと混ぜます。ふたをして低温で6時間，または高温で3時間調理します。グリーンオリーブとケイパーを加え，さらに20分煮込み，しあげにイタリアンパセリをざっと混ぜればできあがりです。すぐに使わない場合は，密閉容器に移します。冷蔵庫で2週間ほど保存できます。

スナックと副菜

フレッシュフルーツのアイスキャンディー

暑い日には，冷たいおやつがほしくなりますね。体にやさしいアイスキャンディーでクールダウンしましょう。新鮮な果物もたくさんとることができます。

12個分

ポイント

オレンジ果汁は，同量のパイナップルジュース，りんごジュース，冷ましたお茶や水などに変えてもOKです。

つくり方1で，小さじ2ほどのチアシードやヘンプシードを加えると，さらに栄養価が高まります。

- アイスキャンディー型　12個分
- アイスキャンディー棒

オレンジ果汁（ポイント参照）	3カップ（750ml）
キウイフルーツ　皮をむいて粗みじん切り	1/2カップ（125ml）
パイナップル　皮をむいて粗みじん切り	1/2カップ（125ml）
いちご　ヘタを取って粗みじん切り	1/2カップ（125ml）
ブルーベリー　ざっと切る	1/2カップ（125ml）

1. ボウルに全材料を入れて（ポイント参照），やさしく混ぜ合わせます。
2. 混ぜたものをスプーンですくって型に流し込みます。まずは，型の3/4まで入れ，12個全部に入ったら残りを均等になるように入れます。ふたまたはラップをして冷凍庫へ。30分ほど置いて半分ほど凍ったら，取り出します。
3. 型の中央に棒を差し込み，再び冷凍庫に戻し，8時間凍らせてできあがりです。冷凍庫で約2カ月間保存できます。

バリエーション

新鮮野菜のアイスキャンディー：フルーツの代わりに野菜を使ってつくりましょう。ボウルにトマトジュース3カップ（750ml），きざんだイタリアンパセリ小さじ2，セロリのみじん切り小さじ2，にんじんと赤パプリカのみじん切りそれぞれ小さじ2を入れて，よく混ぜ合わせます。つくり方2からは同様につくります。この場合，野菜の量が少ないので，フルーツアイスキャンディーよりやや小さめになります。

きゅうりのプロテインカップ

手軽につくれるうえに，おいしくて健康的なメニューです。ヘンプシードの良質なタンパク質は，スポーツをして汗をかいたあとの疲労回復を助けます。

14 〜 16個分（4人分）

ポイント

きゅうりは太めのものを使用し，長さ4.5cmに切ります。

イタリアンパセリは，カーリーパセリに比べて風味もよく，やわらかいのが特徴です。

カシューナッツの具が余ったら，野菜のディップなどに使えます。

・フードプロセッサー

生カシューナッツ	2カップ（500ml）
生ヘンプシード（皮なし）	1/2カップ（125ml）
赤パプリカ　粗みじん切り	1カップ（250ml）
セロリ　粗みじん切り	1/2カップ（125ml）
レモン果汁	60ml
ニュートリショナルイースト	大さじ1
海塩	小さじ1
にんにく	2かけ
きゅうり　かなり太いもの　14 〜 16個に切る（ポイント参照）	3本
イタリアンパセリ　きざむ（ポイント参照）	適量

1. フードプロセッサーに，生カシューナッツ，生ヘンプシード，赤パプリカ，セロリ，レモン果汁，ニュートリショナルイースト，塩，にんにくを入れ，全体がなめらかになるまで回します。ときどき止めて容器の内側をこそげて混ぜ込みます。
2. きゅうりでカップをつくります。小さいスプーンかメロンボーラーで果肉をすくい取り，カップ状にします（中身は使用しません）。
3. 2のカップに，1の具を大さじ1ずつ盛りつけます。しあげに，イタリアンパセリをふりかけていただきます。すぐに食べない場合は，密閉容器に移します。冷蔵庫で約2日間保存できます。

ヘンプアップルリング

朝食のときにお気に入りのシリアルに合わせると，タンパク質などの栄養価が一気にアップします。いつでもどこでも手軽に食べられる，体にやさしいスナックです。

4人分

ポイント

スライサーを使うと，均一に薄く切ることができます。包丁を使う場合は，0.5cmほどの厚さに切ります。

オーガニックのバニラパウダーは，大型スーパーや自然食品店で取り扱っています。乾燥したバニラビーンを丸ごと挽いた粉で，バニラの香りづけには最適です。見つからない場合は，バニラエクストラクトを1滴，使ってください。

りんごはかたくてみずみずしいものを選びます。

りんごを先に切ると，茶色に変色してしまいます。先に切っておく場合は，水1カップ（250ml）にレモン果汁大さじ3～4を混ぜたものにつけておきます。使用前に取り出し，キッチンペーパーなどで水分を拭いてからメープルシロップにつけます。

- スライサー（ポイント参照）

純粋メープルシロップ	大さじ3
レモン果汁	小さじ1
バニラパウダー（ポイント参照）	少々
生ヘンプシード（皮なし）	1/2カップ（125ml）
りんご　芯を取って輪切り（ポイント参照）	2個

1. 浅めのボウルにメープルシロップ，レモン果汁，バニラパウダーを入れて混ぜ合わせます。
2. 生ヘンプシードは，別の浅いボウルに入れます。
3. りんごを1に入れ，全体にシロップをからめます。それから2の容器に入れ，ヘンプシードを全体にまぶせばできあがりです。

アーモンドオーツアップル

午後のおやつやデザートに楽しみたい，りんごでつくった体にやさしいスイーツです。子どものお弁当に入れてあげたら，大喜び間違いなしです。

ポイント

アーモンドの栄養価は非常に高く，植物性化合物，タンパク質，繊維，脂肪，ビタミンE，マグネシウム，リン，カリウム，マンガンを含んでいます。また，少量ですが，ビタミンB群も含んでいます。

りんごを先に切っておくと，茶色に変色します（前ページのポイント参照）。

- **フードプロセッサー**

生アーモンド（ポイント参照）	1/2カップ（125ml）
ロールドオーツ	60ml
アーモンドバター	1/2カップ（125ml）
純粋メープルシロップ	大さじ1
バニラパウダー（前ページのポイント参照）	小さじ1/8
りんご　1個を6つのくし切りにする（ポイント参照）	3個

1. フードプロセッサーに生アーモンドとロールドオーツを入れ，細かくなるまで回し，浅いボウルにあけます。粒の食感が残るほうがよいので，回しすぎないように注意してください。
2. 別のボウルにアーモンドバター，メープルシロップ，バニラパウダーを入れ，混ぜ合わせます。
3. りんごのくし切りを**2**に入れ，全体にからめてから**1**のボウルに入れ，アーモンドとオーツをまぶします。トレイに並べて，ラップをして冷蔵庫へ。1時間ほど置いて落ち着いたら，できあがりです。

アーモンドチョコ詰めデーツ

甘いお菓子が食べたくなったときには，こちらがおすすめ。やわらかなデーツに詰まったとろーりと温かいチョコレートとアーモンドバターがたまらないおいしさです。

15個分（5〜6人分）

ポイント

乳製品不使用のチョコレートチップがない場合は，以下で代用できます。

液状ココナッツオイル	125ml
アガベシロップ	大さじ3
カカオパウダー	60ml
冷水	大さじ1
バニラパウダー	小さじ1/8
またはバニラエクストラクト	小さじ1/4

以上をミキサーに入れ，なめらかになるまで回します。つくり方2に進みます。

• オーブンシートを敷いたオーブントレイ

チョコレートチップ（乳製品不使用，ポイント参照）	1/2カップ（125ml）
アーモンドバター	60ml
マジョールデーツ　種を取る	15個

1. 小鍋にチョコレートチップを入れ，弱火で温めます。焦がさないように混ぜながら完全に溶かし，なめらかにします。

2. アーモンドバターを加えて混ぜ，火からおろします。

3. マジョールデーツの実を破らないよう注意して，種のあった部分を広げ，小さいスプーンで2の具を流し入れます。オーブントレイに並べていきます。

4. すべてに具を入れたら，冷蔵庫で30分ほど冷やしかためてできあがりです。密閉容器で2週間ほど冷蔵保存できます。

簡単ケールチップス　チーズ味

サクサクした食感のケールチップス。たくさんつくって，家や職場に常備しておけば，いつでも手軽に健康的でおいしいスナックを楽しめます。

約6食分

ポイント

カーリーケールは大きめなら1束，小さいものなら2束使用します。

カシューナッツを水にひたす：カシューナッツと水2カップ（500ml）をボウルに入れます。ラップをかけ，30分ほどまたは冷蔵庫で一晩置き，水を切ります。

- オーブンを140℃に予熱
- フードプロセッサー
- オーブンシートを敷いたオーブントレイ　2セット

カーリーケール（ポイント参照）	1〜2束
赤パプリカ　ざく切り	1と1/2カップ（375ml）
ニュートリショナルイースト	1カップ（250ml）
水	1カップ（250ml）
生カシューナッツ（ポイント参照）	180ml
エクストラバージンオリーブオイル	60ml
レモン果汁	60ml
海塩	小さじ1と1/2

1. カーリーケールの茎から葉を取り（茎は使いません），一口大より大きめ（4cm角程度）に手でちぎるか，包丁で切ります。大きめのボウルに入れます。
2. フードプロセッサーに，赤パプリカ，ニュートリショナルイースト，水，生カシューナッツ，オリーブオイル，レモン果汁，塩を入れ，全体がなめらかなクリーム状になるまで回します。1のボウルにあけ，ケールにからめるようによく混ぜます。
3. オーブントレイにケールを重ならないように並べ，オーブンで20〜25分間焼きます。10〜12分ほどで一度取り出し，裏返します。ケールが完全に乾燥するまでしっかり焼きます（湿り気がある場合は，焼き時間を5〜10分のばします）。
4. オーブンから出して，完全に冷まします。すぐに食べないものは密閉容器に移します。冷蔵庫で2週間ほど保存できます。

ノンフライ・スイートポテトチップス

薄くクリスピーなスイートポテトチップスは私の一番の好物です。たった3つの材料で，完璧なチップスのできあがり。しかも揚げないので，たくさん食べても罪悪感がありません。

4人分

ポイント

辛口にしたい場合は，カイエンペッパー小さじ1/4を加えます。

さつまいもは皮にも栄養がたくさん含まれているので，できるだけ皮も使います。残留農薬の心配がないオーガニックのものを選びましょう。

- オーブンを140℃に予熱
- スライサー
- オーブンシートを敷いたオーブントレイ　2セット

さつまいも（皮のまま，ポイント参照）	大2個
グレープシードオイル	大さじ2
海塩	小さじ1/4

1. スライサーで，さつまいもを厚さ約3mmにスライスします。大きめのボウルに移し，グレープシードオイルと塩を入れ，まんべんなくからめます。

2. 1のさつまいもを重ならないようにオーブントレイに並べ，オーブンで1時間30分～1時間45分ほど焼きます。途中で一度取り出し，裏返します。ふちが茶色に焦げて縮れてきます。

3. 焼き上がったらオーブンから取り出し，10～15分置いてできあがりです。完全に冷めるとパリパリになります。すぐに食べない場合は，密閉容器に移します。冷蔵庫で2週間ほど保存できます。

バリエーション

スモーク辛口のノンフライ・スイートポテトチップス：ボウルでさつまいものスライスを混ぜるときに，チリパウダー小さじ1，パプリカパウダー（スモーク）小さじ1/2，チポトレパウダー小さじ1/4，カイエンペッパー少々を加えます。

プロテインポップコーン

ポップコーンを山盛りにした器を抱えたおやつタイムは至福のひとときです。タンパク質豊富なヘンプシードとココナッツオイル，チーズ風味のニュートリショナルイーストで味つけしたポップコーンは，私の大好物の一つです。器に山盛りにして，おやつの時間にしましょう！

3人分

ポイント

ポップコーンが熱いうちに，ガーリックパウダーを少々ふりかけると風味が増します。

ポップコーン用のコーンは，古くなるとカリッとした食感にならず，ぐにゃっとしてしまいます。できるだけ新鮮なうちに使い切りましょう。

液状ココナッツオイル　分けて使用	60ml
生ヘンプシード（皮なし）分けて使用	60ml
ニュートリショナルイースト　分けて使用	60ml
海塩　分けて使用	小さじ1
グレープシードオイル	大さじ3
ポップコーン用コーン（オーガニック，ポイント参照）	80ml

1. 大きめのボウルにココナッツオイル，生ヘンプシード，ニュートリショナルイースト，塩の各半量を入れて混ぜておきます。
2. 大きめでしっかりしたふたがある鍋にオイルを入れ，強火にかけ，コーンを入れてふたをします。鍋全体をゆすりながら，コーンがはぜる音に注意して熱します。はぜる音が3〜5秒間隔になったところで火を止めます。
3. 1のボウルにポップコーンをあけ，上から残りの材料をかけ，全体をよく混ぜ合わせてできあがりです。すぐに食べない場合は，完全に冷ましてから密閉容器に移します。常温で約2日間保存できます。

バリエーション

スイート＆スパイシーポップコーン：ニュートリショナルイーストは省き，ココナッツシュガー大さじ2とチリパウダー小さじ1を加えます。

ひよこ豆とポップコーンのミックス

プロテインポップコーンを応用した体にうれしいおやつです。デザートとしてもどうぞ。

4人分

ポイント

アーモンドバターの代わりに，同量のピーナッツバターでもつくれます。

プロテインポップコーン（上記のレシピ参照）	3カップ（750ml）
ひよこ豆　水煮　水気を切る	1カップ（250ml）
アーモンドバター（ポイント参照）	1/2カップ（125ml）
アガベシロップ	大さじ3
または純粋メープルシロップ	大さじ2
またはココナッツシュガー	大さじ2

1. 大きなボウルに全材料を入れ，よく混ぜてからめればできあがりです。

テリヤキアーモンド

アーモンドの歯応え，そして甘さと塩気がクセになるおいしさです。手軽にタンパク質が補給できるスナックですが，砕いてサラダや副菜にトッピングするなど，使い方はさまざまです。

2カップ（500ml）分

ポイント

ナッツ類を買うときは，「生」と表示されたものを選びましょう。市場にはローストされたもののほうが多く出ているので，よくわからない場合は販売店に問い合わせてみましょう。

食品乾燥機を持っている場合は，つくり方2でソースにつけたアーモンドを40℃で8〜10時間，または水分がなくなるまで乾燥させます。完全に冷ましてから密閉容器に移せば，常温で2週間ほど保存できます。

たまりしょうゆ	60ml
アガベシロップ	大さじ3
太白ごま油	大さじ3
生姜　皮をむいて切る	大さじ1
生アーモンド（ホール，ポイント参照）	2カップ（500ml）

1. ミキサーにしょうゆ，アガベシロップ，ごま油，生姜を入れ，高速で回します。大きめのボウルに移します。
2. アーモンドを加えて全体をよく混ぜ，味をなじませます。すぐに食べない場合は，密閉容器に移します。冷蔵庫で1週間ほど保存できます。

バリエーション

テリヤキカシュー：生アーモンドの代わりに同量のカシューナッツを使います。

ビーツとひまわりの種のクラッカー

お気に入りのディップやスプレッドのお供にぴったりの香ばしいクラッカーです。手軽に持ち出せるスナックとしても最適です。バッグの中に，ジャーに入れてキッチンに，職場の机の引き出しにも常備してはいかがでしょうか。

16枚分

ポイント

ひまわりの種を水にひたす：ひまわりの種と水6カップ（1.5L）をボウルに入れます。ラップをかけ，30分ほど置き，ざるに上げて水を切ります。

フラックスシードは粉末状のものが売られていますが，自分で粒から挽いてもOKです。ミキサーに2カップ（500ml）を入れ，高速で回し，細かい粉末にします。またはスパイスミルで何度かに分けて挽きます。冷蔵で1カ月間ほど保存できます。

つくりおきのクラッカーの保存には，シリカゲルの小袋を一緒に入れるとよいでしょう。量販店やオンラインストアで入手できます。

ハーブでアレンジしてみましょう。乾燥ローズマリー大さじ2を足すと地中海風に，またクミンパウダー大さじ1を足せばアメリカ南西部風になります。

- オーブンを180℃に予熱
- フードプロセッサー
- オーブンシートを敷いたオーブントレイ

生ひまわりの種（ポイント参照）	4カップ（1L）
ビーツ　粗めの千切り	2カップ（500ml）
水	1/2カップ（125ml）
たまりしょうゆ	60ml
タイムの葉　きざむ	大さじ1
海塩	小さじ1
にんにく	3〜4かけ
エクストラバージンオリーブオイル	60ml
生フラックスシード（粉，ポイント参照）	2カップ（500ml）

1. フードプロセッサーに，生ひまわりの種，ビーツ，水，しょうゆを入れ，回します。ときどき止めて，容器の内側をこそげて混ぜ込みながら，全体がなめらかになるまで回します。タイム，塩，にんにくを加え，にんにくが細かくなるまで回します。モーターを回したまま，オリーブオイルを少しずつ注入口から流し入れます。混ざったら大きめのボウルにあけます。
2. 生フラックスシードを混ぜ入れます。ラップをかけて10分ほど置き，水分を吸収させます。
3. 2の生地をオーブントレイに広げ，厚さ約0.5cmにならします。包丁で生地に16等分になるように切り込みを入れます。
4. オーブンに入れ，20分ほど焼きます。一度取り出して，切り込みに沿ってクラッカーを割り，裏返してさらに10分ほど，全体が完全に乾燥するまで焼きます。
5. オーブンから取り出し，15〜20分置いて完全に冷まします。冷めるとさらにサクサクした食感になります。すぐに食べない場合は，密閉容器に移します。常温で2週間ほど保存できます（ポイント参照）。

スーパーフードのトレイルミックス

トレイルミックスは，ナッツやドライフルーツなどを混ぜたスナックで，もともとハイキング（トレイル）などに持っていくためのものでした。栄養がぎゅっと詰まったスーパーフードのトレイルミックスはいつでもどこでも手軽に食べられて，体も心も大満足するおやつです。タンパク質も豊富なので，スポーツのあとの軽食にも最適です。

7カップ（1.75L）分

ポイント

レシピに使うナッツや種は，好きなものに代えられます。ピスタチオ，ヘーゼルナッツ，松の実，ピーナッツ，ごまなどでも試してみましょう。

ドライフルーツを選ぶときは，保存料などの添加物が使われていないものにしましょう。アプリコットやドライトマトなどには，硫黄などの保存料が使われていることが多いので，注意しましょう。

生くるみ（ポイント参照）	1カップ（250ml）
生カシューナッツ	1カップ（250ml）
生ブラジルナッツ	1カップ（250ml）
生ヘンプシード（皮なし）	1カップ（250ml）
生ひまわりの種	1/2カップ（125ml）
生かぼちゃの種	1/2カップ（125ml）
クコの実（乾）	1/2カップ（125ml）
チアシード	1/2カップ（125ml）
アプリコット（乾） 一口大に切る（ポイント参照）	
	1/2カップ（125ml）
レーズン（トンプソンまたはサルタナ）	1/2カップ（125ml）
エクストラバージンオリーブオイル	大さじ1
ココナッツシュガー（オーガニック）	小さじ1
チリパウダー	小さじ1/2
海塩	小さじ1/4
バニラパウダー （次ページのポイント参照）	小さじ1/8

1. 大きなボウルに材料をすべて入れます。スパイスとオリーブオイルがなじむように，全体をよくかき混ぜます。
2. 密閉容器に小分けしておくと便利です。冷蔵庫で約1カ月間保存できます。

りんごとそばの実のスパイスグラノーラ

グラノーラは朝食だけのものだと思っていませんか？　タンパク質と繊維が豊富なグラノーラは，外出中でも手軽に食べられるスナックです。たくさん食べても罪悪感がないのがうれしいですね。運動後の栄養補給にもおすすめです。

**8カップ（2L），
12 〜 15食分**

ポイント

デーツを水にひたす：デーツとぬるま湯2カップ（500ml）をボウルに入れてラップをかけ，1時間ほど置きます。汁を1/2カップ（125ml）取り（残りは使いません），デーツをざるに上げます。

そばの実を水にひたす：そばの実と水12カップ（3L）をボウルに入れ，ラップをかけて1時間ほどまたは冷蔵庫で一晩置きます。目の細かいざるで水を切り，流水で2分ほど水がにごらなくなるまで洗います。

オーガニックのバニラパウダーは，大型スーパーや自然食品店で取り扱っています。乾燥したバニラビーンを丸ごと挽いた粉で，バニラの香りづけには最適です。見つからない場合は，小さじ1/2のバニラエクストラクト（オーガニック，アルコールフリー）でも代用できます。

- ミキサー
- オーブンシートを敷いたオーブントレイ

マジョールデーツ（種なし，ポイント参照）	1カップ（250ml）
デーツの戻し汁	1/2カップ（125ml）
生そばの実（ポイント参照）	4カップ（1L）
アガベシロップ	60ml
シナモン（粉）	小さじ2
ナツメグ　おろす	小さじ1/4
バニラパウダー（ポイント参照）	小さじ1/4
りんご　さいの目切り	2カップ（500ml）
生かぼちゃの種	1/2カップ（125ml）
生ヘンプシード（皮なし）	60ml

1. ミキサーにマジョールデーツ，デーツの戻し汁，アガベシロップ，シナモン，ナツメグ，バニラを入れ，全体がなめらかになるまで高速で回します。
2. オーブンを140℃に予熱します。大きめのボウルに生そばの実，**1**のデーツミックス，りんご，生かぼちゃの種，生ヘンプシードを入れ，全体をよく混ぜ合わせます。
3. オーブントレイに**2**を均等に広げ，30 〜 35分ほど，全体が完全に乾くまで焼きます。途中で一度取り出して，全体をかき混ぜ，焼きムラが出ないようにしてください。
4. オーブンから取り出し，完全に冷ましたら，密閉容器に移します。常温で約1カ月間保存できます。

キヌアパフとピーナッツバターのクランチ

コクのあるピーナッツバターにキヌアのパフのサクサク感がたまらないおやつです。ついつい手が伸びてしまっても大丈夫。軽くて，体にやさしいのもうれしいですね。

12 〜 15個分

ポイント

ピーナッツバターの代わりに，同量のアーモンドバター，カシューバター，ヘーゼルナッツバターでもつくれます。

ココナッツオイルがかたまっているときはフライパンに入れ，弱火にかけて溶かします。

ザクザクした食感がほしいときは，生そばの実大さじ3を加えます。

- ミキサー
- オーブンシートを敷いたオーブントレイ

ピーナッツバター（粒なし，ポイント参照）	1カップ（250ml）
液状ココナッツオイル（ポイント参照）	60ml
アガベシロップ	大さじ3
バニラパウダー（次ページのポイント参照）	小さじ1/4
キヌアパフ（シリアル）	3カップ（750ml）

1. ミキサーにピーナッツバター，ココナッツオイル，アガベシロップ，バニラパウダーを入れ，高速で回してなめらかなクリーム状にします。
2. 大きめのボウルにキヌアパフと1を入れ，よく混ぜ合わせます。12 〜 15等分し，手で丸めてトレイに並べます。
3. 冷蔵庫で3時間ほど冷やしかためれば，できあがりです。すぐに食べない場合は，密閉容器に移します。冷蔵庫で約1カ月間保存できます。

パワーボール

ちょっと甘いものがほしいとき，気兼ねなく食べられるおやつです。タンパク質が豊富なので栄養も満足感も抜群です。

12 〜 15個分

ポイント

デーツはやわらかく，水分があるものを使用します。かたくなっている場合は，ぬるま湯1カップ（250ml）に15分ほどひたしてから使います。

オーガニックのバニラパウダーは，大型スーパーや自然食品店で取り扱っています。乾燥したバニラビーンを丸ごと挽いた粉で，バニラの香りづけには最適です。見つからない場合は，小さじ1/2のバニラエクストラクト（オーガニック，アルコールフリー）でも代用できます。

• **フードプロセッサー**

マジョールデーツ（種なし，ポイント参照） ざく切り	
	1カップ（250ml）
生アーモンド	1/2カップ（125ml）
生カシューナッツ	1/2カップ（125ml）
生ヘンプシード（皮なし）	60ml
チアシード	大さじ2
バニラパウダー（ポイント参照）	小さじ1/4
海塩	少々

1. フードプロセッサーにマジョールデーツを入れて回します。ときどき止めて容器の内側をこそげて混ぜ込みながら，なめらかになるまで回します。生アーモンド，生カシューナッツ，生ヘンプシード，チアシード，バニラパウダー，塩を加え，全体がよく混ざるまで回します。
2. ボウルにあけ，12 〜 15等分し，手で丸めてできあがりです。すぐに食べない場合は，密閉容器に移します。冷蔵庫で約1カ月間保存できます。

オーツクラスター

新鮮なフルーツと一杯の紅茶，そして味わうほどにおいしいオーツクラスターで，ゆったりとした午後のひとときを満喫しましょう。

12 〜 15個分

ポイント

小さいアイスクリームディッシャーがない場合は，スプーン2本を使用します。

アーモンドバターの代わりに，同量のピーナッツバターやカシューバターでもつくれます。

- 60ml容量のアイスクリームディッシャー（ポイント参照）
- オーブンシートを敷いたオーブントレイ

アーモンドバター（ポイント参照）	1/2カップ（125ml）
アーモンドミルク（61ページ参照）	1/2カップ（125ml）
ココナッツシュガー（オーガニック）	60ml
ロールドオーツ	2カップ（500ml）
バニラエクストラクト	小さじ1
シナモン（粉）	小さじ1/2
海塩	少々

1. 鍋にアーモンドバター，アーモンドミルク，ココナッツシュガーを入れ，中火でひと煮立ちさせ，火を止めます。ロールドオーツ，バニラエクストラクト，シナモン，塩を加えてよく混ぜ合わせます。ふたをして10分ほど，ロールドオーツが水分を吸収してふっくらするまで置きます。
2. 1の生地を12 〜 15等分し，アイスクリームディッシャーまたはスプーン2本を使ってオーブントレイに落としていきます。冷蔵庫で2時間ほど冷やしかためてできあがりです。すぐに食べない場合は，密閉容器に移します。冷蔵庫で約1カ月間保存できます。

バリエーション

チョコレートオーツクラスター：つくり方1で，チョコレートチップ（乳製品不使用）1/2カップ（125ml）を加え，ココナッツシュガーの量を大さじ1に減らします。

ベリー＆オーツバー

しっとりおいしいベリーのバーは，忙しい朝の味方。コーヒーや紅茶と一緒にさっと食べられる手軽さがうれしいですね。午後のエネルギー補給にも，食後のデザートにもなる万能バーです。

大きめ8個分

ポイント

スティールカットのオーツは鍋底にこびりつきやすいので，木べらなどで底から混ぜるようにします。

オーガニックのバニラパウダーは，大型スーパーや自然食品店で取り扱っています。乾燥したバニラビーンを丸ごと挽いた粉で，バニラの香りづけには最適です。見つからない場合は，小さじ1/2のバニラエクストラクト（オーガニック，アルコールフリー）でも代用できます。

シナモンは高品質のオーガニックのものを選びましょう。シナモンスティックをスパイスミルで挽くと，最高の香りを引き出せます。

• **20cm角の耐熱ガラス製ケーキ型　オーブンシートを敷く**

スティールカットオーツ（ポイント参照）	1カップ（250ml）
アーモンドミルク（61ページ参照）	3カップ（750ml）
ブルーベリー	1カップ（250ml）
いちご　ヘタを取って切る	1/2カップ（125ml）
ココナッツシュガー（オーガニック）	60ml
バニラパウダー（ポイント参照）	小さじ1/2
シナモン（粉，ポイント参照）	小さじ1/2
海塩	少々
クイックロールドオーツ	60ml

1. 鍋にスティールカットオーツ，アーモンドミルク，ブルーベリー，いちご，ココナッツシュガー，バニラ，シナモン，塩を入れ，煮立たせます。煮立ったら火を弱め，鍋底から混ぜながら40分ほど，全体がやわらかくなめらかになるまでとろ火で煮ます。

2. 火を止め，クイックロールドオーツを加えて混ぜます。ケーキ型にあけて均等にならします。冷蔵庫で3時間ほど冷やしかためます。

3. オーブンを200℃に予熱します。よく切れる包丁を使い，**2**に8等分に切り込みを入れます。オーブンに入れて20〜25分，全体に色がつくまで焼きます。

4. オーブンから取り出し，粗熱をとります。オーブンシートを持って引き上げ，型から取り出し，切り込みに沿ってバーを切り分けます。すぐに食べない場合は，密閉容器に移します。冷蔵庫で2週間ほど保存できます。

デーツバー

食物繊維を豊富に含み，健康によい脂肪分も多いデーツをたっぷり使った腹もちのよいバーです。持ち歩きにも便利なので，午後のエネルギー補給にも打ってつけです。

大きめ8個分

ポイント

デーツにはさまざまな種類がありますが，おすすめはマジョールです。価格がやや高いのですが，実が大きくてふっくらしており，風味も一番です。

オーガニックのバニラパウダーは，大型スーパーや自然食品店で取り扱っています。乾燥したバニラビーンを丸ごと挽いた粉で，バニラの香りづけには最適です。見つからない場合は，小さじ1のバニラエクストラクト（オーガニック，アルコールフリー）でも代用できます。

- フードプロセッサー
- 20cm角の耐熱ガラス製ケーキ型　オーブンシートを敷く

生アーモンド	2カップ（500ml）
生ヘンプシード（皮なし）	1/2カップ（125ml）
生くるみ	60ml
海塩	少々
マジョールデーツ　きざむ（ポイント参照）	
	8カップ（2L，約750g）
バニラパウダー（ポイント参照）	小さじ1/2

1. フードプロセッサーに，生アーモンド，生ヘンプシード，生くるみ，塩を入れ，材料が細かくなるまで回します。マジョールデーツとバニラパウダーを加え，ときどき止めて容器の内側をこそげて混ぜ込みながら，全体がなめらかになるまで回します。
2. 1を型にあけ，均等にならします。3時間ほど，冷蔵庫で冷やしかためます。
3. オーブンシートを持って引き上げ，型から取り出し，よく切れる包丁で8等分に切り分けます。すぐに食べない場合は，密閉容器に移します。冷蔵庫で約1カ月間保存できます。

パワーバー　バニラチャイ味

パワーバー（エナジーバー）はスポーツやハイキングなどに携行できて，必要なエネルギーをチャージしてくれる栄養豊富な優れものです。忙しい朝にアーモンドミルク（61ページ参照）と合わせれば，短時間でパーフェクトな朝食メニューができあがります。

大きめ8個分

ポイント

キヌアパフや雑穀パフは，大型スーパーや自然食品店で取り扱っています。

レシピは簡単に2～4倍にできますが，使用するケーキ型を調整してください。バーは冷凍すれば約2カ月間保存できます。

• **20cm角の耐熱ガラス製ケーキ型　オーブンシートを敷く**

キヌアパフ（ポイント参照）	3カップ（750ml）
雑穀パフ	1カップ（250ml）
チアシード	大さじ2
生ヘンプシード（皮なし）	大さじ1
玄米シロップ	1カップ（250ml）
アガベシロップ	60ml
シナモン（粉）	小さじ1/2
カルダモン（粉）	小さじ1/4
ジンジャーパウダー	小さじ1/4
オールスパイス（粉）	小さじ1/4
バニラパウダー（前ページのポイント参照）	小さじ1/4
クローブ（粉）	小さじ1/8

1. 大きめのボウルにキヌアパフ，雑穀パフ，チアシード，生ヘンプシードを入れ，ざっと混ぜます。玄米シロップとアガベシロップを加えてよく混ぜ，シナモン，カルダモン，ジンジャーパウダー，オールスパイス，バニラパウダー，クローブも加えて混ぜます。
2. 1を型にあけ，均等にならし，ラップをかけて冷蔵庫で3時間冷やしかためます。
3. オーブンシートを持って引き上げ，型から取り出し，よく切れる包丁で8等分に切り分けます。すぐに食べない場合は，密閉容器に移します。冷蔵庫で約1カ月間保存できます。

バリエーション

パワーバー　チョコミント味：シナモン，カルダモン，ジンジャーパウダー，オールスパイス，クローブを使用しません。チョコレートチップ（乳製品不使用）1/2カップ（125ml）と，オーガニックのペパーミントエクストラクト小さじ1を加えます。

パワーバー　レモンブルーベリー味：シナモン，カルダモン，ジンジャーパウダー，オールスパイス，クローブを使用しません。レモンの皮のすりおろし小さじ2，レモン果汁大さじ1，無添加のドライブルーベリー大さじ3を加えます。

トロピカル・ココナッツバー

果汁たっぷりの新鮮なマンゴーとココナッツという極上の組み合わせで南国気分を味わいましょう。しっとり甘いバーなので，デザートにもぴったりです。たっぷりのホワイトチョコレートミルク（69ページ参照）と一緒にどうぞ。

大きめ8個分

ポイント

ココナッツバターはココナッツオイルとココナッツ果肉を混ぜ合わせたもので，自然食品店のココナッツオイルの隣によく並んでいます。

ココナッツシュレッドは，保存料や糖類が無添加のミディアムサイズのものを選びましょう。栄養価に優れているだけでなく，ミディアムサイズのシュレッドにはバーをしっかりかためてくれるという利点があります。

- フードプロセッサー
- オーブンシートを敷いたオーブントレイ

アガベシロップ	1/2カップ（125ml）
生フラックスシード（粉）	1/2カップ（125ml）
ココナッツバター（ポイント参照）	1カップ（250ml）
マンゴー　ざく切り	2カップ（500ml）
ココナッツシュレッド（ミディアム，無糖，ポイント参照）	
	2カップ（500ml）

1. フードプロセッサーに，アガベシロップ，生フラックスシード，ココナッツバターを入れて回します。ときどき止めて，容器の内側をこそげて混ぜ込みながら，全体がなめらかになるまで回します。
2. マンゴーとココナッツシュレッドを加え，全体がまとまるまで回します。
3. 2をオーブントレイにあけ，5cm位の厚さに均等にならします。ラップをかけて，冷凍庫に入れ，中までかたまる（凍らなくてOK）程度に10〜20分ほど冷やします。
4. よく切れる包丁で8等分に切り分けます。すぐに食べない場合は，密閉容器に移します。冷蔵庫で約1カ月間保存できます。

キーライムパイバー

キーライム（メキシカンライム）とココナッツを使ったトロピカルな風味のバーです。軽食やおやつとして，どんなときも気軽に楽しめます。もしキーライムパイ好きなら，このしっとりしたバーもきっとすぐに大ファンになるはずです。

大きめ8個分

ポイント

オーガニックのバニラパウダーは，大型スーパーや自然食品店で取り扱っています。乾燥したバニラビーンを丸ごと挽いた粉で，バニラの香りづけには最適です。見つからない場合は，小さじ1/2のバニラエクストラクト（オーガニック，アルコールフリー）でも代用できます。

- フードプロセッサー
- **20cm角の耐熱ガラス製ケーキ型　オーブンシートを敷く**

ココナッツバター（前ページのポイント参照）	1/2カップ（125ml）
キーライム果汁	1/2カップ（125ml）
アガベシロップ	60ml
液状ココナッツオイル	大さじ3
バニラパウダー（ポイント参照）	小さじ1/4
ココナッツシュレッド（ミディアム，無糖，前ページのポイント参照）	4カップ（1L）

1. フードプロセッサーに，ココナッツバター，キーライム果汁，アガベシロップ，ココナッツオイル，バニラを入れて回します。ココナッツシュレッドを加えて，パルス機能で全体を混ぜ合わせます。

2. 1を型にあけ，均等にならします。ラップをかけて，冷蔵庫で3時間ほど冷やしかためます。

3. オーブンシートを持って引き上げ，型から取り出し，よく切れる包丁で8等分に切り分けます。すぐに食べない場合は，密閉容器に移します。冷蔵庫で2週間ほど保存できます。

チョコレートチップバー

ヴィーガン用のチョコレートチップを使った，甘いお菓子のようなバーです。栄養もしっかりとれます。

大きめ8個分

ポイント

キヌアパフや雑穀パフは大型スーパーや自然食品店で取り扱っています。

レシピは簡単に2，3，4倍にできますが，使用するケーキ型を調整してください。バーは，冷凍すれば約2カ月間保存できます。

• **20cm角の耐熱ガラス製ケーキ型　オーブンシートを敷く**

キヌアパフ（ポイント参照）	8カップ（2L）
玄米シロップ	1カップ（250ml）
チョコレートチップ（乳製品不使用）	1カップ（250ml）
生ヘンプシード（皮なし）	大さじ6
チアシード	大さじ2
バニラパウダー（次ページのポイント参照）	小さじ1/4

1. 大きめのボウルに全材料を入れ，よく混ぜます。
2. 1を型にあけ，均等にならします。ラップをかけて，冷蔵庫で3時間ほど冷やしかためます。
3. オーブンシートを持って引き上げ，型から取り出し，よく切れる包丁で8等分に切り分けます。すぐに食べない場合は，密閉容器に移します。冷蔵庫で約1カ月間保存できます。

ピーナッツバターとヘンプのパワーバー

スポーツのあとにぜひ補給したいタンパク質が豊富に含まれたバーです。アボカドとほうれん草のスムージー（51ページ参照）と合わせれば，それだけで1食に必要な栄養素がすべてとれます。

大きめ8個分

ポイント

雑穀とオーツに使う水の量が多く感じるかもしれませんが，バーをかためるつなぎとして作用するため，必要になります。

厳格なグルテンフリー食を実行している方は，オーツを選ぶときには注意しましょう。すべてのオーツがグルテンフリーとは限りません。小麦と同じ工場である場合，グルテンが混入している場合もあります。加工工場についての表示を確認し，疑問があれば製造元に問い合わせましょう。

オーガニックのバニラパウダーは，大型スーパーや自然食品店で取り扱っています。乾燥したバニラビーンを丸ごと挽いた粉で，バニラの香りづけには最適です。見つからない場合は，小さじ1/2のバニラエクストラクト（オーガニック，アルコールフリー）でも代用できます。

ココナッツオイルがかたまっているときはフライパンに入れ，弱火にかけて溶かします。

- フードプロセッサー
- 20cm角の耐熱ガラス製ケーキ型　オーブンシートを敷く

水（ポイント参照）	8カップ（2L）
雑穀（ヒエ，アワ，キビ）　洗って水を切る	1/2カップ（125ml）
スティールカットオーツ（ポイント参照）	1/2カップ（125ml）
海塩　分けて使用	小さじ1/2
ピーナッツバター（粒なし）	2カップ（500ml）
アガベシロップ	1/2カップ（125ml）
生ヘンプシード（皮なし）	1/2カップ（125ml）
生ひまわりの種	大さじ3
バニラパウダー（ポイント参照）	小さじ1/4
液状ココナッツオイル（ポイント参照）	1/2カップ（125ml）

1. 鍋に水，雑穀，スティールカットオーツ，塩小さじ1/4を入れ，強火にかけます。煮立ったら火を弱め，雑穀がとてもやわらかく，水分がほぼ吸収されてなくなるまで25分ほど煮ます。火を止め，ふたをして10分ほど置き，水分を完全に吸収させてふっくら蒸らします。

2. 大きめのボウルにピーナッツバター，アガベシロップ，生ヘンプシード，生ひまわりの種，塩小さじ1/4，バニラパウダーを入れて混ぜ合わせ，ココナッツオイルも加えてしっかり混ぜます。

3. フードプロセッサーに，1の穀類と2のピーナッツバターミックス1カップ（250ml）を入れ，回します。ときどき止めて，容器の内側をこそげて混ぜ込みながら，全体がなめらかになるまで回します。2の残りを加え，パルス機能で全体を混ぜ合わせます。

4. 型にあけ，均等にならします。ラップをかけて，冷蔵庫で3時間ほど冷やしかためます。

5. オーブンシートを持って引き上げ，型から取り出し，よく切れる包丁で8等分に切り分けます。すぐに食べない場合は，密閉容器に移します。冷蔵庫で約1カ月間保存できます。

フラッファーナッター・バー

フラッファーナッターは，ピーナッツバターとマシュマロクリームをはさんだサンドイッチです。そのフラッファーナッターをバーにしてみました。ココナッツホイップクリーム（下巻参照）をたっぷり添えて，ディップしながらいただけば，至福のスイーツに早変わり！

大きめ8個分

ポイント

カカオバターはフライパンに入れ，弱火にかけて溶かします。

このレシピでは，ミキサーとフードプロセッサーの両方を使います。カシューナッツをミキサーでしっかり挽くことがポイントです。

オーガニックのバニラパウダーは，大型スーパーや自然食品店で取り扱っています。乾燥したバニラビーンを丸ごと挽いた粉で，バニラの香りづけには最適です。見つからない場合は，小さじ1/2のバニラエクストラクト（オーガニック，アルコールフリー）でも代用できます。

カシューバターの代わりに同量のアーモンド，ピーナッツ，くるみ，マカデミアなどのナッツバターでもおいしくつくれます。

- ミキサー
- フードプロセッサー
- 20cm角の耐熱ガラス製ケーキ型　オーブンシートを敷く

液状カカオバター（ポイント参照）	1/2カップ（125ml）
生カシューナッツ（ポイント参照）	1/2カップ（125ml）
アガベシロップ	60ml
バニラパウダー（ポイント参照）	小さじ1/4
生アーモンド（ホール）	2カップ（500ml）
カシューバター（ポイント参照）	1カップ（250ml）
玄米シロップ	1/2カップ（125ml）
チョコレートチップ（乳製品不使用）	1/2カップ（125ml）

1. ミキサーにカカオバター，生カシューナッツ，アガベシロップ，バニラパウダーを入れて高速で回します。ときどき止めて，容器の内側をこそげて混ぜ込みながら，全体がなめらかになるまで回します。

2. フードプロセッサーに生アーモンドを入れ，粉状になるまで回します（回しすぎてペースト状にならないように注意してください）。カシューバターと玄米シロップを加えて，パルス操作で8〜10回ほど細切れに回し，全体を混ぜます。1を加えて，全体が混ざる程度に回し，大きめのボウルに移します。チョコレートチップを折り込むように混ぜ入れます。

3. 型にあけ，均等にならします。ラップをかけて，冷蔵庫で3時間ほど冷やしかためます。

4. オーブンシートを持って引き上げ，型から取り出し，よく切れる包丁で8等分に切り分けます。すぐに食べない場合は，密閉容器に移します。冷蔵庫で約1カ月間保存できます。

クリスピーライススクエア

従来のライスクリスピーよりも栄養価が高くなっています。誰が食べても「おいしい！」と言葉が出てしまうほどおいしくて，あっという間になくなってしまうこと間違いなしです。みんなが集まる機会には前もってつくりおきし，冷凍しておくと便利です。

大きめ8個分

ポイント

ココナッツオイルがかたまっているときはフライパンに入れ，弱火にかけて溶かします。

アガベシロップがない場合は，メープルシロップ180mlで代用します。その場合は，ココナッツバターを60mlに増やしてください。

- ミキサー
- 20cm角の耐熱ガラス製ケーキ型　オーブンシートを敷く

液状ココナッツオイル（ポイント参照）	1カップ（250ml）
アガベシロップ（ポイント参照）	180ml
ココナッツバター	大さじ3
バニラパウダー（前ページのポイント参照）	小さじ1/2
またはバニラエクストラクト	小さじ1
玄米パフ	8カップ（2L）

1. ミキサーにココナッツオイル，アガベシロップ，ココナッツバター，バニラパウダーを入れ，なめらかなクリーム状になるまで高速で回します。
2. 大きめのボウルに玄米パフと1を入れて混ぜ合わせます。
3. 型にあけ，均等にならします。ラップをかけて，冷蔵庫で3時間ほど冷やしかためます。
4. オーブンシートを持って引き上げ，型から取り出し，よく切れる包丁で8等分に切り分けます。すぐに食べない場合は，密閉容器に移します。冷蔵庫で約1カ月間，冷凍では約2カ月間保存できます。

バリエーション

チョコレートクリスピーライススクエア：つくり方1で，カカオパウダー60mlをミキサーに加えます。つくり方2では，チョコレートチップ（乳製品不使用）1/2カップ（125ml）を加えます。

チージーケサディア

カリッとしたトルティーヤと，とろーりとしたチーズのような食感のハーモニーが楽しめます。新鮮なトマトのサルサやワカモレ，ヴィーガンサワークリーム（284ページ参照）を添えて，万能ねぎをトッピングすれば完璧です。

2枚（4人）分

ポイント

小さいサイズのトルティーヤ（15cm）を使う場合は，具の量を調節してください。

市販のトルティーヤは乾燥しやすいので，使用するまでは密閉容器で保存しましょう。

ヴィーガンモッツァレラがない場合は，市販の植物性チーズで代用できます。

ケサディアはオーブンで焼くこともできます。オーブンシートを敷いたオーブントレイにのせて，200℃に予熱したオーブンで8〜10分，こんがりと焼いてください。

• ミキサー

水	1カップ（250ml）
ニュートリショナルイースト	1カップ（250ml）
生カシューナッツ	1/2カップ（125ml）
タヒーニ（練りごまで代用可）	60ml
レモン果汁	大さじ3
ディジョンマスタード	大さじ1
海塩	小さじ1
グルテンフリートルティーヤ（オーガニック，25cm大，ポイント参照）	2枚
ヴィーガンモッツァレラ（282ページとポイント参照）	1カップ
グレープシードオイル	大さじ3

1. ミキサーに，水，ニュートリショナルイースト，生カシューナッツ，タヒーニ，レモン果汁，ディジョンマスタード，塩を入れ，高速で回します。ときどき止めて，容器の内側をこそげて混ぜ込みながら，全体がなめらかなクリーム状になるまで回します。

2. トルティーヤを置いて，1の半量を，周りを1cmくらいあけてトルティーヤの半分に広げます。その上に，ヴィーガンモッツァレラの半量を均等にのせ，トルティーヤを半分に折ります。もう1枚も同様につくります。

3. 大きめのフライパンでグレープシードオイルを中火で熱します。2のトルティーヤを入れて，片面3〜4分ほど，こんがりと焼きます（ポイント参照）。半分に切って，温かいうちにいただきます。

タイ風豆腐のレタスサンド

パンの代わりにロメインレタスで，甘辛い豆腐の具をはさみました。さっとつくれる，体にうれしいランチです。忙しいときこそ，新鮮な野菜をしっかりとりたいですね。

4個分

ポイント

少量の野菜を千切りにする場合は，箱型のおろし器やスライサーが便利です。大量の野菜を切る場合は，千切りアタッチメントをつけたフードプロセッサーを使うと効率的です。

香菜（パクチー）の茎の下の部分はかたいので，取り除きます。上のほうはやわらかいので，葉と一緒にきざんで使います。

木綿豆腐　水切りして細切り	1カップ（250ml）
にんじん　千切り（ポイント参照）	1/2カップ（125ml）
香菜（パクチー）　きざむ（ポイント参照）	1/2カップ（125ml）
たまりしょうゆ	大さじ3
ライム果汁	大さじ2
液状ココナッツオイル	大さじ1
焙煎ごま油	小さじ1
ココナッツシュガー（オーガニック）	小さじ1
カイエンペッパー	少々
ロメインレタス　大きめの葉	8枚
生アーモンド　きざむ	60ml

1. ボウルに木綿豆腐，にんじん，香菜，しょうゆ，ライム果汁，ココナッツオイル，ごま油，ココナッツシュガー，カイエンペッパーを入れよく混ぜ合わせます。

2. 台にロメインレタスを4枚並べ，1の具材を均等に分けてのせます。きざんだ生アーモンドを大さじ1ずつふりかけ，残りのレタスの葉をのせてできあがりです。

バリエーション

レタスの代わりにキャベツの葉を使う場合は，サンドにせずに，きつめにくるくると巻きます。

ハーブロスティ

じゃがいもをこんがり焼いたサイドディッシュです。ラタトゥイユ，ブラックビーンとさつまいもの
チリ，テンペとローストパプリカのスロッピージョー（いずれも下巻参照）などの副菜としてどうぞ。

<table>
<tr><td rowspan="12">

4人分

ポイント

ロスティに向いているじゃがい
もは，男爵などのデンプンが多
めの種です。

ハーブは叩いたりして傷をつけ
ると茶色に変色するので，よく
切れる包丁できざみます。

</td></tr>
</table>

- オーブンを200℃に予熱
- 20cm角の耐熱ガラス製ケーキ型　油（分量外）を塗る

グレープシードオイル	大さじ2
玉ねぎ　粗みじん切り	1/2カップ（125ml）
海塩	小さじ1
にんにく　みじん切り	3〜4かけ
じゃがいも　千切り（ポイント参照）	8カップ（2L）
チャイブ　きざむ	60ml
ニュートリショナルイースト	60ml
タイムの葉　きざむ（ポイント参照）	大さじ2
ローズマリー　きざむ	小さじ1

1. フライパンでグレープシードオイルを中火で熱します。玉ねぎと塩
   を入れ，透き通るまで6分ほど炒めます。にんにくを加え，香りが
   立つまで2分ほど炒めます。

2. じゃがいもを加えて炒めます。じゃがいもがやわらかくなるまで6
   〜8分炒め，チャイブ，ニュートリショナルイースト，タイム，ロー
   ズマリーを混ぜ入れます。火からおろし，型にあけ，均等にならし
   ます。

3. オーブンに入れ，45分ほど，ふちがやや焦げるまで焼きます。温
   かいうちにいただきます。すぐに食べない場合は，密閉容器に移し
   ます。冷蔵庫で1週間ほど保存できます。温め直し：オーブンシー
   トを敷いたオーブントレイにあけ，180℃に予熱したオーブンで
   12分ほど温めます。

カリフラワーのグラタン

持ち寄りパーティーやディナーパーティーに華を添えてくれる，おすすめのクリームのようなコクのあるグラタンです。ポーチド豆腐と野菜のチージーヘンプソース和え（下巻参照），きのことほうれん草のラザニア（268ページ参照），モロッコ風ひよこ豆の煮込み（201ページ参照）のつけ合わせにもぴったりです。

4〜6人分

ポイント

つくり方4で，ニュートリショナルイースト大さじ大さじ2に，パン粉（ブレッドクラム）1/2カップ（125ml）を混ぜたものを，最後にふりかけて焼くと，しあがりにサクサク感が出ます。

- オーブンを200℃に予熱
- フードプロセッサー
- 20cm角の耐熱ガラス製ケーキ型　油（分量外）を塗る

カリフラワー　芯を取ってみじん切り	8カップ（2L）
ニュートリショナルイースト　分けて使用	1/2カップ（125ml）
生カシューナッツ	60ml
グレープシードオイル	大さじ1
玉ねぎ　粗みじん切り	1/2カップ（125ml）
海塩	小さじ1/2
にんにく　みじん切り	3〜4かけ
タイムの葉　きざむ	小さじ2

1. カリフラワーと水（分量外）を鍋に入れ，強火にかけます。ひと煮立ちしたら弱火にし，5分ほど煮てやわらかくします。ざるに上げて水を切り，半分の量をフードプロセッサーに入れます。

2. ニュートリショナルイースト90mlと生カシューナッツをフードプロセッサーに加え，生カシューナッツがほぼ砕けるまで回します。なめらかになる前に止めます。

3. フライパンでグレープシードオイルを中火で熱します。玉ねぎと1の残りのカリフラワー，塩を入れ，玉ねぎが透き通り，カリフラワーに焼き色がつくまで12〜15分ほど炒めます。にんにくを加え，香りが立つまで2分ほど炒め，火からおろします。タイムを加えて混ぜ，火を止めます。

4. 大きなボウルに，2と3をあけて混ぜ合わせます。ケーキ型に入れて均等にならし，ニュートリショナルイースト大さじ2を表面にふりかけます（ポイント参照）。

5. 予熱したオーブンに入れて40分ほど，表面に焼き色がつくまで焼きます。温かいうちにいただきます。すぐに食べない場合は，完全に冷ましてから密閉容器に移します。冷蔵庫で1週間ほど保存できます。温め直し：オーブンシートを敷いたオーブントレイにあけて，180℃に予熱したオーブンで12分程度温めます。

さつまいものスパイスベイク

エキゾチックなブレンドのスパイスと薄切りにしたさつまいもの甘さが絶妙に合います。アフリカ風スパイステンペのチリ（下巻参照），モロッコ風ひよこ豆の煮込み（201ページ参照），アメリカ南部風スパイシーコラードグリーン（173ページ参照）のつけ合わせにもぴったりです。

4～6人分

ポイント

さつまいもを均等な厚さに切ると，焼き加減にムラが出ません。スライサーなどを利用すると簡単です。

スパイスは高品質のオーガニックのものを選びましょう。シナモンやコリアンダーはホールで買って，使用前にスパイスミルで挽くと，香りを存分に引き出せます。

- **オーブンを200℃に予熱**
- **28×18cm角の耐熱ガラス製ケーキ型　油（分量外）を塗る**

グレープシードオイル	大さじ2
海塩	小さじ1/2
クミン（粉）	小さじ1/2
フェンネルシード	小さじ1/2
チリパウダー	小さじ1/4
シナモン（粉）	小さじ1/4
コリアンダー（粉）	少々
さつまいも　薄切り（ポイント参照）　8カップ（2L，およそ4個）	
玉ねぎ　薄切り	1/2カップ（125ml）

1. 大きめのボウルにグレープシードオイル，塩，クミン，フェンネルシード，チリパウダー，シナモン，コリアンダーを入れて混ぜます。さつまいもと玉ねぎを加えて，スパイスが全体になじむように混ぜ合わせます。

2. 型にあけ，均等にならし，アルミホイルをしっかりかけます。

3. オーブンに入れ，45分間焼きます。全体に火が通り，さつまいもがやわらかく，やや焼き色がついているのを確認したらアルミホイルを外し，さらに10分ほど焼いて表面をこんがり焼きます。温かいうちにいただきます。すぐに食べない場合は，密閉容器に移します。冷蔵庫で約10日間保存できます。

オーブンで簡単ラタトゥイユ

パスタ・アーリオ・オーリオ（243ページ参照）によく合う，手軽なイタリア料理はいかがでしょうか。つくりおきもできるので，忙しいときや急な来客があったときにもさっと取り出せて，さまざまな用途で活躍する便利な副菜です。

4〜6人分

ポイント

にんにくの量は1かけの大きさで調整します。大きめなら10かけ，小さめなら12かけとなります。

水煮缶のトマトの代わりに，生のトマトを使うこともできます。その場合はきざんだトマト4カップ（1L）を使用し，オーブンでの調理時間を1時間にのばします。

• オーブンを200℃に予熱

グレープシードオイル	大さじ3
赤玉ねぎ　2〜3cm角に切る	1カップ（250ml）
海塩	小さじ1
赤パプリカ　2〜3cm角に切る	2カップ（500ml）
ズッキーニ　2〜3cm角に切る	2カップ（500ml）
なす　2〜3cm角に切る	2カップ（500ml）
にんにく　みじん切り（ポイント参照）	10〜12かけ
トマトペースト	150ml
トマト水煮缶（ダイスカット，汁も使用，ポイント参照）	
	2缶（800ml）
タイムの葉　きざむ	大さじ2
カイエンペッパー	少々

1. オーブン使用可の大鍋を中火にかけ，グレープシードオイルを熱します。赤玉ねぎと塩を入れて10〜12分，炒めます。赤パプリカ，ズッキーニ，なすを加えて8〜10分，しんなりするまで炒めます。

2. にんにくとトマトペーストを加えて，にんにくの香りが立つまで3〜4分炒めます。トマト，タイム，カイエンペッパーを加えてよく混ぜます。

3. 鍋にふたをしてオーブンに入れ，45分加熱すればできあがり。温かいうちにいただきます。すぐに食べない場合は，冷ましてから密閉容器に移します。冷蔵庫で1週間ほど保存できます。再加熱するときは鍋に入れ，中火にかけて温めます。

バリエーション

レンズ豆入りオーブンラタトゥイユ：野菜を炒めたあとに，赤レンズ豆（半割れ）2カップ（500ml）と水4カップ（1L）を加えます。

山盛りナチョ

山盛りのナチョはみんなの大好物で，ついつい手がのびて止まりません。テレビでスポーツ観戦するときや，気軽なホームパーティーには欠かせないおつまみです。もちろん，メキシコ料理のディナーでは定番の前菜です。

4人分

ポイント

トルティーヤなど，とうもろこし製品を買うときは，遺伝子組み換え作物を避けるためにも，オーガニックにこだわって選びましょう。

ヴィーガンモッツァレラがない場合は，市販のヴィーガンチーズを使用できます。またはまったく使用しなくても大丈夫です。

このレシピにはカラマタオリーブを使いますが，好みのオリーブで代用してもOKです。

- **オーブンを200℃に予熱**
- **オーブンシートを敷いたオーブントレイ　2セット**
- **耐熱（オーブン可）の大皿**

コーントルティーヤ（15cm）　三角形に切る（ポイント参照）	
	10～12枚
グレープシードオイル	大さじ3
海塩	小さじ1/2
ヴィーガンモッツァレラ（282ページとポイント参照）	
	1カップ（250ml）
ロメインレタス　千切り	1カップ（250ml）
トマト　さいの目切り	1カップ（250ml）
万能ねぎ　小口切り	60ml
カラマタオリーブ　薄切り（ポイント参照）	60ml
ヴィーガンサワークリーム（284ページ参照）	60ml
クラシック・ガーリックトマトソース（110ページ参照）	60ml

1. ボウルに切ったトルティーヤとグレープシードオイルを入れ，よくからめます。オーブントレイに重ならないように並べ，オーブンの上と下のラックに入れて焼きます。7～8分で上下を入れ替え，さらに7～8分，こんがりと焼き，オーブンから取り出しておきます（オーブンのスイッチは入れたままにしておきます）。

2. 耐熱の大皿にトルティーヤの1/4の量を広げ，ヴィーガンモッツァレラ，レタス，トマトそれぞれ1/4量を広げ，材料がすべてなくなるまで交互に繰り返します。

3. 万能ねぎとオリーブを散らし，ヴィーガンサワークリームとガーリックトマトソースを落とします。オーブンに入れ，ヴィーガンモッツァレラがとろりと溶けるまで10分ほど加熱し，温かいうちにいただきます。

アメリカ南部風スパイシーコラードグリーン

スロークッカーでじっくり煮込んだコラードグリーンです。グリルした豆腐やテンペにご飯といったシンプルなメニューに加えたい，スパイシーなサイドディッシュです。

副菜として4食分

ポイント

コラードグリーンには，真ん中に長い茎が通っています。上部はそのまま残し，下のほうは太くかたいので，取り除きます。まな板にコラードの葉を置き，包丁でかたい茎の部分を切り離します。

りんご酢は昔から民間療法にも使われていて，特に消化によいとされています。加熱殺菌されていないもの（ロー）を選ぶようにしましょう。

つくり方1では，にんにくを焦がさないように注意してください。にんにくはきつね色になるまで焼いたほうが風味がよくなりますが，焦げやすいので目を離さず，焼き色がついてきたらすぐに玉ねぎを加えます。

● スロークッカー（容量3.8L）

グレープシードオイル	60ml
ハラペーニョペッパー　1cmに切る	1/2カップ（125ml）
にんにく　1cmに切る	1/2カップ（125ml）
玉ねぎ　みじん切り	1カップ（250ml）
フェンネルシード	大さじ2
海塩	小さじ1/2
コラードグリーン　茎を取って一口大に切る（ポイント参照）	
	16カップ（4L）
水	1/2カップ（125ml）
りんご酢（ポイント参照）	60ml

1. 大きめのフライパンでグレープシードオイルを中火で熱します。ハラペーニョとにんにくを入れてよくかき混ぜ，きつね色になるまで6～8分炒めます（ポイント参照）。玉ねぎ，フェンネルシード，塩を加え，玉ねぎが黄金色になるまで4～6分炒めます。スロークッカーの内鍋に移します。

2. コラードグリーン，水，りんご酢を加えます。ふたをして低温で6時間，または高温で3時間調理します。温かいうちにいただきます。すぐに食べない場合は，密閉容器に移します。冷蔵庫で約5日間保存できます。温め直し：鍋に移し，水60mlを足します。煮立たせないようにかき混ぜながら，5分ほど加熱します。

丸ごとビーツのスパイス煮

ビーツを丸ごと，スロークッカーでじっくり煮込みます。スパイスの香りも豊かで，どんなメインにも合う副菜です。

4個分

ポイント

ビーツの上下を切るには果物ナイフを使います。上部5mm，下部3mm程度を切り，鍋に入れたときに安定するようにします。

りんご酢にはデトックス効果があるとされています。

スロークッカーで調理中は，ふたを開けないようにします。一度開けると温度が下がり，調理時間を20〜30分延長しなければならなくなります。

• スロークッカー（容量3.8L）

ビーツ　上下を切る（ポイント参照）	中4個
水	60ml
レモン果汁	大さじ2
りんご酢（ポイント参照）	大さじ1
海塩	小さじ1/2
フェンネルシード	小さじ1
シナモンスティック　7.5cm程度	1本
スターアニス（ホール）	2粒
にんにく	1かけ

1. スロークッカーの内鍋に全材料を入れ，ふたをして，低温で8時間調理します。
2. 穴あきおたまを使ってビーツを取り出します。煮汁は使いません。果物ナイフでビーツの皮をむいて盛りつけます。すぐに食べない場合は，密閉容器に移します。冷蔵庫で1週間ほど保存できます。

フェンネルと玉ねぎ，レンズ豆の煮込み

アニスと似た香りをもつフェンネルをあめ色になるまで炒めたあと，丸ごとの玉ねぎとタンパク質の豊富なレンズ豆を一緒にスロークッカーでじっくり煮込みます。副菜としてはもちろん，グリーンサラダをつけ合わせればメインディッシュにもなります。

4人分

ポイント

フェンネルは，平らな面が大きくなるように，縦方向に半分に切ります。

玉ねぎを丸ごと調理すると，やわらかくジューシーにしあがります。

にんにくの量は1かけの大きさで調整します。大きめなら3かけ，小さめなら4かけとなります。

野菜だしがない場合は，水1カップ（250ml）にたまりしょうゆ大さじ1を足したものを使ってください。

- スロークッカー（容量3.8L）

グレープシードオイル　分けて使用	60ml
フェンネル　半分に切る（ポイント参照）	中1株
玉ねぎ（ポイント参照）	中2個
海塩	小さじ1
レンズ豆（赤，乾）　洗って水を切る	1カップ（250ml）
にんにく（ポイント参照）	3〜4かけ
野菜だし（286ページとポイント参照）	1カップ（250ml）
ココナッツシュガー（オーガニック）	大さじ1
タイムの葉　きざむ	小さじ1

1. フライパンでグレープシードオイル大さじ2を中〜強火で熱します。フェンネルを入れ，焼き色がつくまで5〜6分，裏返してもう片面も3〜4分焼きます。スロークッカーの内鍋に移します。

2. 同じフライパンでグレープシードオイル大さじ2を熱し，玉ねぎを入れて4〜5分，焼き色がつくまで転がしながら焼きます。スロークッカーの内鍋に移します。

3. 塩，レンズ豆，にんにく，野菜だし，ココナッツシュガーを加えます。ふたをして低温で8時間，または高温で4時間調理します。タイムを加えて，さらに20分調理します。

4. 玉ねぎは4つのくし切りにし，フェンネルは半分に切って，4人分に均等に盛りつけます。レンズ豆を上からかけてできあがり。温かいうちにいただきます。すぐに食べない場合は，冷ましてから密閉容器に移します。冷蔵庫で1週間ほど保存できます。

キャベツのビール煮

香りのいいキャベツの副菜です。ブロッコリー，パプリカ，きのことほうれん草のキッシュ，ポーチド豆腐と野菜のチージーヘンプソース和え，きのこのコルカノン（いずれも下巻参照）などによく合います。

副菜として6〜8食分

ポイント

キャベツは緑と紫，どちらでも使用できます。

グルテンフリーのビールは，大型酒店やオンラインストアで取り扱っています。

にんにくの量は1かけの大きさで調整します。大きめなら6かけ，小さめなら8かけとなります。

スロークッカーで調理中は，ふたを開けないようにします。一度開けると温度が下がり，調理時間を20〜30分延長しなければならなくなります。

• スロークッカー（容量3.8L）

キャベツ　千切り（ポイント参照）	16カップ（4L）
玉ねぎ　薄切り	1カップ（250ml）
水	1/2カップ（125ml）
ココナッツシュガー（オーガニック）	60ml
りんご酢	大さじ3
海塩	小さじ2
グルテンフリービール（ポイント参照）	1本（330ml）
にんにく（ポイント参照）	3〜4かけ
イタリアンパセリ　きざむ	1/2カップ（125ml）

1. スロークッカーの内鍋にキャベツ，玉ねぎ，水，ココナッツシュガー，りんご酢，塩，グルテンフリービール，にんにくを入れます。ふたをして，高温で8時間調理します。

2. イタリアンパセリを加えて混ぜ，温かいうちにいただきます。すぐに食べない場合は，密閉容器に移します。冷蔵庫で約10日間保存できます。

野菜のロースト

シンプルな野菜のローストは，合わせるメインを選びません。ご飯にエクストラバージンオリーブオイル，ヘンプシード，ニュートリショナルイースト，塩少々をふりかけたものと一緒に食べるのが，実は私の一番落ち着く定番料理です。

副菜として4人分

ポイント

マッシュルームの代わりに，同量のしいたけやブラウンマッシュルーム，ひらたけなどでもつくれます。

野菜はやや高めの温度で短時間ローストして焼き色を出す方法をとっていますが，180℃で35〜40分または野菜がやわらかくなるまで焼く方法もあります。

- オーブンを220℃に予熱
- オーブンシートを敷いたオーブントレイ

マッシュルーム（ポイント参照）	1カップ（250ml）
赤パプリカ　5cm角に切る	1個
さつまいも　皮つきで一口大に切る	1個
ズッキーニ　5cm角に切る	1個
グレープシードオイル	60ml
タイムの葉　きざむ	大さじ1
海塩	小さじ1/2
黒こしょう　ミルで挽く	小さじ1/4

1. 大きめのボウルに全材料を入れ，混ぜ合わせます。
2. オーブントレイに均等に広げ，オーブンで20〜25分焼きます。野菜がやわらかくなり，焼き色がついたら取り出します（ポイント参照）。
3. 温かいうちにいただきます。すぐに食べない場合は，冷ましてから密閉容器に移します。冷蔵庫で1週間ほど保存できます。温め直し：オーブンシートを敷いたオーブントレイに広げ，180℃に予熱したオーブンで10分ほど温めます。

バリエーション

野菜のロースト，カレー風味：つくり方1で，タイムを使わずに，カレーパウダー小さじ2，クミン（粉）小さじ1/2，コリアンダー（粉）小さじ1/4を加えます。ドライカレーそば（273ページ参照）や，ココナッツグリーンカレー・パスタ（274ページ参照）などによく合います。

クリーミーマッシュポテト

器にたっぷりと盛ったマッシュポテトは，何にも勝る家庭料理です。家族が集まるホリデーシーズンには，熱々の感謝祭のグレービーソース（285ページ参照）を添えます。

（285ページ参照）

副菜として4人分

ポイント

じゃがいもの総量はおよそ1.5kgです。

じゃがいもは種類によって，デンプンの含有量に違いがあります。マッシュポテトに適しているのはデンプン量の多い種で，日本では男爵などがあります。

ココナッツミルクを加える前に，玉ねぎとにんにくで味つけすることもできます。フライパンでグレープシードオイル大さじ1を中火で熱します。みじん切りにした玉ねぎ1/2カップ（125ml）とにんにく6かけを，軽く焼き色がつくまでソテーします。ココナッツミルクを加え，ひと煮立ちさせたあと，とろ火で10分ほど煮詰めます。

じゃがいも　皮はむかずに4つに切る（ポイント参照）	
	8カップ（2L）
ココナッツミルク（全脂，ポイント参照）	1缶（400ml）
好みの植物性ミルク	つくり方2参照
海塩	小さじ2

1. 大鍋にじゃがいもと水（分量外）を入れ，強火にかけます。ひと煮立ちしたら弱火にし，25分ゆで，ざるに上げて水を切り，皮をむいてからボウルに移します。

2. ココナッツミルクと塩を加え，マッシャーでじゃがいもをつぶしながら混ぜます。さらになめらかにしたい場合は，植物性ミルクを60mlずつ加えながら，好みのしあがりになるまで混ぜます。温かいうちにいただきます。すぐに食べない場合は，冷ましてから密閉容器に移します。冷蔵庫で約5日間保存できます。

バリエーション

ハーブのクリーミーマッシュポテト：つくり方2でココナッツミルクを加えたあと，きざんだイタリアンパセリ1カップ（250ml），きざんだタイムの葉大さじ2，きざんだローズマリー大さじ1を加えます。

ローストガーリックとチポトレのマッシュ：じゃがいもをつぶすときにローストガーリック2株分とチポトレパウダー小さじ2を加えて混ぜます。

ハーブローストポテト

感謝祭やクリスマスの季節，私の家族が集まるテーブルにはいつもローストポテトがありました。ここで紹介するのは，簡単なのに必ずおいしくできる基本のレシピです。外はカリカリ，中はやわらかくしあがります。

ポイント

このローストにはメークインなど，適度な量のデンプンを含むじゃがいもがおすすめです。

グレープシードオイルの代わりに，同量の液状ココナッツオイルも使えます。

- オーブンを200℃に予熱
- オーブンシートを敷いたオーブントレイ

じゃがいも　一口大に切る（ポイント参照）	中〜大4個
グレープシードオイル（ポイント参照）	60ml
タイムの葉　きざむ	大さじ2
ローズマリーの葉　きざむ	大さじ1
海塩	小さじ1

1. ボウルに全材料を入れて混ぜ，全体をなじませます。オーブントレイにあけ，均等に広げます。
2. オーブンに入れ，45分間焼きます。途中で一度取り出し，全体に均等に焼き色がつくようにざっと混ぜます。じゃがいもがこんがりきつね色になったらできあがりです。すぐに食べない場合は，冷ましてから密閉容器に移します。冷蔵庫で1週間ほど保存できます。

バリエーション

ガーリックパプリカのローストポテト：タイムとローズマリーは使用しません。つくり方1で，ボウルにグレープシードオイル，ガーリックパウダー大さじ1，スイートパプリカ（粉）小さじ1，塩を入れ，よく混ぜてからじゃがいもを加えます。つくり方2に進みます。

インド風スパイスローストポテト：タイムとローズマリーは使用しません。つくり方1で，ボウルにグレープシードオイル，カレーパウダー大さじ1，クミン（粉）小さじ1，ガーリックパウダー小さじ1/2，ターメリック小さじ1/4，塩を入れ，よく混ぜてからじゃがいもを加えます。つくり方2に進みます。

ワイルドライスのスタッフィング

スタッフィングは，感謝祭やクリスマスの伝統的なサイドディッシュです。ハーブとりんご，それにナッツのような風味のワイルドライスを組み合わせて，おいしいグルテンフリー版の完成です。

6カップ（1.5L）分

ポイント

ハーブの香りを引き出すためには，ふじ，つがるなどの甘みの強いりんごを使ってください。

セージの葉は10枚ほど使用します。

水分を含んだフラックスシードは，ここでは卵に代わるつなぎの役割を果たします。

感謝祭のグレービーソース（285ページ参照）と一緒に提供します。

スタッフィングを温め直すには，180℃に予熱したオーブンに入れ，約10分加熱します。

• **20cm角の耐熱ガラス製のケーキ型　アルミホイルを敷く**

ワイルドライス　洗ってざるに上げる	1と1/2カップ（375ml）
海塩　分けて使用	小さじ1
グレープシードオイル	大さじ2
玉ねぎ　粗みじん切り	1/2カップ（125ml）
にんじん　粗みじん切り	1/2カップ（125ml）
セロリ　粗みじん切り	1/2カップ（125ml）
りんご　粗みじん切り（ポイント参照）	1/2カップ（125ml）
グルテンフリーのパン　2cm角に切る	4〜5枚
セージの葉　千切り（ポイント参照）	大さじ2
タイムの葉　きざむ	大さじ1
湯	150ml
生フラックスシード（粉，ポイント参照）	大さじ3

1. 鍋にワイルドライスと水（分量外），塩小さじ1/2を入れ，強火にかけます。煮立ったら弱火にして45分ほどゆで，ざるに上げます。

2. フライパンでグレープシードオイルを中火で熱します。玉ねぎ，にんじん，セロリを入れ，ときどき混ぜながら4〜5分炒めます。りんごとグルテンフリーのパンを加え，ときどき混ぜながら，やわらかくなるまで8〜10分炒めます。火を止め，セージとタイムを加えて混ぜます。

3. オーブンを180℃に予熱します。小さいボウルに湯と生フラックスシードを入れて混ぜ，5分ほど置いて水分を吸収させます。

4. 大きめのボウルに**1**の米と**2**の野菜を入れ，混ぜ合わせます。**3**のフラックスシードと残りの塩も加えて全体をよく混ぜ合わせます。

5. ケーキ型にあけ，均等にならします。アルミホイルをかけてオーブンで焼きます。30分ほどで一度取り出してアルミホイルを取り，さらに8分ほどして表面がこんがり焼けたら，取り出します。温かいうちにいただきます。すぐに食べない場合は，密閉容器に移します。冷蔵庫で1週間ほど保存できます。

豆類と穀類

スロークッカーで基本の煮豆

豆料理はどんな献立にもよく合います。調理方法も簡単で，タンパク質や食物繊維などの栄養も豊富。そのうえ満足感も抜群です。スロークッカーを使えば手間もかかりません。水につけておいた豆を就寝前にスロークッカーにかけておけば，翌朝にはすぐに使えて便利です。

2カップ（500ml）分

ポイント

スロークッカーの容量に合わせて，材料を2〜3倍にすることもできます。

スロークッカーを使わずに豆類を煮る場合は，以下の手順になります。豆に合わせて，必要な量の水にひたします。豆1カップ（250ml）につき水4カップ（1L）を鍋に入れ，強火にかけます。煮立ったらとろ火〜弱火にし，レンズ豆の場合は約30分，ひよこ豆の場合は，様子を見ながら約1時間〜1時間30分煮ます。

豆類は密閉容器に入れ，常温で保存します。豆は次第に乾燥していくので，1年以内に使い切るようにしましょう（水にひたしたときに皮が縮れるものは使えません）。煮たあともまだ豆がかたい場合は，その豆が古いことを意味します。

缶詰の煮豆も便利です。このレシピの煮豆2カップ分に対し，通常サイズの水煮缶1缶（400〜540ml）という換算です。缶詰の豆は使用前によく洗います。

• スロークッカー　小〜中型

乾燥豆（ひよこ豆など，ポイントと下の囲み参照）	1カップ（250ml）
水	3カップ（750ml）
ハーブ（つくり方1参照）	適量
海塩	適量

1. スロークッカーの内鍋に乾燥豆と水を入れます。にんにく，ローリエ，ブーケガルニなど好みのハーブをだし袋に入れて足してもよいでしょう。塩で味を調節します。
2. ふたをして低温で8〜10時間（または一晩），または高温で4〜5時間，豆がやわらかくなるまで調理します。煮えたらざるに上げて水気を切ります。すぐに食べない場合は，密閉容器に移します。冷蔵庫で約5日間，冷凍すれば約6カ月間保存できます。

バリエーション

レンズ豆の基本の煮方：乾燥レンズ豆は水にひたさずに，水洗いしてすぐ煮ます。スロークッカーに入れ，低温で6時間，または高温で3時間ほど調理します。

乾燥豆の戻し方

長時間水にひたす：水洗いした豆をボウルに入れ，たっぷりの水を入れてラップをかけ，6時間以上，または冷蔵庫で一晩置きます。ざるにあけて流水でよくすすぎます。

急ぐとき：豆を水洗いし，鍋に入れます。たっぷりの水を入れ強火にかけ，煮立たせます。3分ほど強火で煮て火を止め，そのまま1時間置きます。ざるにあけて流水でよくすすぎます。

ひよこ豆の"ツナ"サラダ

ひよこ豆でつくる，味も食感もまるでツナのようなサラダです。サンドイッチの具材としてもぴったりで，お気に入りのグルテンフリーのパンやカリカリに焼いたトーストに，ディジョンマスタード，トマト，レタスとピクルスをはさめば立派なヴィーガン・ツナサンドの完成！　また，にんじんやセロリのスティックにつけるディップとしても使えます。

3カップ（750ml）分

ポイント

豆を水にひたす：ひよこ豆と水8カップ（2L，分量外）をボウルに入れてラップをかけ，6時間以上，または冷蔵庫で一晩置きます。ざるに上げて水を切ります。

スロークッカーで豆を煮る場合は，前ページのレシピを参照してください。

セロリの外側の太い繊維はかたく，噛み切れずに口の中に残ってしまう場合があります。ピーラーなどでかたいスジを取り除いておくと，食感も風味も格段によくなります。

あっさりとした軽い味わいにしあげたい場合は，ヴィーガンマヨネーズの代わりに，基本のひよこ豆フムス（74ページ参照）1/2カップ（125ml）を使い，ディジョンマスタードを大さじ3に増やします。エクストラバージンオリーブオイル80mlを加えます。

- フードプロセッサー

ひよこ豆（ポイント参照）	2カップ（500ml）
水	8カップ（2L）
海塩　分けて使用	小さじ1
レモン果汁	大さじ3
セロリ　みじん切り（ポイント参照）	1/2カップ（125ml）
赤玉ねぎ　みじん切り	60ml
ディル　きざむ	60ml
ディジョンマスタード	大さじ1
ヴィーガンマヨネーズ（下巻参照）	180ml

1. 大きめの鍋にひよこ豆と水，塩小さじ1/4を入れてひと煮立ちさせます。火を弱め，ひよこ豆がやわらかくなるまで約1時間とろ火で煮込みます。ざるに上げて水気を切ります。
2. フードプロセッサーに，1の豆，レモン果汁，残りの塩を入れ，ひよこ豆がくずれるまで回します。回しすぎると食感がなくなってしまうので，ある程度細かくなればOK。ボウルに移します。
3. セロリ，赤玉ねぎ，ディル，ディジョンマスタード，ヴィーガンマヨネーズを加え，全体をよく混ぜ合わせてできあがり。すぐに食べない場合は，密閉容器に移します。冷蔵庫で約5日間保存できます。

うずら豆のサラダ

私にとって夏といえばこのサラダです。新鮮な葉物野菜と，たっぷりの抹茶入りグリーンジュース（41ページ参照）と一緒にいただくのが私流の楽しみ方です。

4人分

ポイント

豆を水にひたす：うずら豆と水8カップ（2L，分量外）をボウルに入れてラップをかけ，6時間以上，または冷蔵庫で一晩置きます。ざるに上げて水を切ります。

スロークッカーで豆を煮る場合は，182ページのレシピを参照してください。

同量のカナリア豆でもおいしくつくれます。

非加熱・非濾過（ロー）のりんご酢が入手できない場合は，通常の純りんご酢で代用できます。

• ミキサー

うずら豆（ポイント参照）	2カップ（500ml）
水	8カップ（2L）
海塩　分けて使用	小さじ1/2
レモン果汁	180ml
タヒーニ（練りごまで代用可）	1/2カップ（125ml）
水	60ml
エクストラバージンオリーブオイル	60ml
たまりしょうゆ	大さじ3
りんご酢（ポイント参照）	大さじ2
タイムの葉　きざむ	大さじ1
万能ねぎ　小口切り	1/2カップ（125ml）
赤パプリカ　みじん切り	1/2カップ（125ml）
イタリアンパセリ　きざむ	60ml
生ヘンプシード（皮なし）	大さじ3

1. 大きめの鍋にうずら豆と水，塩小さじ1/4を入れてひと煮立ちさせます。火を弱め，豆がやわらかくなるまで約1時間とろ火で煮込みます。ざるに上げて水気を切ります。

2. ミキサーにレモン果汁，タヒーニ，水60ml，オリーブオイル，しょうゆ，りんご酢，タイム，残りの塩を入れ，全体がなめらかになるまで回します。

3. ボウルに1の豆と万能ねぎ，赤パプリカ，イタリアンパセリ，生ヘンプシードを入れてざっくりと混ぜ合わせます。2のドレッシングを回しかけて，全体をよく混ぜてできあがり。すぐに食べない場合は，密閉容器に移します。冷蔵庫で約5日間保存できます。

アジアンスタイル小豆サラダ

タンパク質が豊富な小豆とシャキシャキのパクチョイの栄養満点のサラダです。ごまの風味が香ばしく，おつまみとしても，副菜としても満足の一品になること請け合いです。

4人分

ポイント

小豆を水にひたす：小豆と水8カップ（2L，分量外）をボウルに入れてラップをかけ，3時間以上，または冷蔵庫で一晩置きます。ざるに上げて水を切ります。

スロークッカーで豆を煮る場合は，182ページのレシピを参照してください。

ごまは白黒どちらでもかまいません。両方を混ぜて使うと見た目もよくなります。

ごまを炒る：乾いたフライパンを中火にかけ，ごまを入れます。常に動かしながら，3分ほど，白ごまに焼き色がついて香りが立つまで乾煎りし，皿にあけて冷まします。

• ミキサー

小豆（ポイント参照）	1カップ（250ml）
水	8カップ（2L）
ベビーパクチョイ　1cm幅に切る	2カップ（500ml）
香菜（パクチー）　葉と茎をきざむ	1/2カップ（125ml）
炒りごま（ポイント参照）	大さじ2
レモン果汁	大さじ2
みりん	大さじ1
焙煎ごま油　分けて使用	大さじ4
たまりしょうゆ	大さじ4
水	大さじ2
アガベシロップ	大さじ1
生姜　皮をむいてみじん切り	小さじ2

1. 大きめの鍋に小豆と水を入れてひと煮立ちさせます。火を弱め，豆がやわらかくなるまで45分〜1時間とろ火で煮込みます。ざるに上げて水気を切ります。
2. ボウルに小豆とベビーパクチョイ，香菜，炒りごま，レモン果汁，みりん，ごま油大さじ1を入れ，全体を混ぜてなじませます。
3. ミキサーにごま油大さじ3，しょうゆ，水，アガベシロップ，生姜を入れ，全体がなめらかになるまで回します。2のボウルにあけ，全体をよく混ぜ合わせてできあがり。すぐに食べない場合は，密閉容器に移します。冷蔵庫で約3日間保存できます。

パプリカのグリルと白いんげん豆のサラダ

パプリカの甘さと香り高くふくよかな豆の味わい，ルッコラの苦味，キリリとしたバルサミコ酢が一体にまとめ上げます。風味豊かでお腹も大満足のサラダです。

4人分

ポイント

豆を水にひたす：白いんげん豆と水8カップ（2L，分量外）をボウルに入れてラップをかけ，6時間以上，または冷蔵庫で一晩置きます。ざるに上げて水を切ります。

スロークッカーで豆を煮る場合は，182ページのレシピを参照してください。

赤パプリカは小さめなら3個，大きめなら2個使用します。

赤パプリカをローストしたあと，ボウルに入れてラップをしっかりかけておくと，余熱で蒸されて皮がむきやすくなります。

バルサミコ酢は赤ワインビネガー大さじ3で代用できます。

このサラダは冷蔵庫で5日間ほどもちますが，ルッコラを混ぜると水分が出てしまいます。つくりおきする場合は，ルッコラ抜きで食べる直前に混ぜるようにします。

ルッコラはベビースピナッチで代用できますが，その場合の分量は4カップ（1L）となります。

• グリルまたはオーブンのブロイラーを予熱

白いんげん豆（ポイント参照）	2カップ（500ml）
水	8カップ（2L）
海塩　分けて使用	小さじ1/2
赤パプリカ（ポイント参照）	2〜3個
グレープシードオイル	大さじ2〜3
ベビールッコラ　カップに詰めて計量する（ポイント参照）	
	2カップ（500ml）
バルサミコ酢（ポイント参照）	60ml
エクストラバージンオリーブオイル	60ml
ディジョンマスタード	大さじ3
オレガノ（乾）	大さじ1
純粋メープルシロップ	小さじ2

1. 大きめの鍋に白いんげん豆と水，塩小さじ1/4を入れてひと煮立ちさせます。火を弱め，豆がやわらかくなるまで約1時間とろ火で煮込みます。ざるに上げて水気を切り，冷まします。

2. 豆を煮る間，赤パプリカを焼きます。ボウルにグレープシードオイルと赤パプリカを入れ，オイルをからめます。グリルに入れ，全体が軽く焦げ薄皮が浮いてくるまで，向きを変えながら8分ほど焼きます（またはオーブントレイにのせて，オーブンのブロイラー機能で焼きます）。ボウルに移し，ラップをしっかりかけて10分ほど置きます。

3. 手でパプリカの薄皮をこすり取り，半分に切って（熱いので注意して）種とワタを取り除きます。1cm幅の短冊切りにします。

4. ボウルに1の豆と3のパプリカ，残りの塩，ベビールッコラ，バルサミコ酢，オリーブオイル，ディジョンマスタード，オレガノ，メープルシロップを加え，全体をよく混ぜ合わせてできあがりです。

地中海風豆のサラダ

目にも鮮やかなトリコロールカラーのサラダです。タンパク質が豊富な豆類，新鮮な野菜，香り高いハーブとスパイス。見た目も味わいも抜群のマリアージュといえます。ハーブローストポテト（179ページ参照）や，玉ねぎとマッシュルームの雑穀煮込み（下巻参照）に合わせれば，スペシャルメニューの完成です。

4人分

ポイント

豆を水にひたす：豆は全種類まとめてボウルに入れ，水8カップ（2L，分量外）を入れてラップをかけ，6時間以上，または冷蔵庫で一晩置きます。ざるに上げて水を切ります。

スロークッカーで豆を煮る場合は，182ページのレシピを参照してください。

アガベシロップがない場合は同量のメープルシロップを使います。

水	8カップ（2L）
キドニービーン（ポイント参照）	1カップ（250ml）
ひよこ豆（ポイント参照）	1/2カップ（125ml）
カネリーニ豆（ポイント参照）	1/2カップ（125ml）
海塩　分けて使用	小さじ1
赤パプリカ　粗みじん切り	1/2カップ（125ml）
きゅうり　粗みじん切り	1/2カップ（125ml）
エクストラバージンオリーブオイル	60ml
赤ワインビネガー	大さじ3
オレガノ（乾）	小さじ2
アガベシロップ（ポイント参照）	小さじ1

1. 大きめの鍋に水，キドニービーン，ひよこ豆，カネリーニ豆，塩小さじ1/2を入れてひと煮立ちさせます。火を弱め，豆がやわらかくなるまで約1時間とろ火で煮込みます。ざるに上げて水気を切り，冷まします。

2. 大きめのボウルに1の豆，塩小さじ1/2，赤パプリカ，きゅうり，オリーブオイル，赤ワインビネガー，オレガノ，アガベシロップを入れて，全体をよく混ぜ合わせてできあがり。すぐに食べない場合は，密閉容器に移します。冷蔵庫で約5日間保存できます。

ブラックビーンのサンタフェラップサンド

とろりとしたブラックビーンとトマト，アボカド，赤パプリカがたっぷり入ったラップサンドです。ヴィーガンサワークリーム（284ページ参照）やケソ（チーズ）ディップ（84ページ参照），ローストパプリカのモレソース（108ページ参照）などを添えて召し上がれ。

6個分

ポイント

ここで使うブラックビーンは，自分で煮たものでも水煮缶でもかまいません。水煮缶を使う場合は，塩が使われていないものが理想的ですが，塩を含んでいるものは流水でよく洗い，しっかりと水を切って使います。

ここではグルテンフリーの玄米トルティーヤを使っていますが，コーントルティーヤを使ってもOKです。サイズが小さい場合はトルティーヤの枚数を増やし，詰める具材の量は少なく調整します。

トルティーヤはラベルを確認して，原材料に遺伝子組み換え作物を含まず，小麦の添加や混入のないグルテンフリーのものを選びましょう。

• **フードプロセッサー**

ブラックビーン水煮（ポイント参照） 分けて使用	
	3カップ（750ml）
レモン果汁	大さじ3
チリパウダー	大さじ1
クミン（粉）	小さじ2
海塩	小さじ1
にんにく	2〜3かけ
エクストラバージンオリーブオイル	60ml
トルティーヤ（グルテンフリー，25cm大，ポイント参照）	6枚
アボカド　6つのくし切り	1個
トマト　6つのくし切り	1個
赤パプリカ　みじん切り	180ml

1. フードプロセッサーに，ブラックビーン2カップ（500ml），レモン果汁，チリパウダー，クミン，塩，にんにくを入れて全体がなめらかになるまで回します。ときどき容器の内側をこそげて混ぜ込みます。

2. モーターを回したまま，オリーブオイルを少しずつ注入口から流し入れます。全体が混ざったらボウルに移します。残りのブラックビーン1カップ（250ml）を加えてよく混ぜます。

3. 具材を6等分します。トルティーヤを置いて2の具材をトルティーヤの下1/3に広げます。アボカド，トマトは1切れずつ，赤パプリカは大さじ2を重ねます。

4. トルティーヤの左右2.5cmほどを具の上に折り込み，下から上へと巻いていきます。残りのトルティーヤと具材でも同様につくります。すぐに食べない場合は，ラップでしっかりと包んで冷蔵庫へ。その日のうちに召し上がってください。

簡単ブリトー

クリーミーなフムスとアボカド，みずみずしいトマト，シャキシャキのレタスに，ご飯とヴィーガンサワークリームを包み込んだ，シンプルなのにおいしいブリトーです。材料さえそろえば，簡単につくれるのが魅力です。

大2個分

ポイント

にんにくの量は1かけの大きさで調整します。大きめなら1かけ，小さめなら2かけです。

ここではグルテンフリーの玄米トルティーヤを使っていますが，コーントルティーヤを使ってもOKです。サイズが小さい場合はトルティーヤの枚数を増やし，詰める具材の量は少なく調整します。

トルティーヤはラベルを確認して，原材料に遺伝子組み換え作物を含まず，小麦の添加や混入のないグルテンフリーのものを選びましょう。

市販されているグルテンフリーのパンやトルティーヤは乾燥しやすいので，使用するまでは密閉容器で保存しましょう。

ご飯の代わりに同量の炊いたキヌアでもつくれます。

アボカド	中1個
レモン果汁	大さじ3
海塩	小さじ1/2
にんにく　みじん切り（ポイント参照）	1〜2かけ
トルティーヤ（グルテンフリー，25cm大，ポイント参照）	2枚
基本のひよこ豆フムス（74ページ参照）	1カップ（250ml）
ご飯（ポイント参照）	1カップ（250ml）
トマト　粗みじん切り	1/2カップ（125ml）
ロメインレタス　粗めの千切り	1/2カップ（125ml）
ヴィーガンサワークリーム（284ページ参照）	1/2カップ（125ml）

1. ボウルにアボカド，レモン果汁，塩，にんにくを入れ，フォークでつぶしながら混ぜ合わせます（アボカドはつぶしすぎずに多少のかたまりを残します）。

2. トルティーヤを置き，基本のひよこ豆フムス半量をトルティーヤの下1/3に広げます。1のアボカド，ご飯，トマト，ロメインレタス，ヴィーガンサワークリームをそれぞれ半量ずつ重ねていきます。

3. トルティーヤの左右2.5cmほどを具の上に折り込み，下から上へと巻いていきます。もう1枚も同様につくります。

4. 大きめのフライパンを中火にかけ（油は使わず），巻き終わりを下にしてブリトーを2つ置き，きつね色になるまで5分ほど焼きます。ひっくり返して，もう片面にも焼き色がついて，中が温まるまで焼きます。温かいうちにいただきます。

バリエーション

チージーブリトー：チアシードとパプリカのディップ（87ページ参照）を1カップ（250ml）追加します（半量ずつブリトーに追加して巻きます）。簡単チーズのパスタソース（下巻参照）と一緒にいただきます。

地中海風ラップサンド

なめらかなフムスと，レモンとパセリの風味がさわやかなキヌアのタブーリを，新鮮な野菜で包んだラップサンドです。

2個（4人）分

ポイント

ピタパンやトルティーヤはつくりおきすると便利です。ほかにも直径20cmほどのグルテンフリーのパンも使えます。

このレシピにはカラマタオリーブを使っていますが，どの種類でもOKです。

生ヘンプシードの保存：脂肪分が劣化するのを防ぐために，密閉容器に入れて冷蔵庫で保存します。冷凍では約6カ月間保存できます。ヘンプシードにはタンパク質が大さじ1につき5gと，きわめて多く含まれています。

グルテンフリーピタパン（280ページとポイント参照）	2枚
基本のひよこ豆フムス（74ページ参照）	1カップ（250ml）
キヌアのタブーリ（219ページ参照）	1カップ（250ml）
ロメインレタス　千切り	1カップ（250ml）
カラマタオリーブ　薄切り（ポイント参照）	1/2カップ（125ml）
生ヘンプシード（皮なし，ポイント参照）	大さじ2

1. グルテンフリーピタパンを1枚置き，基本のひよこ豆フムスの半量を真ん中に広げます。周囲を1cmほどあけてスプーンの背でまんべんなく広げます。
2. フムスの上に半量のキヌアのタブーリを広げます。ロメインレタスの千切り半量を横にして並べ，上からカラマタオリーブと生ヘンプシードをそれぞれ半量ずつ散らします。
3. 左右を2.5cmほど具の上に折り込み，下から上へと巻いていきます。もう1枚も同様につくり，半分に切ってできあがりです。すぐに食べない場合は，ラップでしっかりと包んで冷蔵庫へ。その日のうちに召し上がってください。

フムスラップサンド

シンプルだけれど味わい深いフムスたっぷりのラップサンドは，ランチにもディナーにも手軽で便利な一品です。スライスして野菜と一緒に盛りつければ，ディナーパーティーの前菜にも使えます。

4個分

ポイント

このレシピにはグルテンフリーのトルティーヤ（玄米，コーン）も使えます。トルティーヤのサイズに応じて，枚数を増やしたり，詰める具材の量を減らしたりして調整してください。

市販のグルテンフリーのパンやトルティーヤは乾燥しやすいので，使用するまでは密閉容器で保存しましょう。

トマトを切るときはよく切れる果物ナイフを使いましょう。きざむ前にヘタを取ります。ナイフの先をヘタに沿って入れ，ナイフは動かさずにトマトを回してヘタを取り除きます。

グルテンフリーピタパン（280ページとポイント参照）	4枚
基本のひよこ豆フムス（74ページ参照）	2カップ（500ml）
ロメインレタス　千切り	2カップ（500ml）
トマト　粗みじん切り（ポイント参照）	2カップ（500ml）
きゅうり　薄切り	2カップ（500ml）
生ヘンプシード（皮なし）	60ml

1. グルテンフリーピタパンを置き，手前側に基本のひよこ豆フムス1/2カップを塗ります。上にレタス，トマト，きゅうりをそれぞれ1/4量ずつ重ね，ヘンプシード大さじ1をふりかけます。

2. 左右を2.5cmほど具の上に折り込み，下から上へと巻いていきます。残り3枚も同様につくります。すぐに食べない場合は，ラップでしっかりと包んで冷蔵庫へ。その日のうちに召し上がってください。

グリーンベジのラップサンド

グリーンの野菜の栄養素がぎっしりつまったラップサンドです。ランチディップ（82ページ参照）を一緒に詰めて，お弁当にもおすすめです。

2個（4人）分

ポイント

ケールやコラードの葉には，中央に太くてかたい主脈（葉脈）があります。葉の先のほうの主脈はやわらかいので残しますが，茎へ近づくほどかたくなるので，取り除きます。まな板に葉を広げて置き，包丁でかたい主脈を切り落とします。そのあと，葉を千切りにして使います。

ケールにはいくつかの種類がありますが，一般的なのはグリーンケールです。ブラックケールはカーボロネロとも呼ばれ，最も栄養価が高いとされています。

ケールの代わりに同量のチャードやからし菜でもつくれます。

- 穴あきおたま，またはストレーナー
- 氷水を入れた大きいボウル

水	8カップ（2L）
海塩	小さじ1
ケール　カップにゆるく詰めて計量する（ポイント参照）	
	4カップ（1L）
ほうれん草　ざく切り，カップにゆるく詰めて計量する	
	4カップ（1L）
コラードグリーン（大きめの葉，ポイント参照）茎を取る	2枚
基本のひよこ豆フムス（74ページ参照）	1カップ（250ml）
生ヘンプシード（皮なし）	大さじ2

1. 大きめの鍋に水と塩を入れて沸騰させます。ケールとほうれん草を入れて，しんなりするまで30秒ほどゆでます。穴あきおたまですくって，氷水のボウルに移します。野菜が冷めたら手で絞ってしっかり水気を切ります。

2. コラードグリーンの葉を広げて置きます。葉の左右を2.5cm残して基本のひよこ豆フムスの半量を広げ，その上に1の野菜と生ヘンプシードをそれぞれ半量ずつ重ねて広げます。

3. 葉の左右を内側に折り込み，手前からきつめに巻いていきます。もう1枚も同様につくります。半分に切ってできあがりです。すぐに食べない場合は，ラップでしっかりと包んで冷蔵庫へ。その日のうちに召し上がってください。

グリル野菜のラップサンド

マリネしてグリルした野菜たっぷりのラップサンドは，ピクニックなどで喜ばれそうです。冷たい飲み物と一緒に味わいましょう。

大2個分

ポイント

ここではグルテンフリーの玄米トルティーヤを使っていますが，コーントルティーヤを使ってもOKです。サイズが小さい場合はトルティーヤの枚数を増やし，詰める具材の量を少なく調整します。

トルティーヤはラベルを確認して，原材料に遺伝子組み換え作物を含まず，小麦の添加や混入のないグルテンフリーのものを選びましょう。

- **グリルを高温に予熱**

グレープシードオイル	60ml
赤パプリカ	1個
ズッキーニ　1cmに切る	1個
ポータベロマッシュルーム	1個
なす　皮のまま0.5cmに切る	3〜4個
バルサミコ酢	大さじ2
タイムの葉　きざむ	大さじ1
ローズマリー　きざむ	大さじ1
海塩	小さじ1
ディジョンマスタード	大さじ2
トルティーヤ（グルテンフリー，25cm大，ポイント参照）	2枚
基本のひよこ豆フムス（74ページ参照）	1カップ（250ml）

1. ボウルにグレープシードオイル，赤パプリカ，ズッキーニ，ポータベロマッシュルーム，なす，バルサミコ酢，タイム，ローズマリー，塩を入れて混ぜ合わせます。グリルの高温で片面3〜4分ずつ，野菜がやわらかくなり，グリルの焦げあとがつくまで焼きます。取り出して完全に冷まします。

2. 包丁で赤パプリカとポータベロマッシュルームを0.5cm幅に切ります。ほかの野菜と一緒にボウルに移し，ディジョンマスタードを加えて混ぜます。

3. トルティーヤを置き，基本のひよこ豆フムスの半量をトルティーヤの下半分に広げます。その上に**2**の半分をのせます。

4. 左右を2.5cmほど具の上に折り込み，下から上へと巻いていきます。もう1枚も同様につくり，半分に切ってできあがりです。すぐに食べない場合は，ラップでしっかりと包んで冷蔵庫へ。その日のうちに召し上がってください。

さつまいものブリトー

チアシードとパプリカのディップとシャキシャキのレタスが，ホクホクなさつまいもに意外と合うのでぜひつくってみてください。気持ちはほっこり，お腹も心も大満足のブリトーです。

大2個（4人）分

ポイント

このレシピでは，さつまいもは皮をむかずに使います。オーブンで焼く前にしっかりと汚れを落としてください。

ここではグルテンフリーの玄米トルティーヤを使っていますが，コーントルティーヤを使ってもOKです。サイズが小さい場合はトルティーヤの枚数を増やし，詰める具材の量を少なく調整します。

トルティーヤはラベルを確認し，原材料に遺伝子組み換え作物を含まず，オーガニックで，小麦の添加や混入のないグルテンフリーのものを選びましょう。

ご飯の代わりに同量の炊いたキヌアでもつくれます。

- オーブンを200℃に予熱する
- オーブンシートを敷いたオーブントレイ

さつまいも（ポイント参照）　よく洗う	1個
トルティーヤ（グルテンフリー，25cm大，ポイント参照）	2枚
チアシードとパプリカのディップ（87ページ参照）	
	1カップ（250ml）
ご飯（ポイント参照）	1/2カップ（125ml）
ロメインレタス　千切り	1カップ（250ml）
生ヘンプシード（皮なし）	大さじ2

1. さつまいもにフォークで数カ所穴を開け，アルミホイルでぴったり包みます。オーブンに入れ，45〜75分焼きます（さつまいもの大きさによって調整してください）。取り出したらアルミホイルを外し，10分ほど冷まします。触れる程度に冷めたら，縦半分に切ります。

2. トルティーヤを置き，チアシードとパプリカのディップの半量を下1/3に広げ，ご飯，**1**のさつまいも，ロメインレタス，生ヘンプシードをそれぞれ半量ずつ重ねていきます。

3. トルティーヤの左右を2.5cmほど具の上に折り込み，下から上へと巻いていきます。もう1枚も同様につくります。

4. 大きめのフライパンを中火にかけ（油不要），巻き終わりを下にしてブリトーを2つ置き，きつね色に焼き色がつくまで5分間焼きます。裏返して，もう片面も焼き色がついて，中が温まるまで焼きます。ブリトーを半分に切って，温かいうちにいただきます。

チャナマサラのラップサンド

チャパティを使ったインド風のラップサンドです。ライムのくし切りを添え，グリーンサラダを合わせて，忙しい日の時短ディナーにいかがでしょうか。

グルテンフリーチャパティ（下巻とポイント参照）	2枚
ベイクドチャナマサラ（下巻参照）	1カップ（250ml）
ご飯（ポイント参照）	1/2カップ（125ml）
クリーミーカシューザジキ（81ページ参照）	1/2カップ（125ml）
トマト　きざむ（ポイント参照）	60ml
香菜（パクチー）　きざむ	60ml
ライムのくし切り	適量
好みのホットソース	適量

2個分

ポイント

チャパティがない場合は，グルテンフリーのトルティーヤなどを使います。

ご飯の代わりに同量の炊いたキヌアでもつくれます。

グルテンフリーのパンやトルティーヤは乾燥しやすいので，使用するまでは密閉容器で保存しましょう。

トマトを切るときはよく切れる果物ナイフを使いましょう。きざむ前にヘタを取ります。ナイフの先をヘタに沿って差し込み，ナイフは動かさずにトマトを回してヘタを取り除きます。

1. チャパティを置き，下1/3にベイクドチャナマサラの半量を広げます。その上にご飯，クリーミーカシューザジキ，トマト，香菜をそれぞれ半量ずつ重ねていきます。

2. チャパティの左右を2.5cmほど具の上に折り込み，下から上へと巻いていきます。もう1枚も同様につくります。好みでライムのくし切りを搾ったり，ホットソースをかけていただきます。

ローストカリフラワーとひよこ豆のタコス

メキシコの伝統料理をヴィーガン向けにアレンジしたレシピです。いつもの食卓に新しい味を加えて，お食事タイムを満喫しましょう。栄養面でも優れたタコスですが，ケソ（チーズ）ディップを添えれば，よりぜいたくな気分が味わえます。

10個分

ポイント

ここで使うひよこ豆は，自分で煮たものでも水煮缶でもかまいません。水煮缶を使う場合は，塩が使われていないものが理想ですが，塩を含んでいるものは流水でよく洗い，水気を切って使います。

ひよこ豆を煮る場合は，182ページを参照してください。

アボカドソースはかけずに，横に添えてもいいでしょう。

タコスのシェルは，遺伝子組み換え作物を避けるためにもオーガニックのものを選びましょう。小麦の添加や混入がないか，ラベルを確認しましょう。

- オーブンを200℃に予熱する
- オーブンシートを敷いたオーブントレイ
- ミキサー

タコスの具

グレープシードオイル	60ml
ライム果汁	大さじ3
チリパウダー	小さじ2
クミン（粉）	小さじ1
海塩	小さじ1/2
カイエンペッパー	少々
ひよこ豆水煮（ポイント参照）	2カップ（500ml）
カリフラワー　芯と葉を取って小さく切る	1個（約4カップ，1L）

コールスロー

紫キャベツ　千切り	2カップ（500ml）
香菜（シラントローまたはパクチー）ざく切り	1/2カップ（125ml）
赤パプリカ　細切り	1/2カップ（125ml）
エクストラバージンオリーブオイル	大さじ2
レモン果汁	大さじ2
海塩	小さじ1/4

アボカドソース

アボカド	中1/2個
水	1/2カップ（125ml）
エクストラバージンオリーブオイル	1/2カップ（125ml）
ライム果汁	大さじ3
レモン果汁	大さじ1
海塩	小さじ1/8

タコスのシェル（ポイント参照）	8〜10個

盛りつけ用（省略可）

ライム　くし切り	適量
ホットソース	適量

ケソ（チーズ）ディップ（84ページ参照）　　　　　　　　　適量

1. **具をつくる**：ボウルにグレープシードオイル，ライム果汁，チリパ
ウダー，クミン，塩，カイエンペッパーを入れ，よく混ぜます。ひ
よこ豆とカリフラワーを加えて全体をよくなじませるように混ぜ，
オーブントレイに広げます。予熱したオーブンに入れ，全体がこん
がりきつね色になるまで，18〜20分焼きます。
2. **コールスローをつくる**：ボウルに紫キャベツ，香菜，赤パプリカ，
オリーブオイル，レモン果汁，塩を入れ，全体を混ぜます。
3. **アボカドソースをつくる**：ミキサーにアボカド，水，オリーブオイ
ル，ライムとレモンの果汁，塩を入れ，全体がなめらかになるまで
回します。余ったソースは密閉容器で約3日間，冷蔵保存できます。
4. **盛りつけ**：タコスのシェルに**1**の具をスプーンで入れ，**2**のコール
スローをトッピングします。アボカドソースをたっぷりかけて，好
みでくし切りにしたライムとホットソースやケソ（チーズ）ディッ
プを添えます。

バリエーション

アボカドソースの代わりにヴィーガンサワークリーム（288ページ
参照）を使います。

ツナみたいなひよこ豆のラップサンド

ざっくり砕いたひよこ豆となめらかなマヨネーズの組み合わせは，まるでツナサラダのようです。タンパク質もたっぷりで，夏のランチや軽めのディナーに最適です。

4個分

ポイント

ここで使うひよこ豆は，自分で煮たものでも水煮缶でもかまいません。水煮缶を使う場合は，塩が使われていないものが理想ですが，塩を含んでいるものは，流水でよく洗い水気を切って使います。

ひよこ豆を煮る場合は182ページを参照してください。

新鮮なハーブは，計量カップにしっかり詰めて測ります。

- **フードプロセッサー**

ひよこ豆水煮（ポイント参照）	2カップ（500ml）
レモンの皮のすりおろし	小さじ1
レモン果汁	60ml
海塩	小さじ1
ヴィーガンマヨネーズ（下巻参照）	1カップ（250ml）
イタリアンパセリ　きざむ	1/2カップ（125ml）
ディル　きざむ（ポイント参照）	1/2カップ（125ml）
セロリ　みじん切り	1/2カップ（125ml）
赤玉ねぎ　みじん切り	60ml
ディジョンマスタード	大さじ2
グルテンフリーピタパン（280ページ参照）	4枚
トマト　粗みじん切り　分けて使用	1カップ（250ml）
ロメインレタス	4枚

1. フードプロセッサーに，ひよこ豆，レモンの皮のすりおろしと果汁，塩を入れ，豆がざっくり砕けるまで回します（豆の大きな粒が少し残っている程度）。

2. 大きなボウルに移し，ヴィーガンマヨネーズ，イタリアンパセリ，ディル，セロリ，赤玉ねぎ，ディジョンマスタードを加えて混ぜます。

3. ピタパンを置き，**2**の具材の1/4の量をパンの下1/3に広げます。その上にトマトの1/4量とロメインレタス1枚をのせます。

4. 左右を2.5cmほど具の上に折り込み，下から上へと巻いていきます。残りも同様につくります。すぐに食べない場合は，ラップでしっかりと包んで冷蔵庫へ。その日のうちに召し上がってください。

ムング豆のダール

寒い冬の日のディナーにはじっくり煮込んだ豆料理がおすすめです。日本では緑豆として知られるムング豆は，半割れなのですぐに使えます。消化にもよく栄養価も高いので，積極的に取り入れたい食材です。グルテンフリーのかためのパンをお供に，好みでホットソースをかけて熱いうちにいただきます。

2人分

ポイント

ココナッツオイルは同量のグレープシードオイルが代用できます。

ムング豆の代わりに赤レンズ豆も使えます。その場合，分量は2と1/2カップ（625ml）となります。

ココナッツオイル（ポイント参照）	大さじ2
玉ねぎ　みじん切り	1/2カップ（125ml）
セロリ　みじん切り	60ml
海塩	小さじ1/4
生姜　みじん切り	小さじ1
にんにく　みじん切り	小さじ1
ムング豆（半割れ，ポイント参照）	2カップ（500ml）
水	6カップ（1.5L）
たまりしょうゆ	60ml
ニュートリショナルイースト	60ml
カイエンペッパー（省略可）	小さじ1/8

1. 鍋でココナッツオイルを中火で熱します。玉ねぎとセロリ，塩を入れて炒めます。玉ねぎが透き通り，セロリがやわらかくなるまで5分ほど炒め，生姜とにんにくを加えてさらに2分ほど炒めます。にんにくと生姜の香りが立ってきたら，ムング豆を加えてよく混ぜます。

2. 水を加えて火を強めます。ひと煮立ちしたら弱火にし，水分が吸収されるまでおよそ20分間煮込みます。

3. 火を止め，しょうゆとニュートリショナルイースト，好みでカイエンペッパーを加えてよく混ぜ合わせ，温かいうちにいただきます。すぐに食べない場合は，密閉容器に移します。冷蔵庫で1週間ほど保存できます。温め直し：フライパンにあけ，中火で4〜5分温めます。

バリエーション

ムング豆のダールカレー：つくり方**1**でココナッツオイルを60mlに増やします。玉ねぎとセロリを炒めてから，カレーパウダー大さじ2，クミン（粉）小さじ1，コリアンダー（粉）小さじ1/2，カルダモン（粉）小さじ1/4，ターメリック（粉）小さじ1/8を加えます。

ルピニ豆のレモンパセリサラダ

きりりとしたフレーバーの新鮮なサラダです。持ち寄りのバーベキューパーティーやホームパーティなどでの前菜や副菜に最適です。

4人分

ポイント

豆を水にひたす：ルピニ豆と水8カップ（2L，分量外）をボウルに入れてラップをかけ，6時間以上，または冷蔵庫で一晩置きます。ざるに上げて水を切ります。

ここで使うルピニ豆は，自分で煮たものでも水煮缶でもかまいません。水煮缶を使う場合，分量は2カップ（500ml）で，塩が使われていないものが理想ですが，塩を含んでいるものを使う場合は流水でよく洗い，水気を切って使います。

ルピニ豆（ポイント参照）	1カップ（250ml）
水	8カップ（2L）
海塩　分けて使用	小さじ3/4
イタリアンパセリ　きざむ	4カップ（1L）
エクストラバージンオリーブオイル	1/2カップ（125ml）
レモンの皮のすりおろし	小さじ1
レモン果汁	60ml
生ヘンプシード（皮なし）	大さじ3

1. 大きめの鍋にルピニ豆，水，塩小さじ1/4を入れ強火にかけます。ひと煮立ちしたら火を弱め，豆がやわらかくなるまで45分ほど煮ます。ざるに上げ，水気を切ります。
2. 大きなボウルに1の豆，残りの塩，イタリアンパセリ，オリーブオイル，レモンの皮のすりおろしと果汁，生ヘンプシードを入れ，全体をよく混ぜ合わせてできあがり。すぐに食べない場合は，密閉容器に移します。冷蔵庫で約5日間保存できます。

モロッコ風ひよこ豆の煮込み

スロークッカーに朝仕込んでおけば，夕方にはおいしいディナーがお待ちかね。味わいがよく高タンパク質のひよこ豆に，お腹も満足すること間違いなしの一品です。

4〜6人分

ポイント

オーガニックのスパイス類は，できればホールで買って，使う直前にスパイスミルで挽くようにすると，香りもフレッシュで料理のしあがりがグンとよくなります。パウダーに挽いて売られているスパイスは，時間とともに香りが飛んでしまうため，風味も損なわれてしまいます。

ここで使うひよこ豆は，自分で煮たものでも水煮缶でもかまいません。水煮缶を使う場合は，塩が使われていないものが理想ですが，塩を含んでいるものは，流水でよく洗い，水気を切って使います。

スロークッカーで調理中はふたを開けないようにします。一度開けると温度が下がり，調理時間を20〜30分延長しなければならなくなります。

- スロークッカー（容量3.8L）

グレープシードオイル	大さじ2
玉ねぎ　粗みじん切り	1/2カップ（125ml）
セロリ　粗みじん切り	1/2カップ（125ml）
にんじん　粗みじん切り	1/2カップ（125ml）
海塩	小さじ1
にんにく　みじん切り	3〜4かけ
クミン（粉，ポイント参照）	小さじ2
チリパウダー	小さじ1
ターメリック（粉）	小さじ1/4
シナモンスティック	7.5cm程度を1本
トマト水煮缶（ダイスカット，汁も含む）	2缶（800ml）
たまりしょうゆ	大さじ2
レモン果汁	大さじ1
ひよこ豆水煮（ポイント参照）	2カップ（500ml）
水	1/2カップ（125ml）
赤パプリカ　粗みじん切り	1カップ（250ml）
イタリアンパセリ　きざむ	適量

1. 大きめのフライパンでグレープシードオイルを中火で熱します。玉ねぎ，セロリ，にんじん，塩を入れて，野菜がやわらかくなるまで5〜6分ほど炒めます。にんにくを加え，香りが立つまで2分ほど炒めます。クミン，チリパウダー，ターメリック，シナモンスティックを加え，さらに2〜3分炒めます。スパイスの香りが立ってきたらトマト，しょうゆ，レモン果汁，ひよこ豆を加えて火を強め，煮立つ手前で火を止めて，スロークッカーの内鍋に移します。

2. 水を加えてふたをし，低温で6時間，または高温で3時間調理します。赤パプリカを加えて，ふたをしてさらに20分ほど，赤パプリカがやわらかくなるまで調理します。シナモンスティックを取り除き，器に盛り，イタリアンパセリをふりかけていただきます。すぐに食べない場合は，密閉容器に移します。冷蔵庫で1週間ほど保存できます。

タイム香るきのこと白いんげん豆のラグー

満足度抜群のラグーソースです。クリーミーマッシュポテト（178ページ参照）やポレンタ（230ページ参照）などにたっぷりかけていただきます。

4人分

ポイント

白いんげん豆は同量のうずら豆でも代用できます。

豆を水にひたす：白いんげん豆と水8カップ（2L，分量外）をボウルに入れてラップをかけ，6時間以上，または冷蔵庫で一晩置きます。ざるに上げて水を切ります。

あらかじめスロークッカーで豆を煮ておくことも可能です。その場合は，182ページのレシピを参照し，つくり方1を省略します。

ワインの代わりに同量の野菜だし（286ページ参照）も使えます。

市販のアーモンドミルク（無糖）でも同様においしくつくれます。

白いんげん豆（ポイント参照）	2カップ（500ml）
海塩　分けて使用	小さじ1/2
水	8カップ（2L）
液状ココナッツオイル	60ml
玉ねぎ　みじん切り	1カップ（250ml）
にんにく　みじん切り	6〜8かけ
マッシュルーム　4つに切る	2カップ（500ml）
玄米粉	大さじ3
タイムの葉　きざむ	60ml
白ワイン　辛口（ポイント参照）	60ml
アーモンドミルク（61ページとポイント参照）	1カップ（250ml）
ニュートリショナルイースト　分けて使用	1/2カップ（125ml）
たまりしょうゆ	大さじ3

1. 大きめの鍋に白いんげん豆と水，塩小さじ1/4を入れて強火にかけます。煮立ったら火を弱め，豆がやわらかくなるまで約1時間とろ火で煮込みます。ざるに上げて水気を切ります。

2. フライパンでココナッツオイルを中〜強火で熱します。玉ねぎを入れ，薄いきつね色になるまで7〜8分ほどソテーします。にんにくを加え香りが立つまで2分ほど炒めます。マッシュルームを加えて混ぜ，マッシュルームから出た水分が飛んでやわらかくなるまで炒めます。

3. 玄米粉とタイムを加えてよく混ぜ，4分ほど炒めます。全体がきつね色になったら白ワインを加えます。ワインの水分が飛んだら，アーモンドミルクとニュートリショナルイースト60mlを加えて火を強めます。煮立つ手前で火を弱め，5〜6分煮詰めます。やや煮詰まったところで1の豆を加えて混ぜ，2分ほど温めます。

4. 火を止め，残りの塩とニュートリショナルイースト，しょうゆを加えてよく混ぜて完成です。すぐに食べない場合は，冷ましてから密閉容器に移します。冷蔵庫で1週間ほど保存できます。温め直し：フライパンにあけ，中火で5分ほど混ぜながら温めます。

白いんげん豆のラタトゥイユ

野菜をトマトでじっくり煮込むフランスの伝統料理ラタトゥイユを私流にアレンジしてみました。白いんげん豆を加えることでタンパク質と食物繊維がアップするので，この一品だけでもしっかり栄養がとれます。

4人分

ポイント

豆を水にひたす：白いんげん豆と水8カップ（2L，分量外）をボウルに入れてラップをかけ，6時間以上，または冷蔵庫で一晩置きます。ざるに上げて水を切ります。

あらかじめスロークッカーで豆を煮ておくことも可能です。その場合は，182ページのレシピを参照し，つくり方1を省略します。

このレシピにさつまいもを足してつくることもできます。皮をむいて一口大に切ったさつまいも4カップ（1L）を，つくり方2でほかの野菜と一緒に加えます。さつまいものデンプン質によって全体がよくまとまります。体によい炭水化物もとれ，腹もちもよくなります。

白いんげん豆（ポイント参照）	2カップ（500ml）
水	8カップ（2L）
海塩　分けて使用	小さじ1
グレープシードオイル	大さじ3
にんにく	6〜8かけ
赤玉ねぎ　一口大に切る	1/2カップ（125ml）
なす　一口大に切る	1/2カップ（125ml）
マッシュルーム　1/4に切る	1/2カップ（125ml）
ズッキーニ　一口大に切る	1本
トマト　一口大に切る	1個
トマトピューレ	2カップ（500ml）
タイムの葉　きざむ，分けて使用	大さじ3

1. 大きめの鍋に白いんげん豆と水，塩小さじ1/4を入れて強火にかけます。煮立ったら火を弱め，豆がやわらかくなるまで約1時間とろ火で煮込みます。ざるに上げて水気を切ります。

2. フライパンでグレープシードオイルを中〜強火で熱します。にんにくを入れ，表面がまんべんなくきつね色になるまで4分ほど転がしながら炒めます。赤玉ねぎ，なす，マッシュルーム，ズッキーニ，残りの塩を加え，火を強めて炒めます。全体に軽く焼き色がつくまで8〜10分ほど炒めます。

3. 1の豆，トマト，トマトピューレ，タイム大さじ1を加えて混ぜます。弱火にして30分ほど，ときどき混ぜながら煮詰めます。全体的に煮詰まって，いい香りがしてきたら残りのタイムを加えて混ぜます。

4. すぐに食べない場合は，密閉容器に移します。冷蔵庫で1週間ほど保存できます。温め直し：鍋にあけ，中火で5分ほど混ぜながら温めます。

メープルベイクドビーンズ

子どもの頃，甘いベイクドビーンズとこんがり焼いたトーストが大好物でした。大人になった今も大好きですが，上白糖や添加物は使わず，健康を考えたレシピでつくっています。

4人分

ポイント

豆を水にひたす：白いんげん豆と水4カップ（1L，分量外）をボウルに入れてラップをかけ，3時間以上，または冷蔵庫で一晩置きます。ざるに上げて水を切ります。

白いんげん豆の代わりに同量のキドニービーンでもつくれます。

クラッシュトマト缶が見つからない場合は，同量のダイスカットのトマト缶またはホールトマト缶を手で一口大にちぎって使用してください。

• 耐熱性（オーブン可）の鍋とふた

白いんげん豆（ポイント参照）	1カップ（250ml）
水	4カップ（1L）
グレープシードオイル	大さじ2
玉ねぎ　みじん切り	1カップ（250ml）
ドライマスタード	小さじ1
クラッシュトマト缶詰（ポイント参照）	2缶（800ml）
純粋メープルシロップ	1/2カップ（125ml）
モラセス（ライトまたはファンシー）	60ml
海塩	小さじ1/2

1. 大きめの鍋に白いんげん豆と水を入れて強火にかけます。煮立ったら火を弱め，豆がやわらかくなるまで約45分間とろ火で煮込みます。
2. オーブンを180℃に予熱します。
3. 耐熱の鍋でグレープシードオイルを中火で熱します。玉ねぎを入れて，ときどき混ぜながら5〜6分，薄いきつね色になるまで炒めます。ドライマスタードを加え，さらに1〜2分炒めます。クラッシュトマト，メープルシロップ，モラセス，塩を加えて火を強めます。
4. ひと煮立ちしたら火を止めて，1の豆を加えて混ぜ，ふたをしてオーブンの中段に入れます。1時間ほど加熱して，豆が水分を吸収してやわらかくふっくらしていればできあがり。すぐに食べない場合は，密閉容器に移します。冷蔵庫で1週間ほど保存できます。温め直し：鍋にあけ，中火で5分ほど混ぜながら温めます。

ブラックビーンのトルティーヤベイク

ヴィーガンサワークリーム（284ページ参照）や，ローストパプリカのモレソース（108ページ参照）をたっぷり落として，新鮮なグリーンサラダと一緒に召し上がれ。

6人分

ポイント

豆を水にひたす：ブラックビーンと水12カップ（3L，分量外）をボウルに入れてラップをかけ，6時間以上，または冷蔵庫で一晩置きます。ざるに上げて水を切ります。

あらかじめスロークッカーで豆を煮ておくことも可能です。その場合は，182ページのレシピを参照し，つくり方1を省略します。

豆を煮た煮汁は「リカー」と呼ばれることもあります。煮汁にはデンプン質がにじみ出ているので，ソースのとろみづけに使ったり，コクを出すために煮込み料理に加えたりします。

トルティーヤはラベルを確認し，原材料に遺伝子組み換え作物を含まず，オーガニックで，小麦の添加や混入のないグルテンフリーのものを選びましょう。

- 耐熱性（オーブン可）の大鍋とふた

ブラックビーン（ポイント参照）	3カップ（750ml）
水	12カップ（3L）
海塩　分けて使用	小さじ1
ココナッツオイル	大さじ2
玉ねぎ　みじん切り	1カップ（250ml）
さつまいも　細かいさいの目切り	1/2カップ（125ml）
にんにく	6〜8かけ
チリパウダー	小さじ2
クミン（粉）	小さじ1
トマトピューレ	2カップ（500ml）
レモン果汁	大さじ2
コーントルティーヤ（グルテンフリー，15cm大，ポイント参照）	12枚

1. 大きめの鍋にブラックビーンと水，塩小さじ1/4を入れて強火にかけます。煮立ったら火を弱め，豆がやわらかくなるまで約1時間とろ火で煮込みます。煮汁を125ml取って（ポイント参照），ざるに上げて水気を切ります。

2. 耐熱の鍋でココナッツオイルを中〜強火で熱します。玉ねぎ，さつまいも，にんにくを入れ，玉ねぎがやわらかくなるまで5〜6分炒めます。チリパウダーとクミンを加え，2〜3分炒めます。

3. 1の豆，トマトピューレ，レモン果汁，残りの塩，豆の煮汁を加え，火を強めます。ひと煮立ちしたら弱火にして，全体が半分ほどになるまで煮詰めます（15〜20分）。

4. オーブンを200℃に予熱します。

5. コーントルティーヤを一口大にちぎり，3に混ぜます。鍋にふたをし，オーブンで30分ほど加熱してできあがり。温かいうちにいただきます。すぐに食べない場合は，冷ましてから密閉容器に移します。冷蔵庫で1週間ほど保存できます。温め直し：鍋にあけ，中火で5分ほど混ぜながら温めます。

キドニービーンでつくるイタリアンミートボール

豆でつくったタンパク質たっぷりのミートボールです。パスタに加えると，おいしさも満足度も格段にアップ。腹持ちもいいので，エネルギーチャージにもぴったりです。

---

10 〜 12個分

ポイント

にんにくを1株丸ごとローストするときは，包丁で株の上部0.5cmほどを切り落とし，中が少し見える状態にします。

水の代わりに同量の野菜だしでもOKです。

豆を水にひたす：キドニービーンと水8カップ（2L，分量外）をボウルに入れてラップをかけ，6時間以上，または冷蔵庫で一晩置きます。ざるに上げて水を切ります。

あらかじめスロークッカーで豆を煮ておくことも可能です。その場合は，182ページのレシピを参照し，つくり方1を省略します。

このレシピにはキドニービーンを使っていますが，同量のうずら豆でもおいしくつくれます。

にんにくの量は1かけの大きさで調整します。大きめなら6かけ，小さめなら8かけとなります。

- オーブンを160℃に予熱
- オーブンシートを敷いたオーブントレイ　2セット
- フードプロセッサー

にんにく（ポイント参照）	4株
エクストラバージンオリーブオイル	60ml
水（ポイント参照）	8カップ（2L）
赤キドニービーン（ポイント参照）	2カップ（500ml）
海塩　分けて使用	小さじ1
キビ　洗って水を切る	60ml
野菜だし（286ページ参照）	1と1/2カップ（375ml）
グレープシードオイル	大さじ1
玉ねぎ　みじん切り	1カップ（250ml）
にんにく　みじん切り（ポイント参照）	6 〜 8かけ
イタリアンパセリ　きざむ	1/2カップ（125ml）
生フラックスシード（粉）	60ml
玄米粉	大さじ2

1. オーブントレイに，にんにくを重ならないように並べてオリーブオイルを全体にふりかけ，よくからめます。オーブンに入れ，45分ほど焼きます。きつね色になり，やわらかくなったらオーブンから出し，冷まします。完全に冷めたら，にんにくの実を取り出します。
2. 鍋にキドニービーンと水，塩小さじ1/4を入れて強火にかけます。煮立ったら火を弱め，やわらかくなるまで約1時間とろ火で煮込みます。ざるに上げて水気を切ります。
3. 別の鍋にキビと野菜だしを入れ，ひと煮立ちさせます。煮立ったら弱火にして，キビがやわらかくなるまで20分ほど煮ます。火を止めて冷ましておきます。
4. フライパンでグレープシードオイルを中火で熱します。玉ねぎを入れ，透き通ってくるまで5 〜 6分ソテーします。にんにくのみじん切りを加え，香りが立つまで2 〜 3分ほど炒め，火を止めて冷まします。
5. オーブンを200℃に予熱します。
6. フードプロセッサーに，1のにんにく，2の豆，3のキビ，4の玉ねぎ，残りの塩，イタリアンパセリを入れて回します。ときどき止めて，容器の内側をこそげて混ぜ込みながら，全体がなめらかにな

キドニービーンには，赤と白が
ありますが，白でも代用でき
ます。

るまで回します。大きめのボウルに移し，生フラックスシードと玄
米粉を加えてよく混ぜます。

7. 手で60mlずつ丸めて，10〜12個のボールをつくります。

8. オーブントレイに並べてオーブンに入れ，ミートボールが触っても
くずれないくらいにかたまり，外側がこんがり色づく程度に焼きま
す（12〜15分）。温かいうちにいただきます。すぐに食べない場
合は，密閉容器に移します。冷蔵庫で1週間ほど保存できます。温
め直し：ふちのあるオーブントレイにオーブンシートを敷き，ミー
トボールを並べます。180℃に予熱したオーブンに入れ，約10分
温めます。

ブラックビーンでつくるバーガーパティ

夏のバーベキューの定番になりそうな，タンパク質たっぷりのバーガーパティです。メープル＆チポトレのBBQソース（111ページ参照）をたっぷりかけて，ヴィーガンバーガーを楽しみましょう。サイドディッシュにはキヌアのタブーリ（219ページ参照）やメープルベイクドビーンズ（204ページ参照）がよく合います。

パティ 8枚分

ポイント

豆を水にひたす：ブラックビーンと水8カップ（2L，分量外）をボウルに入れてラップをかけ，6時間以上，または冷蔵庫で一晩置きます。ざるに上げて水を切ります。

あらかじめスロークッカーで豆を煮ておくことも可能です。その場合は，182ページのレシピを参照し，つくり方1を省略します。

ケチャップの代わりに，トマトピューレ1カップ（250ml）とアガベシロップ大さじ3を混ぜたものでもOKです。つくり方3で，しょうゆと同時に加えてください。

フラックスシードにはブラウンとゴールデンがあります。このレシピではどちらでも使えます。フラックスシード大さじ3（45ml）を，ミキサーにかけるか，または清潔なスパイスミルで挽きます。

- フードプロセッサー
- オーブンシートを敷いたオーブントレイ

水　分けて使用	9カップ（2.25L）
ブラックビーン（ポイント参照）	2カップ（500ml）
キビ　洗って水を切る	1/2カップ（125ml）
グレープシードオイル	大さじ1
玉ねぎ　薄切り	中1個
チリパウダー	小さじ1
クミン（粉）	小さじ1/2
ケチャップ（ポイント参照）	60ml
たまりしょうゆ	大さじ3
生ひまわりの種	60ml
玄米粉	1/2カップ（125ml）
生フラックスシード（粉，ポイント参照）	60ml

1. 大きめの鍋にブラックビーンと水6カップ（1.5L）を入れて強火にかけます。煮立ったら火を弱め，豆がやわらかくなるまで約1時間とろ火で煮込みます。ざるに上げて水気を切り，ボウルに移します。
2. 別の鍋にキビと水3カップ（750ml）を入れ，ひと煮立ちさせます。煮立ったら弱火にして，水分がほぼ吸収されるまで15分ほど炊きます。火を止め，ふたをしてしばらく置き，1のボウルに混ぜ入れます（ポイント参照）。
3. フライパンでグレープシードオイルを中火で熱します。玉ねぎを入れ，軽く焼き色がつくまで3〜4分炒めます。チリパウダーとクミンを加え，香りが立つまで1〜2分炒め，ケチャップとしょうゆを加えて2〜3分煮詰めます。火を止めて少し冷まします。豆とキビの入ったボウルにあけ，生ひまわりの種も加えて混ぜ合わせます。
4. オーブンを200℃に予熱します。
5. 3をフードプロセッサーに移し，全体がなめらかになるまで回します。ときどき止めて，容器の内側をこそげて混ぜ込みます。混ざったらボウルに戻し，玄米粉と生フラックスシードを加え，全体がまとまるまでよく混ぜます。

キビなどの雑穀を炊くときは通常ふたをしたまま加熱します。私の場合，鍋に水と雑穀を入れて強火にかけ，ひと煮立ちしたら火を弱めます。ふたをせずに煮て，水分がほとんどなくなったら火を止め，ふたをして10〜15分ほど蒸らします。この方法でいつもふっくらとした米や雑穀が炊けます。

6. おたまを水に濡らし，具をすくい取ってオーブントレイに落としていきます。均等な分量で8個つくり，手で丸く形を整えます。

7. オーブンで15〜20分，パティに焼き色がつき，中まで火が通ればできあがり。すぐに食べない場合は，密閉容器に移します。冷蔵庫で1週間ほど保存できます。温め直し：ふちのあるオーブントレイにオーブンシートを敷き，パティを並べます。180℃に予熱したオーブンに入れ，約10分温めます。

レンズ豆のローフ　BBQソースがけ

スロークッカーでじっくり蒸し煮にしたタンパク質豊富なレンズ豆のローフは，しっとりやわらかなしあがりです。クリーミーマッシュポテト（178ページ参照）とグレービーソース（285ページ参照）をたっぷり添えて召し上がれ。

4〜6人分

ポイント

雑穀は基本のキヌア（233ページ参照）4カップ（1L）で代用できます。

フラックスシードを挽く：ミキサーまたは清潔なスパイスミルに60mlを入れ，高速で回し，細かい粉末にします。冷蔵で1カ月間ほど保存できます。

スロークッカーで調理中はふたを開けないようにします。一度開けると温度が下がり，調理時間を20〜30分延長しなければならなくなります。

ローフは前もってつくり，密閉容器に移しておけば冷蔵庫で1週間ほど保存できます。

- フードプロセッサー
- 20cm/10cmのパウンドケーキ型　油（分量外）を塗る
- スロークッカー（容量3.8L）

キビ　洗って水を切る（ポイント参照）	1カップ（250ml）
水	つくり方1，2を参照
緑レンズ豆（乾燥）　洗って水を切る	2カップ（500ml）
グレープシードオイル	大さじ2
にんじん　粗みじん切り	1/2カップ（125ml）
セロリ　粗みじん切り	1/2カップ（125ml）
玉ねぎ　粗みじん切り	1/2カップ（125ml）
海塩	小さじ1/2
にんにく　みじん切り	4〜5かけ
たまりしょうゆ	60ml
ニュートリショナルイースト	60ml
タイムの葉　きざむ	大さじ2
玄米粉	1/2カップ（125ml）
生フラックスシード（ゴールデン，粉，ポイント参照）	60ml
メープル＆チポトレのBBQソース（111ページ参照）	
	1カップ（250ml）

1. 大きめの鍋にキビと水3カップ（750ml）を入れ，ひと煮立ちさせます。煮立ったら弱火にして，水分がほぼ吸収されるまで15分ほど煮ます。火を止めてふたをし，しばらく置きます。

2. 1と並行して，別の鍋に緑レンズ豆と水4カップ（1L）を入れ，強火にかけます。煮立ったら火を弱め，豆がやわらかくなるまで約20分とろ火で煮込みます。ざるに上げて水気を切ります。

3. フライパンでグレープシードオイルを中火で熱します。にんじん，セロリ，玉ねぎ，塩を入れ，やわらかくなるまで5〜6分炒めます。にんにくを加え，香りが立つまでさらに2〜3分炒めます。火を止め，しょうゆ，ニュートリショナルイースト，タイムを加えて混ぜます。

4. フードプロセッサーに，1のキビ，2の豆，3の野菜のそれぞれ半分の量を入れ，回します。ときどき止めて，容器の内側をこそげて混ぜ込みながら，全体がなめらかになるまで回し，大きめのボウル

にあけます。**1**，**2**，**3**の残りの半量はそのままボウルに入れ，混ぜ合わせます。玄米粉と生フラックスシードも加えてよく混ぜます。

5. **4**を型に入れて表面を平らにならします。その上にBBQソースをかけて均等にならします。スロークッカーの内鍋に入れて，周りに水をそそぎます。

6. スロークッカーのふたをして，低温で6時間または高温で3時間調理します。型を取り出したら，10分ほど置いて冷まします。型をひっくり返してローフを取り出し，好みの厚さに切り分けて盛りつけます。

ひよこ豆のベイクドフリッター

クリスピーな豆のフリッターを，みそとタヒーニのソース（121ページ参照）や，ローストガーリックのチミチュリソース（109ページ参照）と一緒にどうぞ。

（121ページ参照）（109ページ参照）

8個分

ポイント

ひよこ豆の水煮：ひよこ豆1カップと水4カップ（1L，分量外）をボウルに入れラップをかけ，6時間以上，または冷蔵庫で一晩置き，水を切ります。大鍋に豆とたっぷりの水（分量外）を入れて強火にかけます。煮立ったら火を弱め，豆がやわらかくなるまで約1時間とろ火で煮込みます。ざるに上げて水気を切ります。スロークッカーを使う場合は182ページを参照してください。

182ページを参照してください。

このレシピでは，ひよこ豆粉がない場合は，ココナッツ粉1/2カップ（125ml），タピオカ粉60ml，玄米粉60mlを混ぜ合わせたもので代用できます。

- オーブンを200℃に予熱
- フードプロセッサー
- オーブンシートを敷いたオーブントレイ

ひよこ豆水煮　分けて使用（ポイント参照）	1カップ（250ml）
ひよこ豆粉（ポイント参照）	1カップ（250ml）
ニュートリショナルイースト	80ml
海塩	小さじ1
水	1カップ（250ml）
生フラックスシード（粉）	大さじ2
赤パプリカ　細切り	1/2カップ（125ml）
ズッキーニ　薄切り	1/2カップ（125ml）
赤玉ねぎ　薄切り	60ml

1. フードプロセッサーにひよこ豆1/2カップ（125ml）を入れてざっと回します。ひよこ豆粉，ニュートリショナルイースト，塩を加え，全体がまとまるまで回します。モーターを回したまま，水を少しずつ注入口からそそぎ入れます。ペースト状になるまで回します。
2. 1を大きめのボウルに移し，生フラックスシード，残りのひよこ豆を加えてよく混ぜます。ラップをかけて5分ほど置き，フラックスシードに水分を吸収させます。
3. 赤パプリカ，ズッキーニ，赤玉ねぎを加えてよく混ぜ合わせます。具を8等分し，オーブントレイに落とします。
4. オーブンで20分ほど焼きます。全体にこんがり焼き色がつき，中まで火が通っていればできあがり。フリッターは密閉容器で5日間ほど冷蔵保存できます。温め直し：オーブントレイにオーブンシートを敷き，フリッターを並べます。180℃に予熱したオーブンで12分ほど温めます。

バリエーション

カレー味のベイクドフリッター：つくり方1で，生姜のみじん切り大さじ1，カレーパウダー大さじ1，クミン（粉）小さじ1，ターメリック（粉）小さじ1/4をフードプロセッサーに加えます。つくり方2からは同様です。

カレー味のクリスピーひよこ豆

カリカリに揚げたひよこ豆は，そのままスナックとして，サラダやスープのトッピングとして，さまざまに活用できます。気軽にタンパク質がとれる便利な常備菜です。

4カップ（1L）分

ポイント

ひよこ豆を水にひたす：乾燥ひよこ豆2カップ（500ml）と水8カップ（2L，分量外）をボウルに入れます。ラップをかけて6時間以上，または冷蔵庫で一晩置き，水を切ります。あらかじめスロークッカーで豆を煮ておくことも可能です。その場合は，182ページのレシピを参照し，つくり方1を省略します。

カレーパウダーのほかにも，ガラムマサラ，チャートマサラ，ゴーダマサラなどのインドスパイスが使えます。

- キッチンペーパーを敷いたオーブントレイ

ひよこ豆（ポイント参照）	2カップ（500ml）
水	8カップ（2L）
海塩　分けて使用	小さじ3/4
ココナッツオイル	1/2カップ（125ml）
カレーパウダー（ポイント参照）	小さじ1
クミン（粉）	小さじ1/4

1. 大きめの鍋にひよこ豆と水，塩小さじ1/4を入れてひと煮立ちさせます。火を弱め，豆がやわらかくなるまで約1時間とろ火で煮込みます。ざるに上げて水気を切ります。

2. 小さめの鍋にココナッツオイルを入れ，中火にかけて溶かします。ひよこ豆を加えて，混ぜながら10分ほど揚げ焼きにします。

3. まんべんなくこんがり焼けたら，穴あきおたまですくい，キッチンペーパーを敷いたトレイに置いて，余分な油を切り，すぐにボウルに移します。塩小さじ1/2，カレーパウダー，クミンを全体にまぶしてできあがりです。

4. すぐに食べない場合は，密閉容器に移します。冷蔵庫で1週間ほど保存できます。

バリエーション

メキシカンクリスピーひよこ豆：つくり方3で，カレーパウダーの代わりに同量のチリパウダーを使い，クミンを小さじ1/2に増やします。あればチポトレパウダーも少々加えます。

ジャスミンライスのサラダ

香草やライム，ごま油の香りが漂うエスニック風味のサラダです。抹茶入りグリーンジュース（41 ページ参照）や，さっぱりとしたきゅうり，アロエ，すいかのジュース（40 ページ参照）と一緒にいかがでしょうか。

4人分

ポイント

ジャスミンライスは，別名“タイの香り米”と呼ばれ，タイが原産の長粒米です。甘い香りで香ばしく，粘り気が少なく水分を吸収しづらいのが特徴です。アジアやインド料理にぴったりです。

バイマックルーはこぶみかんの葉で，中華系やタイ，インド系のお店で販売しています。鼻に抜ける強いフレーバーなので，少量でも十分香りがします。通常1〜2枚の葉があれば十分です。

香菜やそのほかの材料を混ぜるとき，ご飯は冷ます必要はありません。ご飯がまだ温かいうちのほうが，ほかの食材の風味を吸収し，よくなじみます。

水	2カップ（500ml）
ジャスミンライス玄米（ポイント参照）	1カップ（250ml）
海塩　分けて使用	小さじ1/2
バイマックルー（ポイント参照）	1枚
香菜（パクチー）　ざく切り	1/2カップ（125ml）
焙煎ごま油	大さじ3
オリーブオイル	大さじ1
ライム果汁	大さじ3
米酢	大さじ2
生白ごま	大さじ1
生姜のすりおろし	小さじ1

1. 鍋に水，ジャスミンライス玄米，塩小さじ1/4，バイマックルーを入れ，強火にかけます。煮立ったら火を弱め，一度かき混ぜてふたをしっかりして45分ほど，米がやわらかくなるまで炊きます。
2. 火を止めて，ご飯を底からざっと混ぜ，空気を含ませます。再びふたをして10分ほど蒸らし，水分を残らず吸収させます。
3. 大きめのボウルにご飯，香菜，ごま油，オリーブオイル，ライム果汁，米酢，ごま，生姜，残りの塩を入れ，全体をよく混ぜ合わせます。
4. ラップをかけ，冷蔵庫で30分ほど冷やしてできあがり。すぐに食べない場合は，密閉容器に移します。冷蔵庫で約3日間保存できます。

赤米と豆のサラダ

赤米は玄米と味も栄養価も似ているので，玄米と同じように使うことができます。カラフルで見た目にも華やかで，味わいもよく，満足感もたっぷりの豆のサラダ。温めても冷やしてもおいしく召し上がれます。

4人分

ポイント

野菜だしがない場合は水でもつくれます。

赤米にはいくつか種類があり，種類によって炊き方も違います。このレシピはブータン産の赤米で試しました。ほかの種類の赤米を使った場合は，炊き上がりが違う可能性があります。

ブラックビーンは自分で煮たものでも水煮缶でもOKです。缶詰の場合はできれば塩が無添加のものを選び，流水ですすいでから使います。

缶詰の食品を買うときは，内側のコーティングにBPA（ビスフェノールA）が使われていないか確認しましょう。BPAに関しては，ホルモンバランスの不調との因果関係や発がん性などの報告があります。

ご飯を豆などに混ぜるときは，冷ます必要はありません。ご飯がまだ温かいうちのほうが，ほかの食材の風味を吸収し，よくなじみます。

野菜だし（286ページとポイント参照）	2カップ（500ml）
ブータン赤米　洗って水を切る（ポイント参照）	1カップ（250ml）
海塩　分けて使用	小さじ1
ブラックビーン水煮　水気を切る（ポイント参照）	2カップ（500ml）
イタリアンパセリ　きざむ	1カップ（250ml）
トマト　一口大に切る	1/2カップ（125ml）
赤パプリカ　みじん切り	1/2カップ（125ml）
レモン果汁	60ml
クミン（粉）	小さじ1/2
チリパウダー	小さじ1/2
カイエンペッパー	少々

1. 鍋に野菜だし，赤米，塩小さじ1/2を入れ，強火にかけます。煮立ったら火を弱め，一度かき混ぜてしっかりふたをして45分ほど，水分がほぼ吸収されて米がやわらかくなるまで炊きます。

2. 米を炊く間，大きめのボウルにブラックビーン，イタリアンパセリ，トマト，赤パプリカ，レモン果汁，クミン，チリパウダー，カイエンペッパー，残りの塩を入れて混ぜ合わせます。

3. 1の鍋の火を止め，ご飯を底からざっと混ぜ，空気を含ませます。再びふたをして10分ほど蒸らします。

4. ご飯を2のボウルにあけ，全体をよく混ぜてできあがり。すぐに食べない場合は，密閉容器に移します。冷蔵庫で約3日間保存できます。

インドネシア風黒米のサラダ

黒米はあらゆる穀物の代用となる便利なグルテンフリー食材です。ややもっちりとした食感とナッツのような香ばしい風味があり，新鮮なハーブ，野菜，レモンと相性抜群です。

4人分

ポイント

このレシピには中国産の黒米を使います。黒いふすまに覆われた白い粒の中粒米で，炊くと濃い紫色になり，ややもちっとした食感とナッツのような風味があります。タイ産の黒米は粘りが強く，このレシピには向いていないので使用しないでください。

ココナッツシュレッドには細切り，ミディアム，ロングとありますが，サラダには食感のバランスをくずさない細切りタイプをよく使います。

ココナッツオイルがかたまっているときはフライパンに入れ，弱火にかけて溶かします。

パイナップルやそのほかの材料を混ぜるとき，ご飯は冷ます必要はありません。ご飯がまだ温かいうちのほうが，ほかの食材の風味を吸収し，よくなじみます。

水	4カップ（1L）
中国黒米　洗って水を切る（ポイント参照）	1カップ（250ml）
海塩　分けて使用	小さじ1/2
赤パプリカ　粗みじん切り	1/2カップ（125ml）
パイナップル　みじん切り	1/2カップ（125ml）
香菜（パクチー）　ざく切り	1/2カップ（125ml）
ココナッツシュレッド（細切り，無糖，ポイント参照）	60ml
ライム果汁	大さじ3
液状ココナッツオイル（ポイント参照）	大さじ3
チリパウダー	小さじ1/2

1. 大きめの鍋に水，中国黒米，塩小さじ1/4を入れ，ひと煮立ちさせます。火を弱め，一度かき混ぜ，ふたをしっかりして40分ほど，水分がほぼ吸収されて米がやわらかくなるまで炊きます。

2. 火を止めて，ご飯を底からざっと混ぜ，空気を含ませます。再びふたをして10分ほど蒸らします。水分がすべて吸収されたら，大きめのボウルに移します。

3. 赤パプリカ，パイナップル，香菜，ココナッツシュレッド，ライム果汁，ココナッツオイル，チリパウダー，塩小さじ1/4を加え，よく混ぜ合わせてできあがり。すぐに食べない場合は，密閉容器に移します。冷蔵庫で約3日間保存できます。

アフリカ風スパイシー雑穀サラダ

ビタミンやミネラルを豊富に含む雑穀（キビ，アワ，ヒエ）は，米やキヌアの代わりとしてさまざまなレシピに活用できます。ここでは，香りのよいスパイスと合わせてシンプルなサラダにしてみました。ランチやサイドディッシュにどうぞ。

4人分

ポイント

ホールスパイスの焙煎：しっかり乾いたフライパンを中～強火にかけ，スパイスを加えて乾煎りします。フライパンを前後に揺らしながら炒り，スパイスの香りが立ち，煙がかすかに立ち始めたら耐熱性のボウルにあけて冷まします。

このレシピでは，より"サラダ"らしい食感を出すため，ふたをしたまま雑穀を炊きます。

水	2カップ（500ml）
雑穀（キビ，アワ，ヒエ）洗って水を切る	1カップ（250ml）
海塩	小さじ1
エクストラバージンオリーブオイル	60ml
レモンの皮のすりおろし	小さじ1
レモン果汁	大さじ3
クミン（粉）	小さじ1
キャラウェイシード　焙煎する（ポイント参照）	小さじ1/2
フェネグリークシード　焙煎する	小さじ1/2
コリアンダー（粉）	小さじ1/4
スモークパプリカ（粉）	小さじ1/4
カイエンペッパー	小さじ1/8
チリパウダー	好みで少々

1. 鍋に水，雑穀，塩小さじ1/4を入れ，中火にかけます。煮立ったら弱火にし，一度かき混ぜてからふたをしっかりして20分ほど，やわらかくなるまで炊きます。水分が多少残っていてもかまいません（ポイント参照）。

2. 火を止めて一度ざっくり混ぜ，再びふたをして10分ほど蒸らします。蒸らすことで雑穀が水分をしっかり吸収し，ふっくらしあがります。

3. 大きめのボウルに2の雑穀，オリーブオイル，レモンの皮のすりおろしと果汁，スパイス全部を加えます。全体がなじむようにしっかり混ぜてできあがり。すぐに食べない場合は，密閉容器に移します。冷蔵庫で約3日間保存できます。

雑穀とクランベリーのサラダ

甘酸っぱくてさわやかなクランベリーを，ふわっと軽く炊いた雑穀に合わせます。感謝祭やクリスマスのディナーに加えたい，見た目も華やかなサラダです。

4人分

ポイント

クランベリーを水にひたす：ボウルにクランベリーと水3カップ（750ml，分量外）を入れ，ラップをかけて30分ほど置きます。ざるに上げて水を切ります。

ドライクランベリーは，糖分の管理と保存料を避けるという意味でも，砂糖無添加でオーガニックのものを選びましょう。

クランベリーやその他の材料を混ぜるとき，雑穀は冷ます必要はありません。まだ温かいうちのほうが，ほかの食材の風味を吸収し，よくなじみます。

水	2カップ（500ml）
雑穀（キビ，アワ，ヒエ）洗って水を切る	1カップ（250ml）
海塩	小さじ1/2
ドライクランベリー（無糖，ポイント参照）	1カップ（250ml）
イタリアンパセリ　きざむ	1/2カップ（125ml）
レモンの皮のすりおろし	小さじ2
レモン果汁	大さじ3
エクストラバージンオリーブオイル	大さじ2

1. 鍋に水，雑穀，塩を入れ，ひと煮立ちさせます。弱火にし，ふたをしっかりして20分ほど，やわらかくなるまで炊きます。水分が多少残っていてもかまいません。
2. 火を止めて一度ざっくり混ぜ，ふたをして10分ほど蒸らします。蒸らすことで雑穀が水分をしっかり吸収し，ふっくらしあがります。
3. 大きめのボウルに2の雑穀，ドライクランベリー，イタリアンパセリ，レモンの皮のすりおろしと果汁，オリーブオイルを加えます。全体がなじむようにしっかり混ぜてできあがりです。
4. すぐに食べない場合は，密閉容器に移します。冷蔵庫で約5日間保存できます。

バリエーション

オレンジジンジャー雑穀サラダ：クランベリーは使用しません。つくり方3で，皮を取って一口大に切ったオレンジの果実2カップ（500ml）とすりおろした生姜大さじ2，オールスパイス（粉）小さじ1/8を加えます。

キヌアのタブーリ

タブーリはパセリとブルグル小麦をオリーブオイルで和えたサラダで，中東の伝統料理です。ここでは小麦を使わず，グルテンフリーにアレンジしてみました。キヌアを使うことでタンパク質もぐんとアップしています。

5～6人分

ポイント

キヌアを洗う：目の細かいざるに入れて流水にさらし，にごった水が出なくなるまですすぎます。

トマトから種を取り除く：果物ナイフを使ってヘタと芯を取り除きます。まず縦に4つに切って，まな板に寝かせて置き，種を小さなスプーンですくい取ります。

キヌアが冷める前にほかの具材を混ぜ合わせます。キヌアがまだ温かいうちのほうが，ほかの食材の風味となじみやすいです。

水	3カップ（750ml）
キヌア（ポイント参照）	1と1/2カップ（375ml）
海塩　分けて使用	小さじ1/2
イタリアンパセリ　きざむ	1カップ（250ml）
赤パプリカ　みじん切り	1/2カップ（125ml）
万能ねぎ　小口切り	1/2カップ（125ml）
トマト　種を取ってみじん切り（ポイント参照）	
	1/2カップ（125ml）
エクストラバージンオリーブオイル	60ml
レモン果汁	大さじ3

1. 大きめの鍋に水，キヌア，塩小さじ1/4を入れ，ひと煮立ちさせます。火を弱め，ふたをせずに15分煮ます。水分がだいたい吸収されたら火を止めて，ふたをして10分ほど蒸らします。蒸らすことでキヌアが水分をしっかり吸収し，ふっくらしあがります。

2. 大きめのボウルにキヌア，イタリアンパセリ，赤パプリカ，万能ねぎ，トマト，オリーブオイル，レモン果汁，塩小さじ1/4を加えます。全体がなじむようにしっかり混ぜてできあがりです。

3. すぐに食べない場合は，密閉容器に移します。冷蔵庫で約5日間保存できます。

クリーミーココナッツのタイ風キヌアサラダ

スパイスや香菜をふんだんに使ったエスニックなサラダです。ふんわりしたキヌア，シャキシャキの
にんじん，独特な香りをもつ香菜をバランスよく組み合わせ，タイ風にしあげました。軽めのランチ
に最適ですが，ディナーのサイドディッシュとしても大活躍してくれます。

4人分

ポイント

ココナッツミルクは，分離して
いるクリームと水分をよく混ぜ
てから計量します。

香菜（パクチー）は下のほうの
茎はかたいので，切り落としま
す。上部の茎はやわらかいので，
葉と一緒にきざんで使います。

タンパク質をアップさせたい場
合は，つくり方2で，生ヘンプ
シード（皮なし）を大さじ3〜4
追加します。

キヌアが冷める前にほかの具材
を混ぜ合わせます。キヌアがま
だ温かいうちのほうが，ほかの
食材の風味となじみやすいです。

水	3と1/2カップ（875ml）
キヌア　洗って水を切る（前ページのポイント参照）	
	2カップ（500ml）
ココナッツミルク（全脂肪，ポイント参照）	1/2カップ（125ml）
海塩　分けて使用	小さじ1/2
香菜（パクチー，ポイント参照）	1カップ（250ml）
にんじん　千切り	1/2カップ（125ml）
ライム果汁	大さじ3
アガベシロップ	小さじ1
カイエンペッパー	少々

1. 鍋に水，キヌア，ココナッツミルク，塩小さじ1/4を入れ，強火に
   かけます。ひと煮立ちしたら火を弱め，ふたをせずに15分煮ます。
   水分がだいたい吸収されればOKです。

2. 火を止めて，ふたをして10分ほど蒸らします。蒸らすことでキヌ
   アが水分をしっかり吸収し，ふっくらしあがります。

3. 大きめのボウルにキヌア，香菜，にんじん，ライム果汁，アガベシ
   ロップ，カイエンペッパーを加えます。全体がなじむようにしっか
   り混ぜてできあがり。すぐに食べない場合は，密閉容器に移します。
   冷蔵庫で約5日間保存できます。

ブラックアイドピーズ＆ライス

アメリカ南部の名物料理「ピーズ＆ライス」を黒目豆（ブラックアイドピーズ）でつくります。ぜひ，夏のバーベキューパーティーの定番にしてください。メープルベイクドビーンズ（204ページ参照）や，根菜のジュース（43ページ参照）と合わせたら，食も話も進むこと間違いなし！

4人分

ポイント

水の代わりに野菜だし（286ページ参照）を使ってもOKです。

黒目豆は自分で煮ても，水煮缶でもOKです。また，キドニービーンで代用できます。

缶詰を使う場合は塩分無添加が理想です。使用前によく洗って水気を切ります。

玉ねぎは切らずに調理して，取り分けるときにばらします。

少し辛めにしあげたい場合は，カイエンペッパー小さじ1/4を加えます。

水（ポイント参照）	2カップ（500ml）
玄米　洗って水を切る	1カップ（250ml）
黒目豆水煮（ポイント参照）	2カップ（500ml）
玉ねぎ（ポイント参照）	1/2個
ニュートリショナルイースト	1/2カップ（125ml）
海塩	小さじ1
チリパウダー	小さじ1/2
ベイリーフ（ローリエ）	1枚

1. 鍋に全材料を入れ，強火にかけます。沸騰したら全体を一度だけざっと混ぜ（混ぜすぎるとデンプン質が出て，必要以上にベタついてしまうので注意），弱火にしてしっかりふたをします。

2. 米がやわらかくなるまで45分ほど煮ます。水分がだいたい吸収されたら火を止め，もう一度だけざっと混ぜて，そのままふたをせずに5分ほど置きます。

3. すぐに食べない場合は，密閉容器に移します。冷蔵庫で約3日間保存できます。

ダーティーライス

ダーティーライスは鶏レバーを使って炊き込むアメリカの南部料理ですが，ヴィーガン版では黒豆を使います。ブリトーやタコス，エンチラーダなど，メキシコ料理のつけ合わせに最適で，スパイスが決め手になります。素材のおいしさを引き出すためにも，スパイスは新鮮なものを使いましょう。

4人分

ポイント

豆を煮る：ブラックビーンと水3カップ（750ml，分量外）をボウルに入れてふたをし，6時間以上，または冷蔵庫で一晩置きます。ざるに上げて水を切ります。鍋に豆と水を入れて強火にかけます。煮立ったら火を弱め，豆がやわらかくなるまで約1時間とろ火で煮込みます。スロークッカーで煮てもOKです（182ページ参照）。

トマト水煮缶（ダイスカット，汁も含む）	2カップ（500ml）
水	1と1/2カップ（375ml）
玄米	1カップ（250ml）
ブラックビーン水煮（ポイント参照）	1カップ（250ml）
玉ねぎ　粗みじん切り	1/2カップ（125ml）
クミンパウダー	大さじ1
チリパウダー	小さじ2
にんにく	2かけ
カイエンペッパー	少々

1. 鍋に全材料を入れ強火にかけます。煮立ったら弱火にし，一度全体をざっくりと混ぜ，しっかりふたをします。米がやわらかくなるまで45分ほど煮ます。

2. 温かいうちにいただきます。すぐに食べない場合は，冷ましてから密閉容器に移します。冷蔵庫で約3日間保存できます。温め直し：鍋にあけ，水60mlを足して中火にかけます。煮立たせないように，5分ほど全体を温めます。

ココナッツ玄米ケーキ

スパイシーなメインディッシュに添えれば，ココナッツの甘さが辛さを中和してくれます。テンペとかぼちゃのスパイス煮込みや，花ズッキーニとスパイシーケソ（チーズ）ディップ（いずれも下巻参照）と合わせてみるのがおすすめです。

4人分

ポイント

ココナッツミルクを1/2カップ（125ml）に，水を3と1/2カップ（875ml）にすると，軽いしあがりになります。

米を水にひたしておくと，炊き上がりがよりやわらかく，粘り気も出ます。
米を水にひたす：ボウルに米と水4カップ（1L，分量外）を入れ，ふたをして45分間置きます。ざるに上げて水を切ります。

もうひと味加えたい場合は，つくり方1でコリアンダーシード小さじ1を加えます。

焼きたてを提供する場合：オーブンを200℃に予熱します。オーブンシートを敷いたオーブントレイに切った玄米ケーキを並べ，約20分こんがりと焼きます。

• 金属製ケーキ型（20cm角）2個　1個にはオーブンシートを敷く

水	2カップ（500ml）
ココナッツミルク（ポイント参照）	2カップ（500ml）
玄米（ポイント参照）	2カップ（500ml）
海塩	小さじ1/2
にんにく	1かけ

1. 鍋に全材料を入れ（ポイント参照），強火にかけます。煮立ったら弱火にして，一度全体をざっくり混ぜ，しっかりふたをします。米がやわらかくなるまで45分ほど煮ます。水分がだいたい吸収されたら火を止めて，にんにくを取り除きます。

2. オーブンシートを敷いたケーキ型に1の米をあけます。均等に広げてならし，もう1個のケーキ型を重ねて強く押します。そのまま冷蔵庫で2時間ほど冷やしかためます。

3. オーブンシートを持って引き上げ，型から取り出します。4つに切り分け，冷たいまま，または焼いて（ポイント参照）盛りつけます。すぐに食べない場合は，密閉容器に移します。冷蔵庫で約3日間保存できます。

かぼちゃの玄米オニオン詰め

じっくり焼いたかぼちゃと玄米で, 心も体もほっこり温まる一品になりました。ケールやブロッコリーなどシンプルな蒸し野菜を添えてどうぞ。

2人分

ポイント

かぼちゃの皮はむかずに使います。かぼちゃの皮には栄養が豊富に含まれています。

• **オーブンシートを敷いたオーブントレイ**

水	2カップ (500ml)
玄米	1カップ (250ml)
玉ねぎ　粗みじん切り	1カップ (250ml)
赤玉ねぎ　薄切り	1カップ (250ml)
ニュートリショナルイースト	1/2カップ (125ml)
海塩	小さじ1/2
タイムの葉　きざむ	大さじ1
にんにく	6〜8かけ
かぼちゃ　半分に切って種とワタを取り除く (ポイント参照)	1個

1. 鍋に水, 玄米, 玉ねぎ, 赤玉ねぎ, ニュートリショナルイースト, 塩, タイム, にんにくを入れてひと煮立ちさせます。弱火にし, 一度全体を混ぜ, ふたをしっかりして, 米がやわらかくなるまで45分ほど煮ます。多少水分が残っていてもかまいません。

2. 火を止めて, 鍋底からざっくりと混ぜ, ふたをして10分ほど蒸らし, 水分をしっかり吸収させます。

3. オーブンを200℃に予熱します。半分に切ったかぼちゃに**2**を均等に分け入れ, オーブントレイにのせて焼きます。45分ほど焼き, かぼちゃがやわらかくなればできあがりです。

4. 温かいうちにいただきます。すぐに食べない場合は, 密閉容器に移します。冷蔵庫で約3日間保存できます。

ワイルドライスのピラフ

ワイルドライスは次世代のスーパーフードの呼び声が高く，栄養価が抜群です。そんなワイルドライスの素朴な味わいを楽しめる定番の副菜がこのレシピです。どんな料理にでもよく合うので，家族の集まりなどに最適です。冷やせばサラダにもなります。

4人分

ポイント

ニュートリショナルイーストは，熱湯で溶くと鶏がらスープのような風味になります。私は風味を出すために，よくスープのだしにしたりご飯を炊くときに加えたりします。

野菜だし（286ページ参照）	4カップ（1L）
ワイルドライス 洗って水を切る	1カップ（250ml）
ニュートリショナルイースト（省略可，ポイント参照）	
	1/2カップ（125ml）
玉ねぎ みじん切り	1/2カップ（125ml）
セロリ みじん切り	60ml
海塩	小さじ1

1. 大きめの鍋に野菜だし，ワイルドライス，ニュートリショナルイースト（省略可），玉ねぎ，セロリ，塩を入れてひと煮立ちさせます。弱火にし，ふたをしっかりして，米が水分をほぼ吸収してやわらかくなるまで50分ほど煮ます。ざるに上げて余分な水分を切ります。
2. 温かいうちにいただきます。すぐに食べない場合は，密閉容器に移します。冷蔵庫で約5日間保存できます。

バリエーション

ハーブ入りワイルドライスのピラフ：大きめの鍋にワイルドライス2カップ（500ml），水4カップ（1L），塩小さじ1/2を入れてひと煮立ちさせます。弱火にし，しっかりふたをして50分ほど，米が水分を吸収してふくらみ，黒い皮が破れ始めるまで煮ます。ざるに上げて余分な水分を切り，ボウルに移します。ざっときざんだイタリアンパセリ1/2カップ（125ml），きざんだタイムの葉大さじ1，きざんだローズマリー小さじ1をざっくり混ぜます。温かいうちにいただきます。すぐに食べない場合は，密閉容器に移します。冷蔵庫で約5日間保存できます。

きのこ入りワイルドライスピラフ

体の芯から温まるような豊かな味わいのピラフで，秋から冬にかけてつくりたくなる一品です。ワイルドライスのナッツのような風味と歯応えが，ローストしたきのこと絶妙に合います。ニュートリショナルイーストとタヒーニで，リゾットのようなクリーミーさを出しました。

4人分

ポイント

このレシピではホワイトマッシュルームを使っていますが，どの種類のきのこでもおいしくつくれます。私はよく，ホワイトとブラウンマッシュルーム，しいたけ，アンズ茸を取り混ぜて使います。

このレシピに使うワインはシャルドネがおすすめですが，辛口の白ワインならどの種類でもOKです。

野菜だしがない場合は水で代用できます。

ココナッツオイル	大さじ3
きのこ　薄切り（ポイント参照）	8カップ（2L）
玉ねぎ　みじん切り	1カップ（250ml）
にんにく　みじん切り	6〜8かけ
ワイルドライス　洗って水を切る	2カップ（500ml）
白ワイン　辛口（省略可，ポイント参照）	1/2カップ（125ml）
濃いめの野菜だし（286ページ参照）	6カップ（1.5L）
ニュートリショナルイースト	1/2カップ（125ml）
タヒーニ（練りごまで代用可）	大さじ3
たまりしょうゆ	大さじ2
タイムの葉　きざむ	大さじ2

1. 大きめの鍋にココナッツオイルを入れ，中〜強火にかけて熱します。きのこを入れ，10分ほどソテーします。きのこから出た水分が飛んで，きのこに焼き色がついたら，穴あきおたまですくってボウルに移します。同じ鍋に玉ねぎを入れ，透き通るまで3分ほど炒めます。にんにくを加え，香りが立つまで2分ほど炒めます。

2. ワイルドライスを加え，4〜5分炒めます。米がこんがり焼けて香りが立ってきたら白ワインを加え，水分が飛ぶまで炒めます。

3. 濃いめの野菜だしを加えて強火にします。煮立ったらふたをして弱火にし，米が水分を吸収してやわらかくなるまで50分ほど煮ます。

4. 火を止めて，1のきのこ，ニュートリショナルイースト，タヒーニ，しょうゆ，タイムを加えて混ぜて温かいうちにいただきます。すぐに食べない場合は，密閉容器に移します。冷蔵庫で約5日間保存できます。

テフのケーキ

テフとはアフリカ原産の穀物で栄養価が高く，ナッツに似た濃厚で深い味わいが特徴です。クラシック・ガーリックトマトソース（110ページ参照）をかけて，ケールやほうれん草などの葉物野菜のソテーと一緒にどうぞ。

4人分

ポイント

野菜だしがない場合は同量の水で代用できます。

・20cm角の耐熱ガラス製のケーキ型　オーブンシートを敷く

野菜だし（286ページとポイント参照）	4カップ（1L）
ニュートリショナルイースト　分けて使用	1/2カップ（125ml）
ガーリックパウダー	小さじ1
テフ	1カップ（250ml）
ヴィーガンホイップバター（283ページ参照）	大さじ2
海塩	小さじ1/4
グレープシードオイル	大さじ2

1. 大きめの鍋に野菜だし，ニュートリショナルイースト60ml，ガーリックパウダーを入れ，強火にかけて煮立たせます。

2. 煮立ったところにテフを少しずつ流し入れます。弱火にし，テフがダマにならないようによくかき混ぜながら，やわらかくなるまで25分ほど煮ます。火を止めて，残りのニュートリショナルイースト，ヴィーガンホイップバター，塩を加えて混ぜ合わせます。

3. ケーキ型に流し入れ，均等にならします。完全に冷めるまでそのまま置きます。冷めたらラップをかけて冷蔵庫に入れ，3時間ほどまたは一晩置きます。

4. オーブンシートを持って引き上げて型から取り出し，包丁で4等分に切ります。

5. フライパンにグレープシードオイルを入れ，中〜強火にかけて熱します。ケーキを入れ，片面につき3〜4分，こんがりきつね色になるまで焼いてできあがり。すぐに食べない場合は，密閉容器に移します。冷蔵庫で1週間ほど保存できます。温め直し：ふちのあるオーブントレイにオーブンシートを敷き，ケーキを並べます。180℃に予熱したオーブンに入れて12分ほど温めます。

チポトレ，くるみ，きのこのライスバーガー

夏のバーベキューやちょっとしたパーティーで大活躍してくれるライスバーガー。こんがり焼いたバンズに，シャキシャキのレタスとトマト，ピクルスを一緒にはさみ，メープル＆チポトレのBBQソース（111ページ参照）をたっぷり使って豪快にかぶりつきましょう。

8個分

ポイント

にんにくの量は1かけの大きさで調整します。大きめなら6かけ，小さめなら8かけとなります。

きのこはマッシュルーム（ホワイトとブラウン），ポータベロなど肉厚なものが向いています。

• フードプロセッサー

水	5カップ（1.25L）
玄米　洗って水を切る	2カップ（500ml）
ニュートリショナルイースト	60ml
海塩　分けて使用	小さじ1/2
グレープシードオイル　分けて使用	大さじ6
玉ねぎ　みじん切り	1カップ（250ml）
にんにく　みじん切り（ポイント参照）	6〜8かけ
きのこ　薄切り（ポイント参照）	3カップ（750ml）
チポトレパウダー	小さじ2
トマトピューレ	1/2カップ（125ml）
生くるみ	4カップ（1L）
生フラックスシード（ゴールデン，粉）	60ml
バーガーの具材　トマト，玉ねぎのスライス，レタスなど	適量
グルテンフリーのハンバーガーバンズ	適量

1. 鍋に水，玄米，ニュートリショナルイースト，塩小さじ1/4を入れ，ふたをして中火にかけます。ひと煮立ちしたら弱火にし，米がやわらかくなるまで50分ほど煮ます。多少水分が残っていてもかまいません。火を止めて，フォークでざっと混ぜ，ふたをして10分ほど蒸らします。水分をしっかり吸収させます。

2. フライパンでグレープシードオイル大さじ3を中火で熱します。玉ねぎと塩小さじ1/4を入れ，5分ほど炒めます。にんにくを加え，香りが立つまで2分ほど炒めます。きのこ，チポトレパウダーを加えてよく混ぜ，10分ほど炒めます。きのこから出た水分が飛ぶまでよく炒め，トマトピューレを加えて，3分ほど煮詰めます。

3. フードプロセッサーに，1の玄米，2のきのこ，生くるみを入れて回します。米とくるみの粒が多少残る程度に回します。フードプロセッサーの容量に応じて，数回に分けて行ってください。

4. 大きめのボウルに移し，生フラックスシードを加えてよく混ぜます。具材を8等分し，手でバーガーパテに形成します。

5. ノンスティックのフライパンにグレープシードオイル大さじ2を入れ，中火にかけて熱します。バーガーパティを数回に分けて焼きます。必要に応じてオイルを足しながら，片面につき3分ほど，こん

がり焼きます。オーブンで焼く方法もあります。その場合はオーブンシートを敷いたオーブントレイに並べ，200℃に予熱したオーブンに入れて8〜10分焼きます。途中で一度出して裏返し，両面がこんがり焼けたらできあがりです。

6. バンズにレタスやトマトなど，好みの具と一緒にはさんでいただきます。すぐに食べない場合は，冷ましてから密閉容器に移します。冷蔵庫で約3日間，冷凍すれば2カ月間ほど保存できます。

ポレンタ

ポレンタはさまざまな料理のつけ合わせに使われる定番の副菜で，とうもろこしを原料とするためグルテンフリーです。プランテーンとオクラのココナッツカレー煮や，なすとレンズ豆のトマトチリ（いずれも下巻参照），シチリア風なすのカポナータ（140ページ参照）と合わせてみてください。

6人分

ポイント

ポレンタをかためにしあげたい場合は水の量を4カップ（1L）に減らします。

必ずオーガニックのコーンミールを使いましょう。コーンの多くは遺伝子組み換え作物なので，オーガニックを選ぶことは特に重要です。

水（ポイント参照）	5カップ（1.25L）
海塩	小さじ1
イエローコーンミール（オーガニック，中粒または細粒，ポイント参照）	1カップ（250ml）

1. 大きめの鍋に水と塩を入れ，沸騰させます。泡立て器でかき混ぜながら，コーンミールを流し入れます。泡立て器で混ぜながらひと煮立ちさせます。弱火にして30〜45分，ときどき混ぜながら煮込みます。鍋肌についたコーンミールを木べらなどで混ぜ込み，乾燥させないようにします。必要に応じて水を1/2カップ（125ml）ほど足して，おかゆのような状態にします（ポレンタはとうもろこしの味がして，とろりとした食感です。かたい粒が残らないようにします）。

2. 温かいうちにいただきます。または冷ましてから密閉容器に移します。冷蔵庫で1週間ほど保存できます。

バリエーション

ポレンタは型に流し入れるか，ケーキ型に入れて均一にならして冷まします。冷めるとかたまるので，好みの形に切って，フライパンでこんがり焼いたり，油で揚げたりすることができます。カナッペ用にして，ヴィーガンサワークリーム（284ページ参照）と小口切りの万能ねぎを合わせたり，あめ色玉ねぎとチェリートマトのレリッシュ（138ページ参照）をトッピングした豆腐のハーブリコッタ（下巻参照）をのせてもよいでしょう。

シトラス風味のクリーミーポレンタ

夏のディナーの新定番になりそうな一品です。レモン，ライム，グレープフルーツの夏らしいシトラスの香りがクリーミーなポレンタにさわやかなアクセントをもたらします。そのまま軽い食事としても召し上がれます。

2人分

ポイント

なめらかなポレンタにしあげたい場合は，中粒か細粒を使い，煮る時間を少しだけ短くします。粗挽きのコーンミールも使えますが，煮る時間が10分ほど長くなり，しあがりがあまりなめらかにはなりません。

ココナッツオイルがかたまっているときはフライパンに入れ，弱火にかけて溶かします。

アーモンドミルク（61ページ参照）	3カップ（750ml）
コーンミール（中粒臼挽き，ポイント参照）	180ml
ライムの皮のすりおろし	大さじ1
レモンの皮のすりおろし	小さじ2
グレープフルーツの皮のすりおろし	小さじ1
ライム果汁	大さじ2
レモン果汁	大さじ1
液状ココナッツオイル（ポイント参照）	大さじ2
海塩	小さじ1/2

1. 鍋にアーモンドミルクを入れ，沸騰させます。コーンミールを少しずつ流し入れ，泡立て器で混ぜながら5分ほど煮ます。弱火にして5分に一度混ぜながら煮込みます。15分ほどでコーンミールが煮詰まり，鍋肌につかなくなります。

2. 火を止めて，ほかの材料をすべて加えてよく混ぜます。温かいうちにいただきます。または冷ましてから密閉容器に移します。冷蔵庫で1週間ほど保存できます。

アマランサスとキビの雑穀ボール

スパゲティの相棒といえば，ミートボールが一番に思い浮かびます。そんな昔から人気のあるミートボールのヴィーガン版です。トマトソースと相性がいいので，ラザニアにもおすすめです。

20個分

ポイント

にんにくの量は1かけの大きさで調整します。大きめなら6かけ，小さめなら8かけとなります。

ハーブは，よく切れる包丁できざみます。切れない包丁を使うと，葉を傷つけて変色の原因になります。

フラックスシードは，卵の代用としてつなぎの役割をします。フラックスシード（粉）大さじ1と湯大さじ3を混ぜて5分ほど置き水分を吸収させたものが，卵1個分として換算できます。

アマランサスなど全粒の雑穀を炊くときは，通常はふたをしたまま加熱します。私の場合，鍋に水と雑穀を入れて強火にかけ，ひと煮立ちしたら火を弱めます。ふたをせずに煮て，水分がほとんどなくなったら火を止め，ふたをして10〜15分ほど蒸らします。この方法でいつもふっくらとした雑穀が炊けます。このレシピでは，ボールの形状をしっかり保つように，水の量と調理時間を増やし，やわらかめに炊いています。

• オーブンシートを敷いたオーブントレイ

キビ　洗って水を切る	1カップ（250ml）
アマランサス　洗って水を切る	1カップ（250ml）
野菜だし（286ページ参照）	8カップ（2L）
海塩　分けて使用	小さじ1/2
グレープシードオイル	大さじ2
玉ねぎ　みじん切り	1カップ（250ml）
にんにく　みじん切り（ポイント参照）	6〜8かけ
ローズマリーの葉　きざむ（ポイント参照）	大さじ1
タイムの葉　きざむ	大さじ1
生フラックスシード（粉，ポイント参照）	大さじ3
湯	150ml
玄米粉	大さじ1〜2

1. 鍋にキビ，アマランサス，野菜だし，塩小さじ1/4を入れてひと煮立ちさせます。弱火にし，混ぜながらやわらかくなるまで30分ほど煮ます。

2. 目の細かいこし器で水分を切ってから，大きめのボウルに移します。

3. フライパンにオイルを入れ，中火にかけて熱します。玉ねぎと塩小さじ1/4を加え，きつね色になるまで8〜10分炒めます。にんにくを加え，香りが立つまで2〜3分炒め，火を止めて冷ましておきます。

4. 2のボウルに3の玉ねぎ，ローズマリー，タイムを加えて混ぜます。

5. 小さめのボウルに生フラックスシードと湯を入れて混ぜ，10分ほど置き，水分を吸収させます（ポイント参照）。

6. オーブンを180℃に予熱します。5のフラックスシード，玄米粉大さじ1を4の雑穀に加えてよく混ぜ合わせます。具を丸めるときにべたつくようなら，玄米粉を大さじ1追加します。

7. おたまなどで具をすくい，一口サイズのボールに丸め，オーブントレイに並べます。

8. オーブンで18〜20分焼きます。軽く焼き色がついて，中まで火が通っていればOK。オーブンから出すと縮んでかたくなります。温かいうちにいただきます。すぐに食べない場合は，密閉容器へ移します。冷蔵庫で約5日間保存できます。

雑穀のクロケット

雑穀はとても使い勝手のいい食材です。ここでは，やわらかめに炊いた雑穀をかためて揚げ焼きにするユニークなレシピを紹介します。私はよくアフリカ風スパイステンペのチリや，ラタトゥイユ（いずれも下巻参照）に合わせます。ぜひ試してみてください。

6人分

ポイント

雑穀にタイム，バジル，ローズマリーなどの新鮮なハーブを混ぜてもいいでしょう。また，雑穀が熱いうちに，ヴィーガンチーズ（きざむかおろす）を混ぜるとコクが出て，さらにおいしくなります。カシューチェダーチーズ（下巻参照）1/2カップ（125ml）で試してみましょう。

雑穀は鍋底にこびりついてしまいがちです。火加減はごく弱くし，木べらなどでまめに鍋底からかき混ぜるようにします。

水	3カップ（750ml）
雑穀（キビ，アワ，ヒエ）　洗って水を切る	1カップ（250ml）
海塩　分けて使用	小さじ1/2
ニュートリショナルイースト	1/2カップ（125ml）
タイムの葉　きざむ（ポイント参照）	大さじ1
グレープシードオイル	大さじ2〜3

1. 鍋に水，雑穀，塩小さじ1/4を入れ，強火にかけます。煮立ったら火を弱め，鍋底からかき混ぜながらおかゆ状になるまで15分ほど煮ます（ポイント参照）。
2. ボウルに移し，塩小さじ1/4，ニュートリショナルイースト，タイムを混ぜ入れて冷まします。
3. 具を6等分し，手で丸くパティに成形します。
4. フライパンにオイル大さじ2を入れて中火にかけ熱します。必要に応じて2回に分け，パティを焼きます。2〜3分焼いて下面がこんがり色づいたら，裏返して反対側も同じように焼きます。温かいうちにいただきます。すぐに食べない場合は，冷ましてから密閉容器に移せば，冷蔵庫で1週間ほど保存できます。

基本のキヌア

やわらかくふっくら炊き上がるキヌアは，いろいろな料理に応用できます。完全タンパク質を摂取できて栄養豊富なので，朝昼晩と積極的に食生活にとり入れていきたい食材です。

2カップ（500ml）分

ポイント

キヌアにもいくつか種類がありますが，おすすめは白またはパールと呼ばれるタイプです。軽くふっくらと炊き上がります。赤と黒のキヌアは重めでややもっちりしており，サラダなどに適しています。

水	2カップ（500ml）
キヌア　洗って水を切る（ポイント参照）	1カップ（250ml）
海塩	小さじ1/2

1. 鍋に水，キヌア，塩を入れ，ひと煮立ちさせます。火を弱め，ふたをせずに12〜15分煮ます。キヌアが水分をほぼ吸収してやわらかくなったら火を止め，ふたをして10分ほど蒸らします。キヌアが水分をしっかり吸収し，ふっくらしあがります。
2. すぐに食べない場合は，冷ましてから密閉容器に移します。冷蔵庫で約5日間保存できます。

キヌア衣のオニオンリング

サクサクとした歯応えが抜群のキヌアの衣と，衣の中でやわらかくとろけた玉ねぎのハーモニーがたまりません。無限に食べられそうな健康的なスナックです。

4人分

ポイント

通常オニオンリングは，玉ねぎをバターミルクにつけてから揚げます。これはバターミルクに含まれる酸が玉ねぎをやわらかく分解するためです。このレシピではアーモンドミルクとレモンを使い，同様の効果を得ています。

• オーブンシートを敷いたオーブントレイ　2セット

玉ねぎ（新玉ねぎなど甘いもの）　皮をむく	2個
アーモンドミルク（61ページとポイント参照）　3カップ（750ml）	
レモン果汁	60ml
海塩　分けて使用	小さじ1
玄米粉	180ml
キヌア　洗って水を切る	1/2カップ（125ml）
コーンミール（オーガニック，中粒臼挽き）　1/2カップ（125ml）	
ガーリックパウダー	大さじ1
スイートパプリカ（粉）	小さじ1
黒こしょう　ミルで挽く	小さじ1/2
グレープシードオイル	大さじ3

1. 玉ねぎを2.5cmの厚さの輪切りにし，ばらばらにほぐして大きめのボウルに入れます。

2. その上からアーモンドミルクとレモン果汁をかけ，塩小さじ1/2をふります。ざっと全体を混ぜて1時間ほど置きます。その間に2〜3回全体を混ぜて均等につかるようにします。

3. 別のボウルに玄米粉，キヌア，コーンミール，ガーリックパウダー，スイートパプリカ，塩小さじ1/2，黒こしょうを入れて混ぜておきます。

4. オーブンを200℃に予熱します。2を目の細かいざるに出して水分を切ります（つけ汁は使いません）。玉ねぎを大きめのボウルに移し，グレープシードオイルをふりかけて全体にからめます。3の衣を加えて，全体に均等にからまるように混ぜます。

5. 玉ねぎを，オーブントレイ2つに重ならないように並べます。オーブンの上段と下段に入れて12〜15分ほど焼き，一度出して玉ねぎを裏返します。オーブンに戻すときに上下を入れ替えて，さらに12〜15分焼きます。全体がこんがりきつね色になればできあがりです。

キヌアのクリスピーケーキ

カリカリに焼いたひと口サイズのキヌアのケーキは，フィンガースナックとしてパーティーの前菜にぴったりです。ケソ（チーズ）ディップ（84ページ参照），ローストパプリカのモレソース（108ページ参照），ローストガーリックのチミチュリソース（109ページ参照）などのソースと一緒にどうぞ！

8個分

ポイント

市販のキヌアには白，黒，赤といった種類があります。白キヌアはローヤルキヌアとも呼ばれ，炊き上がりがやわらかく，味もマイルドです。赤と黒のキヌアは重めでややもっちりしており，ナッツのような風味があります。白はさまざまな料理に使え，赤と黒はサラダなどに適しています。

キヌアを多めの水で長い時間煮ることでやわらかくなり，まとまりもよくなります。

水	2と1/2カップ（625ml）
キヌア　洗って水を切る（ポイント参照）	1カップ（250ml）
海塩　分けて使用	小さじ1/2
生フラックスシード（粉）	60ml
タヒーニ（練りごまで代用可）	大さじ2
タイムの葉　きざむ	小さじ1
レモンの皮のすりおろし	小さじ1/2
グレープシードオイル　分けて使用	60ml

1. 鍋に水，キヌア，塩小さじ1/4を入れ，ひと煮立ちさせます。火を弱め，ふたをせずに約15分煮ます。キヌアが水分をほぼ吸収してやわらかくなったら火を止め，水分が完全に吸収されるまで，ふたをしてしばらく置きます。

2. 大きめのボウルに1のキヌア，生フラックスシード，タヒーニ，タイム，レモンの皮のすりおろしを入れて混ぜ合わせます。具を8等分し，手でケーキ状に成形します。

3. フライパンでグレープシードオイル大さじ2を中火で熱します。2のケーキを4個ずつ，片面につき6〜8分，こんがりと焼きます。必要に応じてオイルを足して，残りの4個も同様に焼きます。温かいうちにいただきます。

キヌアとさつまいものハンバーグ

みんなが大好きなおいしいハンバーグができました。グルテンフリーのバンズに，好みのトッピングと一緒にはさめばハンバーガーになります。

8個分

ポイント

キヌアを多めの水で長い時間煮ることでやわらかくなり，パティがまとまります。

さつまいもの代わりにかぼちゃを使ってもOKです。

生フラックスシードを挽く：1/2カップ（125ml）の生フラックスシード（ゴールデン）を，ミキサーまたはスパイスミルに入れて粉状に挽きます。

ブラウンフラックスシードを使っても同様につくれますが，ゴールデンを使ったものよりも濃い色のパティになります。

• オーブンシートを敷いたオーブントレイ

キヌア　洗って水を切る（ポイント参照）	2カップ（500ml）
水	つくり方1，2参照
さつまいも　2.5cmのさいの目切り（ポイント参照）	
	2カップ（500ml）
海塩　分けて使用	小さじ1
生フラックスシード（ゴールデン，粉，ポイント参照）	180ml
タヒーニ（練りごまで代用可）	大さじ2
タイムの葉　きざむ	大さじ1
レモンの皮のすりおろし	小さじ2

1. 鍋にキヌア，水4カップ（1L），塩少々を入れ，ひと煮立ちさせます。火を弱め，ふたをせずに12〜15分煮ます。キヌアが水分をほぼ吸収してやわらかくなったら火を止め，ふたをして10分ほど蒸らします。キヌアが水分をしっかり吸収し，ふっくらしあがります。

2. 1を煮ている間，別の鍋に水4カップ（1L），さつまいも，塩少々を入れ強火にかけます。さつまいもがやわらかくなるまで15分ほどゆでます。ざるに上げて水を切り，ボウルに移して冷ましておきます。

3. オーブンを180℃に予熱します。

4. 2のさつまいものボウルに1のキヌア，生フラックスシード，タヒーニ，タイム，レモンの皮のすりおろし，残りの塩を入れてよく混ぜます（握ったときにまとまる程度）。

5. 具を8等分にし，手でパティに形成し，オーブントレイに並べます。オーブンに入れ，10〜12分，全体に火が通って熱くなるまで焼けばできあがりです。すぐに食べない場合は，密閉容器に移します。冷蔵庫で1週間ほど保存できます。

かぼちゃとハーブのベイクドオーツ

秋の到来を知らせる一品で，根菜のローストやグリーンサラダのつけ合わせにぴったりです。モロッコ風ひよこ豆の煮込み（201ページ参照）や，ジャックフルーツのスロークックBBQ（下巻参照）などにもよく合います。

4人分

ポイント

バターナッツかぼちゃ以外にも，さつまいもやかぼちゃでもおいしくつくれます。

- オーブンを180℃に予熱
- 耐熱（オーブン可）の鍋とふた

グレープシードオイル	大さじ2
バターナッツかぼちゃ　皮をむいて一口大に切る（ポイント参照）	
	2カップ（500ml）
玉ねぎ　粗みじん切り	1カップ（250ml）
にんにく　みじん切り	4〜5かけ
水	4カップ（1L）
スティールカットオーツ（グルテンフリー）	2カップ（500ml）
海塩	小さじ1
タイムの葉　きざむ	60ml
チャイブ　きざむ	60ml

1. フライパンでグレープシードオイルを中火で熱します。バターナッツかぼちゃと玉ねぎを入れて炒めます。玉ねぎが透き通るまで3〜4分炒め，にんにくを加えて香りが立つまでさらに2分ほど炒めます。
2. 同時に耐熱の鍋に水とスティールカットオーツ，塩を入れ，強火にかけ，煮立たせます。
3. 1を2の鍋に入れ，タイムとチャイブも加えて混ぜます。
4. ふたをしてオーブンに入れ，45分ほど加熱します。オーツが水分を吸収してやわらかくなったらオーブンから出し，15分ほど置いて冷ましたらできあがり。すぐに食べない場合は，完全に冷ましてから密閉容器に移します。冷蔵庫で1週間ほど保存できます。

バリエーション

かぼちゃのベイクドオーツ，ココナッツ＆シナモン：にんにく，玉ねぎ，タイム，チャイブは使用しません。つくり方の2で，オーツが煮立ったら，ココナッツシュガー 1/2カップ（125ml），シナモン（粉）小さじ1，液状ココナッツオイル大さじ2を加えて混ぜます。つくり方4に進みます。このレシピは甘いベイクドオーツで，朝食にもおやつにもぴったりです。

なすとテンペのパエリア

サフランが香るヴィーガンのパエリアは熱々を召し上がれ。かためのパンにヴィーガンマヨネーズ（下巻参照）を少しだけつけて，一緒に食べるのが私流です。

4人分	

ポイント

加熱殺菌していないテンペは大型スーパーや自然食品店の冷凍コーナーにあります。冷凍テンペのほうが食感がよいので私のレシピではよく使いますが，見つからない場合は加熱殺菌された冷蔵のテンペでもOKです。

にんにくの量は1かけの大きさで調整します。大きめなら3かけ，小さめなら4かけとなります。

サフランの花から手作業で取り出す小さな糸のようなサフランは，世界で一番高価なスパイスですが，その芳しい風味は唯一無二です。このレシピではほんの少し使用しますが，その効果は絶大です。

- オーブンを200℃に予熱
- フードプロセッサー
- オーブンシートを敷いたオーブントレイ

テンペ（ブロック，ポイント参照）	240g
水	4カップ（1L）
たまりしょうゆ	1/2カップ（125ml）
グレープシードオイル	大さじ3
玉ねぎ　粗みじん切り	1カップ（250ml）
海塩	小さじ1
なす　さいの目切り	2カップ（500ml）
にんにく　みじん切り（ポイント参照）	3〜4かけ
玄米	2カップ（500ml）
野菜だし（286ページ参照）	4カップ（1L）
サフラン（ポイント参照）	小さじ1/4
冷凍グリーンピース	1/2カップ（125ml）
イタリアンパセリ　きざむ	60ml

1. 鍋にテンペのブロック，水，しょうゆ60mlを入れ，ふたをして強火にかけます。煮立ったら火を弱め，15分ほど煮ます。穴あきおたまでテンペをすくい，皿に移し15分ほど置いて冷まします。よく切れる包丁で一口大に切ります。

2. 大きめの鍋にオイルを入れ，中火にかけて熱します。玉ねぎ，テンペ，塩を加え，玉ねぎが透き通るまで6分ほど炒めます。なすを加えてさらに2〜3分炒めます。にんにくを加え，香りが立つまで2分ほど炒めます。玄米を加えて混ぜ，オイルがよくからむまで1〜2分炒めます。野菜だしとサフランを加えて一度ざっと混ぜ，火を強めます。

3. ひと煮立ちしたら火を弱め，ふたをしてとろ火で45分ほど，玄米がやわらかくなるまで煮ます。最後の2分間は火を強めておこげ（スペイン語でソカラット）をつくります。ふたを開け，冷凍グリーンピースを加えて混ぜます。

4. 火を止めて，グリーンピースが温まるまで2分ほど混ぜます。イタリアンパセリを散らしてできあがり。すぐに食べない場合は，密閉容器に移します。冷蔵庫で1週間ほど保存できます。

パスタと麺類

3種の豆のパスタサラダ

食物繊維とタンパク質を豊富に含む3種類の豆がたっぷり入ったパスタサラダは，手軽なのに満足感があります。しっかり運動したあとのランチに最適です。持ち寄りパーティーにも喜ばれる一品です。

4〜6人分

ポイント

このレシピの豆には好きなものを使ってください（うずら豆，白いんげん豆，キドニービーンなど）。

豆は自分で煮たものでも，水煮缶でもOKです。缶詰めの場合は，できれば無塩のものを選び，流水ですすいでから使います。

赤玉ねぎは，細かいみじん切りにします。サラダに生の玉ねぎを使う場合は，できるだけ風味だけを味わえるように，みじん切りにします。玉ねぎが大きいとほかの素材の味を消してしまいます。

グルテンフリーのパスタは，たっぷりの水を沸騰させてゆでます。小さな鍋ではパスタがくっついてしまうので，大きな鍋に，パスタの量の5倍以上の水を用意しましょう。

ペンネまたはリガトーニ（グルテンフリー）	500g
海塩　分けて使用	小さじ1
エクストラバージンオリーブオイル	1/2カップ（125ml）
レモン果汁	60ml
ブラックビーン水煮　水気を切る（ポイント参照）	1/2カップ（125ml）
金時豆水煮　水気を切る	1/2カップ（125ml）
ルピニ豆水煮　水気を切る	1/2カップ（125ml）
赤パプリカ　一口大に切る	1/2カップ（125ml）
赤玉ねぎ　みじん切り（ポイント参照）	1/2カップ（125ml）
アガベシロップ	大さじ2
オレガノ（乾）	小さじ1
バジル（乾）	小さじ1
赤唐辛子フレーク	小さじ1/4

1. 大きめの鍋にたっぷりの水を入れ，ふたをして強火にかけ，沸騰させます（ポイント参照）。ペンネと塩小さじ1/2を入れて，パスタの袋に記載された時間を参考にしてアルデンテにゆでます。ざるにあけて，流水でよくぬめりを落とし，水気をしっかり切ってボウルに移します。

2. 1のボウルに残りの材料をすべて入れ，よく混ぜ合わせればできあがりです。

3. すぐに食べない場合は，密閉容器に移します。冷蔵庫で約3日間保存できます。

地中海風パスタサラダ

カラマタオリーブときゅうり，オレガノの風味がさわやかなギリシャ風サラダです。パスタでお腹も満足するので，お弁当やピクニックにもぴったりです。

4〜6人分

ポイント

オリーブから種を取り除くには，包丁の腹でオリーブを優しく押します。実の真ん中から種が出てきます。

グルテンフリーのパスタは，たっぷりの水を沸騰させてゆでます。小さな鍋ではパスタがくっついてしまうので，大きな鍋に，パスタの量の5倍以上の水を用意しましょう。

ペンネまたはリガトーニ（グルテンフリー）	500g
海塩　分けて使用	小さじ3/4
エクストラバージンオリーブオイル	1/2カップ（125ml）
レモン果汁	60ml
カラマタオリーブ　種を取って薄切り（ポイント参照）	
	1カップ（250ml）
赤パプリカ　一口大に切る	1カップ（250ml）
きゅうり　一口大に切る	1/2カップ（125ml）
生ヘンプシード（皮なし）	大さじ2
オレガノ（乾）	大さじ1

1. 大きめの鍋にたっぷりの水を入れ，ふたをして強火にかけ，沸騰させます（ポイント参照）。ペンネと塩小さじ1/2を入れて，パスタの袋に記載された時間を参考にしてアルデンテにゆでます。ざるにあけて，流水でよくぬめりを落とし，水気をしっかり切ってボウルに移します。

2. 1のボウルに残りの材料をすべて入れ，よく混ぜ合わせればできあがりです。

3. すぐに食べない場合は，密閉容器に移します。冷蔵庫で約3日間保存できます。

サンタフェ風マカロニサラダ

スパイスをピリッと効かせたマカロニサラダです。チリパウダーとクミンの辛さに，ライムと香菜のさわやかな香りの組み合わせが絶妙です。ピクニックや持ち寄りパーティーにも喜ばれます。

4〜6人分

ポイント

あっさりとした味にしあげたい場合は，ヴィーガンマヨネーズの代わりにエクストラバージンオリーブオイル大さじ3と，ディジョンマスタード大さじ2を使います。

赤玉ねぎは細かいみじん切りにします。サラダに生の玉ねぎを使う場合は，できるだけ風味だけを味わえるように，みじん切りにします。玉ねぎが大きいと強い味がほかの素材の味を消してしまいます。

グルテンフリーのパスタは，たっぷりの水を沸騰させてゆでます。小さな鍋ではパスタがくっついてしまうので，大きな鍋に，パスタの量の5倍以上の水を用意しましょう。

マカロニ（グルテンフリー）	500g
海塩　分けて使用	小さじ1と1/4
ヴィーガンマヨネーズ（下巻とポイント参照）	1カップ（250ml）
赤パプリカ　一口大に切る	1カップ（250ml）
香菜　ざく切り	1カップ（250ml）
赤玉ねぎ　みじん切り（ポイント参照）	60ml
生ヘンプシード（皮なし）	大さじ3
ライム果汁	大さじ1
チリパウダー	小さじ2
クミン（粉）	小さじ1

1. 大きめの鍋にたっぷりの水を入れ，ふたをして強火にかけ，沸騰させます（ポイント参照）。マカロニと塩小さじ1を入れて，パスタの袋に記載された時間を参考にしてアルデンテにゆでます。ざるにあけて，流水でパスタが冷たくなるまですすぎ，水気をしっかり切ります。

2. 1を大きめのボウルに移し，残りの材料をすべて入れ，よく混ぜ合わせればできあがりです。すぐに食べない場合は，密閉容器に移します。冷蔵庫で約3日間保存できます。

パスタ・アーリオ・オーリオ

オリーブオイルと新鮮なハーブをからめた，イタリアの伝統的なパスタです。おいしいのはもちろん，栄養たっぷりで経済的なのも魅力的です。ほうれん草のガーリック＆ワインソテー，キャベツとにんにくのさっと炒め，リークとじゃがいもとレンズ豆のスープ（いずれも下巻参照）などに合わせれば，夏らしいランチのできあがりです。

4〜6人分

ポイント

パスタのゆで汁にはデンプンが含まれているので，ソースのとろみづけなどに利用します。しあがり具合によって，1/4〜1/2カップほどソースに足します。

エクストラバージンオリーブオイル	1/2カップ（125ml）
グレープシードオイル	大さじ1
にんにく　薄切り	12〜15かけ
フェンネルシード	大さじ1
ローズマリー　きざむ	大さじ1
赤唐辛子フレーク	小さじ1/4
玉ねぎ　粗みじん切り	1カップ（250ml）
海塩　分けて使用	小さじ1
スパゲティ（グルテンフリー）	500g
イタリアンパセリ　きざむ	1カップ（250ml）

1. 大きめの鍋にたっぷりの水を入れ，ふたをして強火にかけ，沸騰させます（前ページのポイント参照）。

2. 湯を沸かす間に，フライパンでオリーブオイルとグレープシードオイルを中火で熱します。にんにく，フェンネルシード，ローズマリー，赤唐辛子を加え，3〜4分炒めます。にんにくがやわらかく，きつね色になったら玉ねぎと塩小さじ1/2を加えます。玉ねぎが透き通るまで6分ほど炒め，火を止めます。

3. 湯が沸騰したら残りの塩を入れ，スパゲティをゆでます。パッケージに記載された時間を参考にしてアルデンテにゆでます。ゆで汁を1/2カップ（125ml）すくい取ってから（ポイント参照），ざるに上げます。

4. 2のフライパンを弱火にかけます。スパゲティを加え，混ぜ合わせます。ゆで汁を加え，さらによく混ぜます。器に盛り，きざんだイタリアンパセリをふりかけていただきます。

グルテンフリーのパスタ生地

自分でグルテンフリーのパスタがつくれれば，生パスタを使った料理の幅がぐんと広がります。ショートパスタをはじめ，カネロニやラビオリ，ラザニアなどにもチャレンジしてみましょう。

500g（6人）分

ポイント

フラックスシードを挽く：ミキサーまたはスパイスミルに60mlを入れ，細かい粉末にします。冷蔵で1カ月間ほど保存できます。

粉末で売られているフラックスシードは，このレシピには少し目が粗すぎることがあります。目が粗いと，生地をしっかり保てません。粗い場合は，ミキサーかスパイスミルで粉状になるまで挽いてください。

グルテンフリーの粉を計量するときは，必ず一度ボウルにあけて，泡立て器で混ぜ軽く空気を通してください。より正確に計量できます。計量カップはビーカー型のものではなく，定量の粉をすり切りで量れる製菓・製パン用のものを使いましょう。

パスタ生地をつくるときには，木製のパンこね台，もしくはのし台があると便利です。

私は玄米粉をよく使いますが，粉の目が粗く，ざらっとした食感にしあがってしまうことがあります。玄米ではなく同量の白米の米粉を使うとおいしくでき

- 麺棒
- オーブンシートを敷いたオーブントレイ

生フラックスシード（皮なし，粉，ポイント参照）	大さじ3
湯　分けて使用	1/2カップと大さじ6（約215ml）
玄米粉（目の細かいもの，ポイント参照）	1カップ（250ml）
タピオカ粉	1/2カップ（125ml）
ソルガム粉	1/2カップ（125ml）
エクストラバージンオリーブオイル	大さじ2
海塩	小さじ1
打ち粉用の玄米粉	適量

1. 小さいボウルに生フラックスシードと湯125mlを入れて混ぜます。ふたをして10分，フラックスシードが水分を吸収するまで置きます。
2. 別のボウルに玄米粉，タピオカ粉，ソルガム粉を入れて混ぜます。
3. 2の粉を清潔な台にあけ，中央にくぼみをつくります。くぼみに1のフラックスシード，オリーブオイル，塩を入れ，手でくずしながら混ぜていきます。1回に大さじ2ずつ3回に分けて湯を足しながら，やわらかい生地になるまでこねます。1つに丸くまとめ，台をスクレーパーでこそげてきれいにします（こそげ取ったものは使いません）。
4. 台に玄米粉で軽く打ち粉をして，生地を5分ほどこねます。均一になめらかになったら，ラップをかぶせて30分ほど休ませます。
5. 生地を3等分に切ります。パスタマシーンを持っている場合は，マシーンでのばします。
6. 台と麺棒に玄米粉で打ち粉をします。切り分けた1つ分をとって（残りは乾燥しないようにラップをかけます），軽く打ち粉をし，麺棒で12cmほどの長さにのばします。生地を横にして方向を変え，そこから長方形にのばしていきます。さらに生地を横にして方向を変えてのばし，最終的に2mmの薄さまでのばします。残りの生地も同じようにしてのばします。
7. **パスタを切る**：軽く打ち粉をし，パスタ生地の短い辺からくるくると巻いていきます。よく切れる包丁で左右を切り落とし，好きなパスタの幅・サイズに切っていきます（バリエーション参照）。切ったパスタをオーブントレイに並べます。

ますが，精製粉であることは覚えておきましょう。

グルテンフリーの全粒粉はブランドによって目の細かさが違い，それによってしあがりも変わります。思い通りのしあがりにするには，水を足したりして（大さじ1〜2ずつ足して様子を見ます），自分で調整する必要があります。

生地をのばすときは，忘れずに台に打ち粉をしてください。

パスタはゆでると2倍になるため，生地はできるだけ薄くのばします。厚すぎると，レシピ通りの量にしあがらないこともあります。

台にくっついてしまった生地を取り除くには，スクレーパーを使います。定規の目盛つきのものは特に便利です。

のばすときのコツは，生地を乾燥させないことです。打ち粉を最小限にするために，生地をラップではさんでのばす方法もあります。

8. 玄米粉を少しふりかけ，10〜15分置いて乾燥させてからゆでます。すぐに食べない場合は，密閉容器に移します。冷凍すれば，約1カ月間保存できます。使うときは，解凍せずに凍ったままゆでます。

バリエーション

フェットチーネ：巻いた生地を約5mm幅の細いリボン状に切ります。
リングイネ：巻いた生地を約3mm幅の細いリボン状に切ります。
パッパルデッレ：巻いた生地を約2cm幅の太いリボン状に切ります。
ラザニア：巻いた生地を広げて15×10cmの長方形に切ります。のばしたときの薄さにもよりますが，このレシピで12〜16枚分になります。
ラビオリ：巻いた生地を広げて20×12.5cmの長方形に切ります。端をきれいに切りそろえ，長方形を縦に半分に切り，20×6cmの長い帯状にします。
カネロニ：巻いた生地を広げて20cm角の正方形に切ります。端をきれいに切りそろえ，さらに4等分に切って，10cm角の正方形4つにします。

グルテンフリーパスタのゆで方

グルテンフリーのパスタは，生麺でも乾麺でもたっぷりの沸騰した湯でゆでます。ぼこぼこと泡立って沸騰していると，麺がくっつきにくくなるためです。できるだけ大きな鍋を使い，たっぷりの湯を沸騰させます。パスタと塩小さじ1を入れて，アルデンテにゆで上げます。生パスタはゆで時間が5〜6分（冷凍の場合8〜10分）と，乾麺に比べて短いので注意してください。

さつまいものニョッキ

ニョッキは通常じゃがいもでつくりますが，このレシピではさつまいもを使います。軽くふんわりした口あたりのニョッキは，ローストガーリックのチミチュリソース（109ページ参照），クラシック・ガーリックトマトソース（110ページ参照），クリーミーアルフレドソース（123ページ参照），ほうれん草と白ワインのクリームソース（119ページ参照）など，どんなソースにもよく合います。

ニョッキ約45個分

ポイント

スパイダーストレーナーは，熱い鍋から食べ物を取り出したり，灰汁を取ったりするための道具で，金属メッシュの浅いざるに長い柄がついています。キッチン用品売り場にはたいてい置いてあります。これはニョッキのような，ゆで時間がまちまちの小さなパスタをすくうのに便利です。ニョッキがゆで上がり，浮かんできたところをすくいます。

ニョッキの生地は冷凍保存もできます。棒状にして切ったあと，トレイに重ならないように並べて冷凍します。冷凍したニョッキは解凍せずにゆでます。その場合，通常よりも1〜2分長くゆでます。

- オーブンを200℃に予熱
- ポテトライサー

さつまいも	大3個
玄米粉（打ち粉は分量外）	2カップ（500ml）
フラックスシード（粉，次ページのポイント参照）	80ml
海塩　分けて使用	小さじ1と3/4

1. さつまいもをアルミホイルで包み，オーブンで1時間ほど加熱します。やわらかくなったら取り出して，10分ほど置いて冷まします。
2. アルミホイルを取り除き，皮をむきます（できるだけさつまいもがくずれないように気をつけます）。ポテトライサーでつぶして，大きめのボウルに入れます。
3. 玄米粉，フラックスシード，塩小さじ3/4を加え，よく混ぜ合わせます。粉っぽさがなくなり，生地がなめらかになるまでよく混ぜ合わせます。少しかたまるまで，10分ほど置きます。
4. 大きめの鍋にたっぷりの水を入れ，ふたをして強火にかけ，沸騰させます。
5. 生地を4等分します。台と手に軽く打ち粉をして，生地の真ん中から外側に向かって転がしながら棒状にのばしていきます。直径1cm程度の棒状になったら，1cm幅に切っていきます。切ったものにフォークの背を軽く押しつけ（次ページのポイント参照），軽く打ち粉をしておきます。
6. 4の鍋が沸騰したら塩小さじ1を入れてニョッキをゆでます。ニョッキが互いにくっつかないように，少量ずつゆでます。2〜3分して浮かび上がってきたら，スパイダーストレーナー（ポイント参照）ですくいます。好みのソースで熱々のうちにいただきます。

ニョッキ＆トマトソース

私にとって究極の癒しメニューです。やわらかなニョッキにトマトソースをたっぷりとかけ，ニュートリショナルイーストと，とっておきのエクストラバージンオリーブオイルをさっとかけて召し上がれ。

ニョッキ約80個分

ポイント

じゃがいもは約1kg必要です。焼いて皮をむき，つぶした状態で約1Lとなります。

フラックスシードは，ゴールデンを使うと明るい色の生地になり，ブラウンを使うと濃い色の生地にしあがります。好きなほうを使ってください。

フラックスシードは水分を吸収してふくらむまで，少し時間を置く必要があります。

このレシピは白米の米粉でつくっていますが，ホールフードである玄米粉を使うのが理想的です。玄米粉を使う場合は，量を調整する必要があります。

フォークの背で跡をつけることにより，ニョッキに食感が出て，ソースもからみやすくなります。

ニョッキはデリケートなパスタです。大皿に盛って取り分ける方法では，形がくずれてしまうので，最初からそれぞれの器に盛り，トマトソースをかけて提供します。

- **オーブンを200℃に予熱**
- **ポテトライサー**

じゃがいも（男爵などデンプン質の多いもの，ポイント参照）	約1kg
フラックスシード（ゴールデン，粉，ポイント参照）	大さじ2
湯	大さじ6
米粉（打ち粉は分量外，ポイント参照）	180ml
海塩　分けて使用	小さじ2
キサンタンガム	小さじ1/4
クラシック・ガーリックトマトソース（110ページ参照）	3カップ（750ml）

1. じゃがいもをアルミホイルで包み，オーブンで1時間ほど加熱します。やわらかくなったら取り出して，10分ほど置いて冷まします。
2. アルミホイルを取り除き，皮をむきます。じゃがいもをポテトライサーでつぶして大きめのボウルに入れます。
3. 小さなボウルにフラックスシードと湯を入れ，よく混ぜます。ふたをして10分ほど置きます。
4. じゃがいものボウルに米粉，塩小さじ1，キサンタンガム，3のフラックスシードを加えます。生地がなめらかになるまでよく混ぜ合わせます。水分が吸収されて生地が少しかたまるまで，10分ほど置きます。
5. 大きめの鍋にたっぷりの水を入れ，ふたをして強火にかけ，沸騰させます。
6. 生地を4等分します。台と手に軽く打ち粉をして，生地の真ん中から外側に向かって転がしながら棒状にのばしていきます。直径2cm程度の棒状になったら，2cm幅に切っていきます。切ったものにフォークの背を軽く押しつけ（ポイント参照），軽く打ち粉をして10分ほど休ませます。
7. 5の鍋が沸騰したら，塩小さじ1を入れてニョッキをゆでます。ニョッキが互いにくっつかないように，少量ずつゆでます。2〜3分して浮かび上がってきたら，穴あきおたまかスパイダーストレーナー（前ページのポイント参照）ですくいます。温めたガーリックトマトソースをかけて，熱々のうちにいただきます。

レモンとパセリソースのフェットチーネ

シンプルだからこそ素材が活きるパスタ料理です。レモンのさわやかな風味が効いて，さっぱりとした味わいなので，夏の暑い日に何か軽く食べたいと思ったときなどにおすすめです。

4人分

ポイント

にんにくの皮を取るには，包丁の腹で強くゆっくり押します。薄皮が浮いてはがれやすくなるので，親指と人差し指でつまんで押し出すように実を取り出します。

にんにくの量は1かけの大きさで調整します。大きめなら3かけ，小さめなら4かけとなります。

濃いめの味つけにしたい場合は，最後にヴィーガンホイップバター（283ページ参照）を60ml加え，溶けるまでよく混ぜます。

グレープシードオイル	大さじ2
玉ねぎ　粗みじん切り	1/2カップ（125ml）
海塩　分けて使用	小さじ1
赤唐辛子フレーク	小さじ1/4
にんにく　みじん切り（ポイント参照）	3〜4かけ
イタリアンパセリ　きざむ	1カップ（250ml）
ケイパー　水を切る	60ml
白ワイン　辛口	1/2カップ（125ml）
レモン果汁	60ml
グルテンフリーのパスタ生地（244ページ参照）　フェットチーネに切る	約500g

1. 大きめの鍋にたっぷりの水を入れ，ふたをして強火にかけ，沸騰させます。

2. その間，大きめのフライパンでグレープシードオイルを中火で熱します。玉ねぎ，塩小さじ1/2，赤唐辛子を加え，玉ねぎが透き通るまで6分ほど炒めます。にんにくを加え，香りが立つまで2分ほど炒めます。

3. イタリアンパセリ，ケイパー，白ワイン，レモン果汁を加えて混ぜます。4〜5分煮詰め，火を止めます。

4. 1の鍋に塩小さじ1/2を入れます。沸騰している湯にパスタを加え，5〜6分，アルデンテにゆで上げます。ゆで汁を1/2カップ（125ml）とり，パスタをざるに上げます。

5. 3のフライパンを中火にかけ，フェットチーネを加えてよく混ぜ合わせます。ゆで汁も加えてよく混ぜれば，できあがりです。温かいうちにいただきます。

スパイシー・エンジェルヘアーパスタ

辛いもの好きにはうれしい，唐辛子たっぷりのパスタです。シンプルで手間もかからないので，時間のない平日の夕食にぴったりです。

4人分

ポイント

辛さを少し抑えたい場合は，赤唐辛子の種を取り除いてください。

グルテンフリーのパスタは，たっぷりの水を沸騰させてゆでます。小さな鍋ではパスタがくっついてしまうので，大きな鍋に，少なくともパスタの量の5倍以上の水を用意しましょう。

パスタのゆで汁にはデンプンが含まれているので，シェフはソースにとろみやコクを出すために利用します。多めにゆで汁を取っておいて，しあがり具合によって，1/4〜1/2カップほどソースに足します。

グレープシードオイル	大さじ2
エクストラバージンオリーブオイル	大さじ2
赤唐辛子　ざっと切る（ポイント参照）	大さじ1
唐辛子フレーク	小さじ1
海塩　分けて使用	小さじ1
にんにく　みじん切り	4〜6かけ
エンジェルヘアーパスタ（グルテンフリー）	500g
ニュートリショナルイースト	大さじ2

1. 大きめの鍋にたっぷりの水を入れ，ふたをして強火にかけ，沸騰させます（ポイント参照）。

2. 大きめのフライパンでグレープシードオイルとオリーブオイルを中火で熱します。赤唐辛子，唐辛子フレーク，塩小さじ1/2，にんにくを加え，香りが立つまで2分ほど炒め，火からおろします。

3. 1の鍋に塩小さじ1/2を入れます。沸騰している湯にパスタを加え，パッケージに記載された時間を参考にしてアルデンテにゆで上げます。ゆで汁を1/2カップ（125ml）取り（ポイント参照），パスタをざるに上げます。

4. 2のフライパンを中火にかけ，ゆでたパスタを加えてよく混ぜ合わせます。ゆで汁も加えてよく混ぜます。最後にニュートリショナルイーストを加え，全体をよく混ぜればできあがりです。温かいうちにいただきます。

レモンガーリックソースのシュペッツレ

シュペッツレはドイツ，オーストリア，スイスの伝統料理で，すいとんのようなパスタです。通常は肉料理につけ合わせますが，ここではレモンの酸味を効かせたにんにくとケイパーのソースで和えて，主役級の味にしあげました。ちょっと豪華なランチや，サラダを添えて軽めのディナーにもおすすめです。パスタをつくりおきすれば，いつでも手軽に食べられて便利です（ポイント参照）。

4人分

ポイント

ソースは，温め直さなくてもいいように，食べるタイミングに合わせてつくりましょう。冷めたソースを再加熱すると，分離してしまうことがあります。どうしても再加熱が必要な場合は，弱火でできるだけゆっくり温めてください。

にんにくの量は1かけの大きさで調整します。大きめなら4かけ，小さいものだと6かけとなります。

ケイパーに塩が使われているときは，流水でざっと塩を落とし，水気を切ってから使います。

ソースを味見して，ケイパーの味が強すぎるときは，ヴィーガンホイップバター大さじ1を追加してバランスをとってください。

シュペッツレを簡単につくれるシュペッツレメーカーがあります。オンラインストアやヨーロッパ系の輸入食品雑貨店で探してみてください。

• 金属製のコランダー（丸い穴のもの）
またはシュペッツレメーカー

レモンガーリックソース（ポイント参照）

グレープシードオイル	大さじ1
にんにく　みじん切り（ポイント参照）	4〜6かけ
ケイパー（ポイント参照）	1/2カップ（125ml）
レモン果汁	60ml
イタリアンパセリ　ざく切り	1/2カップ（125ml）
ヴィーガンホイップバター（283ページとポイント参照）	大さじ3
海塩	適量

シュペッツレ

生フラックスシード（粉）	大さじ3
湯	1/2カップ（125ml）
アーモンドミルク（61ページ参照）	60ml
米粉	1/2カップ（125ml）
玄米粉	1/2カップ（125ml）
葛粉	1/2カップ（125ml）
エクストラバージンオリーブオイル	大さじ1
海塩　分けて使用	小さじ1

1. **レモンガーリックソース**：大きめのフライパンでグレープシードオイルを中火で熱します。にんにくを加え，香りが立ち，きつね色になるまで2分ほど炒めます。ケイパー，レモン果汁，イタリアンパセリを加え，1〜2分炒めます。火を止めて，ヴィーガンホイップバターを加えて溶かします。塩で味を整えます。

2. **シュペッツレ**：小さなボウルに生フラックスシードと湯を入れ，よく混ぜ合わせます。ふたをして10分ほど置き，フラックスシードに水分を吸収させます。

3. 大きめのボウルにアーモンドミルク，米粉，玄米粉，葛粉，オリーブオイル，塩小さじ1/2，**2**のフラックスシードを入れ，よく混ぜ合わせます。なめらかになるまで泡立て器で混ぜます。生地はかためですが，流れる程度を目安にします。かたすぎるときは，アーモ

スパイダーストレーナーは，熱い鍋から食べ物を取り出したり，灰汁を取ったりするための道具で，金属メッシュの浅いざるに長い柄がついています。キッチン用品売り場にはたいてい置いてあります。

シュペッツレはつくりおきができます。ゆで上がった麺をトレイや皿に置いて冷まします。完全に冷めたら，密閉容器に入れます。冷蔵庫で約3日間保存できます。好きなソースをつくり，そこにシュペッツレを加えて混ぜ，全体を温めます。

レモンガーリックソースのシュペッツレの温め直し：小さい鍋に湯を沸かします。沸騰する少し手前でシュペッツレを入れ，2〜3分温めます。つくり方6に進みます。

ンドミルクを大さじ1ずつ，様子を見ながら足してください。

4. 大きめの鍋にたっぷりの水を入れ，ふたをして強火にかけ，沸騰させます。

5. 沸騰した鍋の上でコランダー（またはシュペッツレメーカー）を持ち，生地を入れます。ゴムべらなどで裏ごしするようにして，穴から生地を押し出します。鍋に落ちたパスタは6〜8分ほどでゆで上がり，浮き上がってくるので，穴あきおたまかスパイダーストレーナー（ポイント参照）ですくいとります。

6. ゆで上がったシュペッツレを1のレモンガーリックソースに入れてソースをからめ，温かいうちにいただきます。

かぼちゃのマカロニ＆チーズ

かぼちゃを使って，大人気の定番料理マカロニ＆チーズをグルテンフリーにアレンジしたメニューです。持ち寄りパーティーでも注目を集めること間違いなし。トリプルペッパーの野菜ソテーや，キャベツとにんにくのさっと炒め（いずれも下巻参照）を合わせてランチにもディナーにもどうぞ。

4〜6人分

ポイント

にんにくの量は1かけの大きさで調整します。大きめなら1かけ，小さめなら2かけとなります。

カリカリのトッピングにしたい場合は，グレープシードオイルを大さじ3使います。やわらかめのトッピングがいい場合は，オイルを少なめにします。

ゆでた野菜をミキサーにかけるときは，ミキサーの容量の半分を超えないように注意してください。

グルテンフリーのパスタは，大鍋とたっぷりの沸騰した湯でゆでます。小さな鍋ではパスタがくっついてしまうので，できるだけ大きな鍋を使い，たっぷりの湯を沸騰させます。パスタを加え，アルデンテにゆで上げます。

- ミキサー
- 33×23cm耐熱ガラス製のケーキ型

ソース

バターナッツかぼちゃ　皮をむいて一口大に切る	8カップ（2L）
玉ねぎ　ざっと切る	1/2カップ（125ml）
にんにく（ポイント参照）	1〜2かけ
海塩　分けて使用	大さじ2
ニュートリショナルイースト	1と1/2カップ（375ml）
エクストラバージンオリーブオイル	1/2カップ（125ml）
液状ココナッツオイル	60ml

トッピング

パン（グルテンフリー）　2.5cm角に切る	2枚
グレープシードオイル（ポイント参照）	大さじ2〜3
ニュートリショナルイースト	大さじ1
海塩	小さじ1/8
スイートパプリカ	小さじ1/8

マカロニ

海塩	小さじ1/2
エルボーマカロニ，スパイラル，ペンネなどのショートパスタ（グルテンフリー）	500g

1. **ソース**：大きめの鍋にバターナッツかぼちゃ，玉ねぎ，にんにく，塩大さじ1/2を入れ，水を多めに入れ，ふたをして強火にかけます。煮立ったらふたを取り，火を弱めて，かぼちゃがやわらかくなるまで15分ほど煮てざるに上げます。

2. 1を何度かに分けてミキサーにかけます（ポイント参照）。塩大さじ1，ニュートリショナルイースト，オリーブオイル，ココナッツオイルも加えて，全体がなめらかになるまで高速で回します。大きめのボウルに移します。

3. 大きめの鍋にたっぷりの水を入れ，ふたをして強火にかけ，沸騰させます（ポイント参照）。

4. **トッピング**：フライパンでグレープシードオイルを中火で熱します。パンを入れて6〜8分焼きます。火を止めて，ニュートリショナルイースト，塩，スイートパプリカを加えて混ぜます。きれいに洗って乾かしたミキサーに入れ，中速で回し，細かく砕きます。

5. オーブンを200℃に予熱します。

6. **マカロニ**：**3**の湯に塩を加え，マカロニを入れます。パッケージに記載された時間を参考にしてアルデンテにゆで上げます。ゆで汁1/2カップ（125ml）をとって，ざるに上げ，マカロニが冷えるまで流水ですすぎます。水を切ったマカロニを**2**のソースのボウルに入れ，全体をよく混ぜ合わせます。

7. ケーキ型に**6**をあけ，均等にします。上から**4**のトッピングをまんべんなくふりかけ，オーブンに入れて40分ほど焼きます。トッピングが焦げ始め，真ん中にふつふつと蒸気が出ていればできあがりです。熱々をいただきます。すぐに食べない場合は，密閉容器に移します。冷蔵庫で約5日間保存できます。

バリエーション

スモークチポトレ豆腐のマカロニ＆チーズ：フライパンでグレープシードオイル60mlを中火で熱します。かたく水切りして一口大に切った豆腐1カップ（250ml）を，こんがり焼けるまで8〜10分炒めます。火からおろしてニュートリショナルイースト大さじ3，きざんだチポトレペッパー大さじ2，たまりしょうゆ大さじ2，チリパウダー小さじ1を加えて混ぜます。つくり方**2**のかぼちゃのソースに加えて混ぜます。

唐辛子とにんにくのスパゲティ

にんにくが香るピリ辛のスパゲティは，一度食べるとクセになるおいしさです。きのこのソテー（下巻参照）を添えて，辛口の赤ワインを合わせれば，ちょっとしたごちそうメニューに変身します。

4〜6人分

ポイント

にんにくを細かくきざむ：にんにくをまな板に置き，包丁の腹で強くゆっくり押します。薄皮が浮いてはがれやすくなるので，親指と人差し指でつまんで押し出すように実を取り出します。まずは粗めにきざみ，塩を少しふり，包丁の腹ですりつぶし（塩の粒でさらにつぶれます），さらに包丁で叩くようにきざみます。

にんにくの量は1かけの大きさで調整します。大きめなら10かけ，小さめなら12かけとなります。

グルテンフリーのパスタは，たっぷりの水を沸騰させてゆでます。小さな鍋ではパスタがくっついてしまうので，大きな鍋に，パスタの量の5倍以上の水を用意しましょう。

グレープシードオイル	大さじ2
エクストラバージンオリーブオイル	大さじ2
にんにく　みじん切り（ポイント参照）	10〜12かけ
唐辛子フレーク	大さじ1
玉ねぎ　粗みじん切り	1/2カップ（125ml）
海塩　分けて使用	小さじ1
スパゲティ（グルテンフリー）	500g

1. 大きめの鍋にたっぷりの水を入れ，ふたをして強火にかけ，沸騰させます（ポイント参照）。

2. 大きめのフライパンでグレープシードオイルとオリーブオイルを中火で熱します。にんにくと唐辛子フレークを加え，香りが立ち，焼き色がつくまで炒めます。玉ねぎと塩小さじ1/2を加えます。玉ねぎが透き通るまで6分ほど炒め，火を止めます。

3. 1の沸騰した湯に，塩小さじ1/2を加えます。スパゲティを入れ，パッケージに記載された時間を参考にしてアルデンテにゆで上げます。ゆで汁を1/2カップ（125ml）とって（次ページのポイント参照），ざるに上げます。

4. 2のフライパンを再び中火にかけます。スパゲティを加えて全体をよく混ぜ，ゆで汁も加えて混ぜればできあがりです。温かいうちにいただきます。

ミートボール・スパゲティ

スパゲティといえばこれでしょう。熱々のうちにニュートリショナルイーストをトッピングして、チーズのような風味をプラスします。206ページのイタリアンミートボールとの相性が最高ですが、市販のヴィーガンミートボールでもおいしくできます。

4〜6人分

ポイント

グルテンフリーのパスタは、たっぷりの水を沸騰させてゆでます。小さな鍋ではパスタがくっついてしまうので、大きな鍋に、パスタの量の5倍以上の水を用意しましょう。

パスタのゆで汁にはデンプンが含まれているので、ソースにとろみやコクを出すために利用します。多めにゆで汁を取っておいて、しあがり具合によって、1/4〜1/2カップほどソースに足します。

スパゲティの温め直し：大きめのフライパンに水1/2カップ（125ml）を入れて沸かします。パスタを入れて、ほぐしながら温めます。

クラシック・ガーリックトマトソース（110ページ参照）	4カップ（1L）
キドニービーンでつくるイタリアンミートボール（206ページ参照）またはその他のヴィーガンミートボール	12個
海塩	小さじ1/2
スパゲティ（グルテンフリー）	500g
ニュートリショナルイースト	1/2カップ（125ml）

1. 大きめの鍋にたっぷりの水を入れ、ふたをして強火にかけ、沸騰させます（ポイント参照）。
2. 別の大きめの鍋に、ガーリックトマトソースとミートボール入れて中火にかけます。ミートボールにしっかり火が通るように温めます。
3. 1の沸騰した湯に、塩小さじ1/2を加えます。スパゲティを入れ、パッケージに記載された時間を参考にしてアルデンテにゆで上げます。ゆで汁を1/2カップ（125ml）とって（ポイント参照）、ざるに上げます。
4. トマトソースの鍋にスパゲティを入れ、よく混ぜます。ゆで汁も加えて混ぜ合わせます。器に盛りつけ、ニュートリショナルイーストをふりかけて、温かいうちにいただきます。すぐに食べない場合は、密閉容器に移します。冷蔵庫で約5日間保存できます。

トリュフの香りのフェットチーネ, ポータベロクリームソース

トリュフオイルの芳醇な香りが肉厚なポータベロマッシュルームの風味をよりいっそう引き立ててくれます。好みのパンを添えて白ワインと一緒に召し上がれ。

4〜6人分

ポイント

ポータベロマシュルームは大きめなら2個, 小さめなら3個使用します。

ポータベロマシュルームが大きい場合は, 石づきの下の部分はかたいため, 2.5cmほどを切り落としてから使用します。

トリュフオイルは大型スーパーや輸入食品店で取り扱っています。最も香りがよいのは, オイルに白または黒トリュフの小さな破片が入っているものです。

フェットチーネには, 244ページのレシピでつくった手打ちパスタの生地も使えます。

グリルがない場合は, オーブンのブロイラー機能でも代用できます。オーブントレイにアルミホイルを敷いてマッシュルームをのせ, 焦げ目がついて身がやわらかくなるまで焼きます。

グリルでもオーブンでも焼き時間は片側につき5〜6分です。

- • グリルを高温に予熱
- • ミキサー

ポータベロマッシュルーム (ポイント参照)	2〜3個
エクストラバージンオリーブオイル　分けて使用	大さじ3
海塩　分けて使用	小さじ1と1/2
水	180ml
タヒーニ (練りごまで代用可)	1/2カップ (125ml)
レモンの皮のすりおろし	小さじ1
レモン果汁	大さじ3
にんにく	2かけ
トリュフオイル (ポイント参照)	大さじ2
フェットチーネ (グルテンフリー, ポイント参照)	500g
ニュートリショナルイースト	1/2カップ (125ml)
トリュフオイル　しあげ用	適量

1. 大きめの鍋にたっぷりの水を入れ, ふたをして強火にかけ, 沸騰させます (前ページのポイント参照)。
2. 大きなボウルにポータベロとオリーブオイル大さじ2, 塩小さじ1/2を入れて, オリーブオイルをからませるように混ぜます。グリルに入れて軽く焦げ目がつくまで焼き, 裏返してしっかり内側まで火が通るまで焼きます (ポイント参照)。グリルから取り出して冷まします。
3. ミキサーに焼いたポータベロマッシュルーム1個, 水, タヒーニ, レモンの皮のすりおろしと果汁, にんにく, トリュフオイル, 塩小さじ1/2を入れ, 全体がなめらかになるまで高速で回します。鍋に移し, 弱火にかけます。
4. 1の沸騰した湯に, 塩小さじ1/2を加えます。フェットチーネを入れ, アルデンテにゆで上げます。ゆで汁を1/2カップ (125ml) とって (次ページのポイント参照), ざるに上げます。
5. 残りのポータベロを細長く切ります。
6. フェットチーネとポータベロの薄切りを3の鍋に入れ, よく混ぜ合わせます。ゆで汁とニュートリショナルイーストも加え, よく混ぜます。器に盛りつけ, トリュフオイルを数滴たらしてできあがりです。

フェットチーネ・カルボナーラ

パスタ料理の定番カルボナーラを,テンペベーコンを使ってヴィーガン向けにアレンジしました。チーズと卵のソースのなめらかな口あたりを,ニュートリショナルイーストとヴィーガンホイップバターでいっそうおいしく再現しました。

4～6人分

ポイント

ヴィーガンホイップバターの代用は,市販の植物性バターでもOKです。

パスタのゆで汁にはデンプンが含まれているので,ソースにとろみやコクを出すために利用します。多めにゆで汁を取っておいて,しあがり具合によって1/4～1/2カップほどソースに足します。

フェットチーネは,つくりおきして冷蔵しておくことができます。温め直すには,大きめのフライパンに水1/2カップ(125ml)を入れて沸かし,パスタを入れて,ほぐしながら温めます。

グレープシードオイル	大さじ2
テンペベーコン(38ページ参照) 短冊切り	1カップ(250ml)
玉ねぎ 粗みじん切り	1/2カップ(125ml)
海塩 分けて使用	小さじ1
にんにく みじん切り	2～3かけ
フェットチーネ(グルテンフリー)	500g
イタリアンパセリ きざむ	1/2カップ(125ml)
ニュートリショナルイースト	1/2カップ(125ml)
ヴィーガンホイップバター(283ページとポイント参照)	60ml

1. 大きめの鍋にたっぷりの水を入れ,ふたをして強火にかけ,沸騰させます(次ページのポイント参照)。

2. 大きめのフライパンでグレープシードオイルを弱～中火で熱します。テンペベーコンを入れ,よく混ぜながらカリッとするまで焼きます。玉ねぎと塩小さじ1/2を加え,玉ねぎが透き通るまで6分ほど炒めます。にんにくを加え,香りが立つまで2分ほど炒め,火を止めます。

3. 1の沸騰した湯に,塩小さじ1/2を加えます。フェットチーネを入れ,パッケージに記載された時間を参考にしてアルデンテにゆで上げます。ゆで汁を1/2カップ(125ml)をとって(ポイント参照),ざるに上げます。

4. 2のフライパンを再び中火にかけます。フェットチーネを加えて全体をよく混ぜ,ゆで汁も加えて混ぜます。イタリアンパセリ,ニュートリショナルイースト,ヴィーガンホイップバターを加え,バターが完全に溶けるまで混ぜ合わせます。温かいうちにいただきます。

さつまいものクリーミーリングイネ

さつまいものやさしい甘さに気持ちもふわっとやわらぐ，まろやかなクリームソースがおいしいパスタです。

4〜6人分

ポイント

さつまいもの代わりに，バターナッツかぼちゃ（皮をむいて一口大に切る）も使えます。

グルテンフリーのパスタは，たっぷりの水を沸騰させてゆでます。小さな鍋ではパスタがくっついてしまうので，大きな鍋に，パスタの量の5倍以上の水を用意しましょう。

ソースを煮ているときに濃すぎると感じた場合は，様子を見ながら水を60mlずつ足して，好みの状態に煮詰めます。

スパゲティやフェットチーネでもおいしくつくれます。

• ミキサー

さつまいも　皮をむいて一口大に切る（ポイント参照）	
	8カップ（2L）
海塩　分けて使用	小さじ1と1/2
タヒーニ（練りごまで代用可）	大さじ3
タイムの葉　きざむ	大さじ1
ガーリックパウダー	小さじ1
リングイネ（グルテンフリー）	500g

1. 大きめの鍋に水，さつまいも，塩小さじ1/2を入れ，強火にかけます。煮立ったら火を弱め，さつまいもがやわらかくなるまで12分ほどゆでます。ゆで汁を2カップ（500ml）取り，ざるに上げます。
2. 大きめの鍋にたっぷりの水を入れ，ふたをして強火にかけ，沸騰させます（ポイント参照）。
3. ミキサーに，2〜3回に分けて，ゆでたさつまいも，ゆで汁（2カップ），タヒーニ，タイム，ガーリックパウダー，塩小さじ1/2を入れ，高速で回し，なめらかなクリーム状にします。大きめのフライパンに移し，弱火にかけます（ポイント参照）。
4. 2の沸騰した湯に，塩小さじ1/2を加えます。リングイネを入れ，パッケージに記載された時間を参考にしてアルデンテにゆでます。ゆで汁を1/2カップ（125ml）を取って（前ページのポイント参照），ざるに上げます。
5. リングイネとゆで汁を3のフライパンに加えます。全体がからむようによく混ぜ合わせ，温かいうちにいただきます。

ペンネ・アラ・ヴォッカ

代表的なパスタ料理のヴィーガン版です。そのおいしさにはどんなお客さまもきっと満足することでしょう。クオリティの高いオーガニックのウォッカと，イタリア産のプラムトマトを使います。

4〜6人分

ポイント

カシューナッツのピューレは以下で代用できます。
・アーモンドミルク
　1カップ（250ml）
・ヴィーガンホイップバター
　（283ページ参照）
　大さじ3〜4

にんにくの量は1かけの大きさで調整します。大きめなら3かけ，小さいものだと4かけとなります。

火を使った調理中にアルコールを足すときは，不意に火が上がることを防ぐためにもフライパンを火から離してから加えましょう。

• ミキサー

生カシューナッツ（ポイント参照）	1カップ（250ml）
グレープシードオイル	大さじ2
にんにく　みじん切り（ポイント参照）	3〜4かけ
唐辛子フレーク	小さじ1/4
玉ねぎ　粗みじん切り	1/2カップ（125ml）
海塩　分けて使用	小さじ1
ウォッカ（オーガニック）	1カップ（250ml）
トマト水煮缶（ダイスカット，汁も含む）	2缶（800ml）
ペンネ（グルテンフリー）	500g
水	1カップ（250ml）
ニュートリショナルイースト	1/2カップ（125ml）

1. 鍋に水と生カシューナッツを入れ，強火にかけます。煮立ったらざるに上げて冷まします。

2. 大きめの鍋にたっぷりの水を入れ，ふたをして強火にかけ，沸騰させます（前ページのポイント参照）。

3. フライパンでグレープシードオイルを中火で熱します。にんにくと唐辛子を加え，にんにくがきつね色になり，香りが立つまで2分ほど炒めます。玉ねぎと塩小さじ1/2を加え，3分ほど炒めます。玉ねぎが透き通ってきたら，ウォッカを加え（ポイント参照），水分がほぼ蒸発するまで炒め，トマトを汁ごと加えます。火を強めてひと煮立ちさせ，弱火にして10分ほど煮詰めます。

4. 2の沸騰した湯に，塩小さじ1/2を加えます。ペンネを入れてアルデンテにゆで，ざるに上げます。

5. ペンネをゆでている間，ミキサーに1のカシューナッツと水1カップ（250ml）を入れ，なめらかになるまで回します。

6. 5のカシューナッツを3のソースに加えて混ぜます。ニュートリショナルイーストも混ぜ入れ，ゆで上がったペンネを加えて，全体をよく混ぜ合わせればできあがりです。

ローストマッシュルームのペンネ

肉厚なマッシュルームをローストして，深い味わいを最大限に引き出しました。食感と香りの両方で満足できる一品です。

4〜6人分

ポイント

ポータベロマッシュルームが大きい場合は，半分か4つに切ってローストします。

ポータベロマッシュルームの石づきの下から2.5cmくらいはかたいので，切り落としてから使用します。

にんにくの量は1かけの大きさで調整します。大きめなら3かけ，小さめなら4かけとなります。

グルテンフリーのパスタは，たっぷりの水を沸騰させてゆでます。小さな鍋ではパスタがくっついてしまうので，大きな鍋に，パスタの量の5倍以上の水を用意しましょう。

パスタのゆで汁にはデンプンが含まれているので，ソースにとろみやコクを出すために利用します。多めにゆで汁を取っておいて，しあがり具合によって，1/4〜1/2カップほどソースに足します。

- オーブンを230℃に予熱
- オーブンシートを敷いたオーブントレイ

マッシュルーム（ポイント参照）	4カップ（1L）
ポータベロマッシュルーム（ポイント参照）	4カップ（1L）
しいたけ　厚切り	2カップ（500ml）
ひらたけ　厚切り	2カップ（500ml）
グレープシードオイル　分けて使用	大さじ6
タイムの葉　きざむ	大さじ3
海塩　分けて使用	小さじ1と1/2
玉ねぎ　粗みじん切り	1/2カップ（125ml）
にんにく　みじん切り（ポイント参照）	3〜4かけ
ペンネ（グルテンフリー）	500g

1. 大きめのボウルにきのこ4種とグレープシードオイル大さじ3，タイム，塩小さじ1/2を入れ，全体にオイルをからめます。オーブントレイに移し，オーブンで30分ほど焼きます。きのこがやわらかく，やや焼き色がついたら取り出し，きのこからしみ出た汁ごとボウルに移します。

2. 大きめの鍋にたっぷりの水を入れ，ふたをして強火にかけ，沸騰させます（ポイント参照）。湯が沸騰したら塩小さじ1/2を加え，ペンネを入れ，アルデンテにゆでます。ゆで汁を1/2カップ取り（ポイント参照），ざるに上げます。

3. ペンネをゆでている間，大きめのフライパンでグレープシードオイル大さじ3を中火で熱します。玉ねぎを入れ，透き通るまで6分ほど炒めます。にんにくを加え，香りが立つまで2分ほど炒めます。1のきのこを加えて混ぜます。

4. 3のフライパンに，ペンネとゆで汁も加えます。木べらを使って，全体を均等に混ぜてできあがりです。温かいうちにいただきます。

ベイクドズィーティー

クリーミーなカシューチーズとにんにくの効いたトマトソースの組み合わせは，何度もリピートしたくなる味です。時間のあるときに前もってつくって冷蔵庫に入れておけば，食べたいときに焼くだけなので，忙しいときに重宝するメニューです。

4〜6人分

ポイント

ズィーティーとは，ペンネより少し大きい筒状のパスタです。グルテンフリーのズィーティーが見つからない場合は，同じ量のペンネで代用できます。

市販のヴィーガンモッツァレラやヴィーガンリコッタも使えます。

ゆでたパスタは流水で冷まし，それ以上やわらかくならないようにします。そのあと，オーブンで焼くので，加熱しすぎて食感が落ちるのを防ぐためです。

- オーブンを200℃に予熱
- 33×23cm角の耐熱ガラス製ケーキ型　油（分量外）を塗る

ズィーティー（グルテンフリー，ポイント参照）	500g
海塩	小さじ1
クラシック・ガーリックトマトソース（110ページ参照）	
分けて使用	4カップ（1L）
クリーミーカシューリコッタ（下巻とポイント参照）	
	2カップ（500ml）
ヴィーガンモッツァレラ（282ページとポイント参照）	
	1カップ（250ml）
ニュートリショナルイースト	1/2カップ（125ml）

1. 大きめの鍋にたっぷりの水を入れ，ふたをして強火にかけ，沸騰させます（前ページのポイント参照）。沸騰したらズィーティーと塩を加え，アルデンテにゆでます。ざるにあけて，流水ですすぎます（ポイント参照）。水がにごらなくなったら水を切り，大きめのボウルに移します。

2. ガーリックトマトソース3カップ（750ml）を1のボウルに加えてよく混ぜます。

3. ケーキ型に，2のパスタの1/3の量を入れます。その上にカシューリコッタを1カップ（250ml），ヴィーガンモッツァレラを1/2カップ（125ml）重ねて入れます。同様に繰り返します。残りのパスタ1/3量を重ねた上にガーリックトマトソース1カップをかけ，最後にニュートリショナルイーストをまんべんなくふりかけます。

4. オーブンに入れ，45分ほど焼きます。真ん中はふつふつと気泡が上がり，周辺に焦げ目がついたら取り出し，熱々をいただきます。すぐに食べない場合は，密閉容器に移します。冷蔵庫で1週間ほど保存できます。

ペンネボロネーゼのオーブン焼き

しっかり味つけした豆腐と香りのよいトマトで，伝統的なボロネーズソースを再現しました。このレシピはおもてなしにも大活躍です。前もって準備して冷蔵庫に入れておけば，あとはオーブンに入れて焼くだけでできあがります。

ポイント

豆腐の下準備：木綿豆腐はかたく水切りします。焼き豆腐なら水を切って水分を拭き取ります。一口大に切って，フードプロセッサーに入れてざっと回し，ぼろぼろとした挽き肉のような状態にします。

にんにくの量は1かけの大きさで調整します。大きめなら8かけ，小さめなら10かけとなります。

にんにくを細かくきざむ：にんにくをまな板に置き，包丁の腹で強くゆっくり押します。薄皮が浮いてはがれやすくなるので，親指と人差し指でつまんで押し出すように実を取り出します。まずは粗めにきざみ，塩を少しふり，包丁の腹ですりつぶし（塩の粒でさらにつぶれます），さらに包丁で叩くようにきざみます。

- オーブンを200℃に予熱
- フードプロセッサー
- 33×23cm角の耐熱ガラス製ケーキ型　油（分量外）を塗る

グレープシードオイル	60ml
玉ねぎ　粗みじん切り	1/2カップ（125ml）
にんじん　粗みじん切り	1/2カップ（125ml）
セロリ　粗みじん切り	1/2カップ（125ml）
海塩　分けて使用	小さじ1
木綿豆腐（ポイント参照）	450g
にんにく　みじん切り（ポイント参照）	8～10かけ
トマトペースト	大さじ3
赤ワイン　辛口	2カップ（500ml）
トマトピューレ（ポイント参照）	800ml
オレガノ（乾）	小さじ1
バジル（乾）	小さじ1
ペンネ（グルテンフリー）	500g
ニュートリショナルイースト	1/2カップ（125ml）

1. 大きめの鍋を中火にかけ，グレープシードオイルを熱します。玉ねぎ，にんじん，セロリ，塩小さじ1/2を入れかき混ぜ，野菜がやわらかく，玉ねぎが透き通るまで6分ほど炒めます。豆腐を入れ，焼き色がつくまで10分ほど炒めます。にんにくを加え，香りが立つまでさらに2分ほど炒めます。

2. トマトペーストを加えて，軽く焦げ始めるまで2～3分炒め，赤ワインを加えます。木べらで鍋底からこそげて混ぜながら，6～7分炒め，水分を飛ばします。トマトピューレ，オレガノ，バジルを加えて火を強めます。ひと煮立ちしたら弱火にし，15分ほど煮詰めます。

3. その間，ペンネをゆでます。大きな鍋に湯を沸かします。沸騰したらペンネと塩小さじ1/2を加え，パッケージに記載された時間を参考にしてアルデンテにゆでます。ざるにあけて流水ですすぎます（ポイント参照）。ペンネが冷えたら水を切り，大きめのボウルに移します。

トマトのピューレは「パッサータ」とも呼ばれ，トマトペーストとは別のものです。このレシピではピューレとペーストの両方を使います。ピューレがない場合は，ミキサーで新鮮なトマト8カップ（2L）と水60mlを攪拌し，なめらかなピューレにして使用できます。

ゆでたパスタは流水で冷まし，それ以上やわらかくならないようにします。そのあと，オーブンで焼くので，加熱しすぎて食感が落ちるのを防ぐためです。

4. ペンネのボウルに2のトマトソースを加え，よくからむように混ぜ合わせます。ケーキ型に均等に入れ，ニュートリショナルイーストをふりかけます。オーブンに入れて40～45分ほど焼きます。表面がこんがり焼ければできあがりです。温かいうちにいただきます。

ペンネのオーブン焼き，ローストカリフラワーの アルフレドソース

寒い日の夕食に食べたくなる，熱々がおいしいパスタです。ローストしたカリフラワーとしっとりとしたソースがからむペンネのコンビネーションは，お腹も気持ちも満たしてくれます。

4〜6人分

ポイント

カリフラワーが均等に焼けるように，できるだけ同じ大きさに切ります。

グルテンフリーのパスタは，たっぷりの水を沸騰させてゆでます。小さな鍋ではパスタがくっついてしまうので，大きな鍋に，パスタの量の5倍以上の水を用意しましょう。

ゆでたパスタは流水で冷まし，それ以上やわらかくならないようにします。そのあと，オーブンで焼くので，加熱しすぎて食感が落ちるのを防ぐためです。

- オーブンを200℃に予熱
- オーブンシートを敷いたオーブントレイ
- ミキサー
- 33 × 23 cm角の耐熱ガラス製ケーキ型　油（分量外）を塗る

カリフラワー　一口大に切る（ポイント参照）	2個
グレープシードオイル	60 ml
ニュートリショナルイースト　分けて使用	1/2カップ（125 ml）
海塩　分けて使用	小さじ1と1/2
ガーリックパウダー	小さじ1
ペンネ（グルテンフリー）	500 g
水	1/2カップ
エクストラバージンオリーブオイル	60 ml
レモン果汁	大さじ1
タイムの葉　きざむ	小さじ1

1. 大きめのボウルにカリフラワー，グレープシードオイル，ニュートリショナルイースト60 ml，塩小さじ1/2，ガーリックパウダーを入れ，全体にからめます。オーブントレイに移し，オーブンで25分ほど焼きます。カリフラワーがやわらかく，きつね色になったら取り出し，冷ましておきます。

2. 大きめの鍋に湯を沸かし，沸騰したらペンネと塩小さじ1/2を加え，アルデンテにゆでます（ポイント参照）。ざるにあけて流水でペンネが冷めるまですすぎます（ポイント参照）。

3. ミキサーに，カリフラワーの半分の量，残りのニュートリショナルイースト，塩小さじ1/2，水，オリーブオイル，レモン果汁，タイムを入れ，なめらかになるまで高速で回します。ミキサーの容量に応じて，2〜3回に分けて行います。

4. 大きめのボウルに2のペンネ，3のピューレ，残りのカリフラワーを入れて，よく混ぜます。ケーキ型に移し，均等にならします。

5. オーブンに入れて30〜35分ほど焼きます。表面に焼き色がつき，真ん中にふつふつと蒸気が出てきたら取り出し，温かいうちにいただきます。すぐに食べない場合は，密閉容器に移します。冷蔵庫で1週間ほど保存できます。

カネロニ

イタリア語で「大きな葦」という意味をもつ，春巻きのように大きなパスタです。クリーミーカシューリコッタがおいしく，ボリューム感もあるのでおもてなしに最適の一品です。

4〜6人分

ポイント

下ゆでなしですぐに焼けるタイプのカネロニは，大型スーパーや輸入食品店で取り扱っています。このタイプでグルテンフリーが見つからない場合は，通常のものを表示に従って下ゆでして使います。フィリングはカネロニが冷めてから，大きさに合わせて，量を調整しながら詰めます（つくり方1）。

244ページのレシピのパスタ生地を使う場合（バリエーション参照），焼き時間を15分ほど短縮します。

ここで使うチーズやトマトソースには，好みのブランドのものを代用できます。

パスタ生地でリコッタのフィリングを包んで筒状に巻くときは，小さいナイフの先で端をはがして持ち上げます。

このレシピはつくりおきして冷蔵・冷凍することができます。冷凍したパスタは180℃に予熱したオーブンで，45〜60分ほど温めればOKです。

- オーブンを180℃に予熱
- 33×23cm角の耐熱ガラス製ケーキ型　油（分量外）を塗る

下ゆで不要のカネロニシェル（グルテンフリー，ポイント参照）	16個
クリーミーカシューリコッタ（下巻とポイント参照）	2カップ（500ml）
クラシック・ガーリックトマトソース（110ページ参照）	4カップ（1L）
ヴィーガンモッツァレラ（282ページ参照）	1カップ（250ml）
ニュートリショナルイースト	60ml

1. カネロニシェルに，大さじ4のクリーミーカシューリコッタを両端まで隙間なく詰めます（ポイント参照）。
2. ケーキ型の底に，ガーリックトマトソース2カップを敷き詰めます。1のカネロニを隙間をあけずにきっちり詰めます。残りのガーリックトマトソースをかけ，ヴィーガンモッツァレラとニュートリショナルイーストをふりかけます。
3. オーブンで1時間ほど焼きます。ソースがふつふつと蒸気を立てて，パスタに焼き色がついたらできあがりです。すぐに食べない場合は，冷ましてから密閉容器に移します。冷蔵庫で1週間ほど保存できます。

バリエーション

244ページのレシピのグルテンフリーパスタ生地でカネロニをつくる：生地を4つの20cm角の正方形に切り，さらにそれぞれを4等分して16枚に切ります。大きな鍋に湯を沸騰させ，アルデンテよりもかためになるように1〜2分ゆでます。流水にさらして冷まします。オーブンシートを敷いたオーブントレイに重ならないように並べ，上から濡れ布巾または濡れたキッチンペーパーをかぶせておきます。パスタが十分冷めたら，生地の中央に線状にリコッタ大さじ4を広げます。生地の両端をくっつけて筒状に包みます（ポイント参照）。つくり方2では，型に並べるとき，継ぎ目を下にして入れます。

豆腐とかぼちゃのラビオリ，レモンとセージのクリームソース

手打ちパスタのホームメイドラビオリでおもてなしをしましょう。お客さまも家族も大満足間違いなしのとっておきレシピです。ラビオリはこのソースのほかにも，ほうれん草と白ワインのクリームソース（119ページ参照）やクリーミーアルフレドソース（123ページ参照）にもよく合います。

ラビオリ24個（4人）分

ポイント

にんにくを細かくきざむ：にんにくをまな板に置き，包丁の腹で強くゆっくり押します。薄皮が浮いてはがれやすくなるので，親指と人差し指でつまんで押し出すように実を取り出します。まずは粗めにきざみ，塩を少しふり包丁の腹でにんにくをまな板にするように押しつぶし（塩の粒でさらにつぶれます），さらに包丁で叩くようにきざみます。

ラビオリのフィリングが余ったら，サラダのトッピングやサンドイッチのスプレッド，野菜スティックのディップなどに使えます。

ゆでている間にラビオリがはがれないように，しっかりくっついているか，ゆでる前に確認しましょう。

- フードプロセッサー
- ミキサー

豆腐とかぼちゃのフィリング

バターナッツかぼちゃ　皮をむいて一口大に切る	2カップ（500ml）
グレープシードオイル	大さじ1
玉ねぎ　一口大に切る	60ml
海塩	小さじ1/2
にんにく　みじん切り（ポイント参照）	1かけ
ナツメグ　おろす	小さじ1/4
木綿豆腐　かたく水を切って細かくくずす	125g

レモンとセージのクリームソース

生カシューナッツ	1カップ（250ml）
水　分けて使用	4カップ（1L）
レモン果汁	60ml
セージの葉　きざむ	大さじ2
海塩	小さじ1/2
にんにく	2かけ

ラビオリ

ラビオリ（244ページのグルテンフリーのパスタ生地をラビオリ用に切る）	6枚（500g）
海塩	小さじ1/2

1. **豆腐とかぼちゃのフィリング**（ポイント参照）：鍋に水と塩を入れ，沸騰させます。バターナッツかぼちゃを入れ，やわらかくなるまで20分ほどゆで，ざるに上げます。

2. フライパンでグレープシードオイルを中火で熱します。玉ねぎと塩を入れ透き通るまで6分ほど炒めます。にんにくを加え，香りが立つまで2分ほど炒めます。**1**のかぼちゃを加えてよく混ぜ，ナツメグを加えて混ぜたら，火を止めて15分ほど置いて冷まします。

グルテンフリーのパスタは，たっぷりの水を沸騰させてゆでます。小さな鍋ではパスタがくっついてしまうので，大きな鍋に，パスタの量の5倍以上の水を用意しましょう。

スパイダーストレーナーは，熱い鍋から食べ物を取り出したり，灰汁を取ったりするための道具で，金属メッシュの浅いざるに長い柄がついています。キッチン用品売り場にはたいてい置いてあります。

ラビオリの冷凍：フィリングを詰めて切ったラビオリを，重ならないように隙間をあけてトレイに並べます。8時間または一晩冷凍させてから，まとめて密閉容器に移します。冷凍庫で約2カ月間保存できます。

3. 2をフードプロセッサーに入れ，なめらかになるまで回します。ときどき止めて容器の内側をこそげて混ぜ込みます。豆腐を加え，全体をよく混ぜ合わせます。

4. **レモンとセージのクリームソース**：鍋に生カシューナッツと水3カップ（750ml）を入れ，強火にかけます。ひと煮立ちしたら，ざるに上げます。ミキサーに移し，水1カップ，レモン果汁，セージ，塩，にんにくを加え，なめらかなクリーム状になるまで高速で回します。フライパンに移します。

5. 大きめの鍋にたっぷりの水を入れ，ふたをして強火にかけ，沸騰させます（ポイント参照）。

6. 台にラビオリの生地（20×6.5cm）を，横長になるように置きます。4等分の長方形になるように，包丁で軽く切り込み線を入れます。刷毛で水をさっと塗り，それぞれの四角形の真ん中に大さじ1/2ずつ3のフィリングを置きます。

7. もう一枚の生地を上から重ねます。指を水で濡らし，フィリングの間を押して生地同士をくっつけます。包丁かパスタカッターで切り離します。フィリングの周辺をフォークの背などで押してしっかりくっつけます（ポイント参照）。残りの生地とフィリングで，同様にラビオリをつくります。

8. 5の鍋で沸騰した湯に，塩を加え，ラビオリを入れてゆでます。1～2分で浮き上がってくるので，穴あきおたまかスパイダーストレーナー（ポイント参照）ですくいます。生地を破らないように注意してゆでます。ゆで汁を1/2カップ（125ml）ほど取っておきます（270ページのポイント参照）。

9. 4のフライパンを中火にかけ，ソースを温めます。ゆで汁を加え，ラビオリも加えてソースをよくからめてできあがりです。

きのことほうれん草のラザニア

ボリューム満点のラザニアはコース料理の主役です。誕生日や記念日のディナーに登場するだけでテーブルが華やかになります。また、みんなが集まるパーティーにも喜ばれること請け合いです。パーティーでは小さめに切り込みを入れておくと、セルフサービスでも簡単に取ることができます。

6～8人分

ポイント

このレシピには、244ページのパスタ生地も使えます。

にんにくの量は1かけの大きさで調整します。大きめなら6かけ、小さいものだと8かけとなります。

にんにくをまな板に置き、包丁の腹で強くゆっくり押します。薄皮が浮いてはがれやすくなるので、親指と人差し指でつまんで押し出すように実を取り出します。

このレシピにはマッシュルーム（白・ブラウン）、ポータベロなどがおすすめです。

グルテンフリーのパスタは、たっぷりの水を沸騰させてゆでます。小さな鍋ではパスタがくっついてしまうので、大きな鍋に、パスタの量の5倍以上の水を用意しましょう。

- オーブンを200℃に予熱
- 33×23cm角の耐熱ガラス製ケーキ型

ラザニア（グルテンフリー、ポイント参照）　分けて使用	12枚
海塩　分けて使用	大さじ1
ココナッツオイル	60ml
玄米粉	60ml
アーモンドミルク（61ページ参照）	2カップ（500ml）
ニュートリショナルイースト　分けて使用	1/2カップ（125ml）
グレープシードオイル	大さじ3
玉ねぎ　粗みじん切り	1/2カップ（125ml）
にんにく　みじん切り（ポイント参照）	6～8かけ
きのこ　薄くスライスする（ポイント参照）	4カップ（1L）
ほうれん草　ざっと切る	8カップ（2L）
タイムの葉　きざむ	大さじ1
クラシック・ガーリックトマトソース（110ページ参照）　　分けて使用	800ml
ニュートリショナルイースト　しあげ用	適量

1. 大きめの鍋にたっぷりの水を入れ、ふたをして強火にかけ、沸騰させます（ポイント参照）。塩小さじ1を入れ、ラザニアの麺をゆでます。パッケージに記載された時間を参考にしてアルデンテにゆで、流水で冷めるまですすぎます（これ以上やわらかくならないように）。オーブンシートを敷いたオーブントレイに重ならないように並べ、上から濡れた布巾かキッチンペーパーをかぶせておきます。

2. 鍋にココナッツオイルを入れ、中火で熱します。玄米粉を入れ、5分ほどしっかり炒めます。粉っぽさがなくなったら火を止めて、アーモンドミルクを60mlずつ加え、なめらかになるまでよく混ぜます。アーモンドミルクが全部混ざったら、ひと煮立ちさせ、弱火にして6～8分煮詰めます。

3. 火を止めて、ニュートリショナルイースト60mlと塩小さじ1を加えて混ぜ、ふたをしておきます。

4. 大きめのフライパンでグレープシードオイルを中火で熱します。玉ねぎ、塩小さじ1を加え、玉ねぎが透き通るまで5分ほど、炒めます。にんにくを加え、香りが立つまで2分ほど炒めます。きのこを加え

て，全体がよくからむように混ぜ合わせます。4分ほど炒めてきの
こがしんなりしたら，ほうれん草を数回に分けて加えます。野菜か
ら出た水分がほとんどなくなるまで15分ほど炒め，火を止めます。

5. 残りのニュートリショナルイーストとタイムを加えてよく混ぜ，ボ
ウルに移します。

6. ケーキ型の底にガーリックトマトソース1/2カップを入れ，均等に
ならします。ラザニアの麺を4枚，端と端が少し重なるように底に
敷き詰めます。上から5の具の半量を入れてならし，その上から3
のソースの半量をかけてならします。残りのガーリックトマトソー
スの1/3の量を重ねてならします。

7. 同じ順序で繰り返します。最後には4枚のラザニアの麺をのせ，上
から残りのガーリックトマトソースをかけます。しあげ用のニュー
トリショナルイーストをふりかけます。

8. オーブンで45分ほど焼きます。周りにこんがり焼き色がつき，真
ん中にふつふつと気泡が上がっていればできあがりです。すぐに食
べない場合は，密閉容器に移します。冷蔵庫で1週間ほど保存でき
ます。

マッシュルームストロガノフ

特別な日のランチやディナーに，濃厚でクリーミーなパスタ料理はいかがですか。このレシピで使用するサワークリームは，ヴィーガンのキッチンにぜひ常備したい便利な食材です。

4～6人分

ポイント

にんにくの量は1かけの大きさで調整します。大きめなら4かけ，小さめなら6かけとなります。

244ページのグルテンフリーパスタ生地が使用できます。

グルテンフリーのパスタは，たっぷりの水を沸騰させてゆでます。小さな鍋ではパスタがくっついてしまうので，大きな鍋に，パスタの量の5倍以上の水を用意しましょう。

パスタのゆで汁にはデンプンが含まれているので，ソースにとろみやコクを出すために利用します。多めにゆで汁を取っておいて，しあがり具合によって，1/4～1/2カップほどソースに足します。

グレープシードオイル	大さじ3（45ml）
玉ねぎ　粗みじん切り	1カップ（250ml）
海塩　分けて使用	小さじ1
にんにく　みじん切り（ポイント参照）	4～6かけ
ブラウンマッシュルーム　薄切り	4カップ（1L）
たまりしょうゆ	60ml
ヴィーガンサワークリーム（284ページ参照）	1カップ（250ml）
フェットチーネ（グルテンフリー，ポイント参照）	500g
イタリアンパセリ　きざむ	適量

1. 大きめの鍋にたっぷりの水を入れ，ふたをして強火にかけ，沸騰させます（ポイント参照）。

2. フライパンでグレープシードオイルを中火で熱します。玉ねぎ，塩小さじ1/2を入れ，玉ねぎが透き通るまで6分ほど炒めます。にんにくを加え，香りが立つまで2分ほど炒めます。ブラウンマッシュルームを加えて，きのこから出た水分がほぼなくなるまで炒めます。火を止めて，ヴィーガンサワークリームとしょうゆを加えて混ぜます。

3. 湯が沸騰したら塩小さじ1/2を加え，フェットチーネを入れ，アルデンテにゆでます。ゆで汁を1/2カップ取り（ポイント参照），ざるに上げます。

4. 2のフライパンを再び弱火にかけます。3を加えてよく混ぜ合わせ，さらにゆで汁も加えて混ぜます。器に盛りつけ，しあげにイタリアンパセリをふりかけたらできあがりです。すぐに食べない場合は，冷ましてから密閉容器に移します。冷蔵庫で約5日間保存できます。

タイ風ココナッツとなすのライスヌードル

唐辛子の辛さ，しょうゆの塩気，ココナッツシュガーの甘み，ライムの酸味，そしてにんにくと生姜の香り。ココナッツミルクのベースがそれぞれの個性を強調し，引き立てます。タイ料理独特の香りと味わいのコンビネーションが奏でる極上の一品をどうぞ。

3～4人分

ポイント

生姜の皮をむくときは，スプーンで皮をこそげ落とすようにすると，無駄がありません。

にんにくの量は1かけの大きさで調整します。大きめなら6かけ，小さめなら8かけとなります。

にんにくを細かくきざむ：にんにくをまな板に置き，包丁の腹で強くゆっくり押します。薄皮が浮いてはがれやすくなるので，親指と人差し指でつまんで押し出すように実を取り出します。まずは粗めにきざみ，塩を少しふり，包丁の腹ですりつぶし（塩の粒でさらにつぶれます），さらに包丁で叩くようにきざみます。

ライスヌードルを水にひたす：ボウルに麺を入れ，2Lの湯をそそぎます。ふたをして15分ほど置き，やわらかくなったら，ざるに上げます。

グレープシードオイル	60ml
なす　皮をむいて一口大に切る	4カップ（1L）
玉ねぎ　みじん切り	60ml
海塩	小さじ1/2
生姜　みじん切り（ポイント参照）　分けて使用	大さじ2
にんにく　みじん切り（ポイント参照）　分けて使用	6～8かけ
ココナッツミルク（全脂肪）	1缶（400ml）
ライム果汁　分けて使用	60ml
ココナッツシュガー　分けて使用	小さじ4
ココナッツオイル	大さじ2
生唐辛子　みじん切り	小さじ1
ライスヌードル（中太，ポイント参照）	250g
たまりしょうゆ	大さじ3
水	大さじ3

1. 大きめの鍋を中火にかけ，グレープシードオイルを熱します。なすを入れて炒めます。外がこんがり焼けて中までやわらかくなったら，キッチンペーパーを敷いた皿にあけます。

2. 同じ鍋に玉ねぎ，塩，生姜大さじ1，にんにく半量を入れ，こんがり焼けていい香りが立つまで5分ほど炒めます。ココナッツミルク，ライム果汁大さじ2，ココナッツシュガー小さじ1，1のなすを加えて火を強めます。ひと煮立ちしたら火を弱め，12分ほど煮詰めます。

3. 大きめのフライパンでココナッツオイルを強火で熱します。生唐辛子，残りの生姜とにんにくを加えて，焦がさないように注意して，2分ほどこんがりと炒めます。

4. 3にライスヌードルを加え，よく混ぜます。しょうゆ，水，残りのライム果汁，ココナッツシュガーも加えます。中火にして2～3分炒めます。2のなすとスープを加えて，全体をよく混ぜればできあがりです。

ピーナッツごまだれそば

タイ料理にヒントを得て，ピーナッツソースとヘルシーなそばを組み合わせたレシピです。温めても冷やしてもおいしく，軽いランチにはもちろん，枝豆のジンジャーライム炒め，トリプルペッパーの野菜ソテー（いずれも下巻参照）などと合わせればディナーでも楽しめる一品です。

2～3人分

ポイント

たいていのそばには小麦粉も使われているのでグルテンフリーではありません。表示を確認して，そば粉100％の十割そばを選びましょう。

生姜の皮をむくときは，スプーンで皮をこそげ落とすようにすると，無駄がありません。

香菜（パクチー）の茎は切り落とします。葉の出ている上部の茎はやわらかく風味もよいので，葉と一緒にきざんで使います。

グルテンフリーの麺は，たっぷりの水を沸騰させてゆでます。小さな鍋では麺がくっついてしまうので，大きな鍋に，少なくとも麺の量の5倍以上の水を用意しましょう。

• ミキサー

十割そば（乾麺，ポイント参照）	250g
ピーナッツバター（無糖，粒なし）	1カップ（250ml）
水	1/2カップ（125ml）
ライム果汁	大さじ3
りんご酢	大さじ1
たまりしょうゆ	大さじ1
焙煎ごま油	大さじ1
生姜　みじん切り（ポイント参照）	小さじ1/2
にんにく	2かけ
海塩	小さじ1
香菜（パクチー）　きざむ（ポイント参照）	1カップ（250ml）
生白ごま	大さじ1

1. 大きな鍋にそばをゆでる湯を沸かします（ポイント参照）。沸騰したら，そばを入れ，パッケージに記載された時間に従ってゆでます。ざるにあけ流水でよく洗ってから水を切ります。
2. ミキサーにピーナッツバター，水，ライム果汁，りんご酢，しょうゆ，ごま油，生姜，にんにく，塩小さじ1/2を入れ，なめらかなクリーム状にします。
3. フライパンに1のそばと2のソースを入れて中火にかけ，よく混ぜます。器に盛り，香菜と生白ごまをふりかけていただきます。すぐに食べない場合は，密閉容器に移します。冷蔵庫で約2日間保存できます。

ドライカレーそば

やわらかいシルクのような舌触りのそばに，香り高いスパイスと香ばしく炒めたにんにくと生姜を合わせたレシピです。今ではすっかり私のお気に入りランチリストに名を連ねています。サラダや蒸し野菜，ソテーと合わせればディナーのメインディッシュにもなります。

2～3人分

ポイント

にんにくの量は1かけの大きさで調整します。大きめなら3かけ，小さめなら4かけとなります。

にんにくを細かくきざむ：にんにくをまな板に置き，包丁の腹で強くゆっくり押します。薄皮が浮いてはがれやすくなるので，親指と人差し指でつまんで押し出すように実を取り出します。まずは粗めにきざみ，塩を少しふり，包丁の腹ですりつぶし（塩の粒でさらにつぶれます），さらに包丁で叩くようにきざみます。

十割そば（乾麺，前ページのポイント参照）	250g
グレープシードオイル	大さじ3
玉ねぎ　粗みじん切り	1/2カップ（125ml）
海塩	小さじ1/2
にんにく　みじん切り（ポイント参照）	3～4かけ
生姜　みじん切り	小さじ1
カレーパウダー	大さじ1
クミン（粉）	小さじ1
コリアンダー（粉）	小さじ1/4
トマト　粗みじん切り	1/2カップ（125ml）
水	60ml
ライムまたはレモン果汁	大さじ2
アガベシロップ	大さじ1

1. 大きな鍋にそばをゆでる湯を沸かします。沸騰したらそばを入れ，パッケージに記載された時間に従ってゆでます。ざるにあけて，流水でよくすすいでから水を切ります。

2. フライパンでグレープシードオイルを中火で熱します。玉ねぎと塩小さじ1/2を入れ，玉ねぎが透き通るまで6分ほど炒めます。にんにく，生姜，カレーパウダー，クミン，コリアンダーを加え，4～5分炒めます。

3. トマト，水，ライムまたはレモン果汁，アガベシロップを加え，煮詰めます。焦げつかないように，ときどき木べらなどで鍋底をこそげるように混ぜます。5分ほどで少し煮詰まったら，そばを加えます。全体をよく混ぜてできあがり。すぐに食べない場合は，密閉容器に移します。冷蔵庫で約2日間保存できます。

ココナッツグリーンカレー・パスタ

「天使の髪の毛」という名前の細くてさらさらしたエンジェルヘアーパスタに，香りのよいグリーンカレーソースを合わせました。オリエンタルな味が恋しいときに手軽につくれます。

4〜6人分

ポイント

にんにくの量は1かけの大きさで調整します。大きめなら3かけ，小さめなら4かけとなります。

レモングラスの茎は下部の5cmのみを使用します。上のほうは繊維が多くかたいので，別のタイ料理などに使います（使用例：包丁の腹で叩き，スープなどに入れて香りを出し，食べる前に取り出します）。

バイマックルーはこぶみかんの葉で，中華系やタイ，インド系の店や大型スーパーで販売しています。鼻に抜ける強いフレーバーなので，少量で十分香りが出ます。通常，1〜2枚の葉があれば十分です。

グルテンフリーのパスタは，たっぷりの水を沸騰させてゆでます。小さな鍋ではパスタがくっついてしまうので，大きな鍋にパスタの量の5倍以上の水を用意しましょう。

海塩　分けて使用	小さじ1
エンジェルヘアーパスタ（グルテンフリー）	500g
グレープシードオイル	大さじ3
玉ねぎ　粗みじん切り	1/2カップ（125ml）
生姜　みじん切り	小さじ1
にんにく　みじん切り（ポイント参照）	3〜4かけ
香菜（パクチー）　きざむ（次ページのポイント参照）	
	1カップ（250ml）
レモングラス　みじん切り（ポイント参照）	大さじ1
たまりしょうゆ	大さじ2
アガベシロップ	小さじ1
ココナッツミルク（全脂肪）	1缶（400ml）
バイマックルー（ポイント参照）	1枚

1. 大きな鍋にパスタをゆでる湯を沸かします（ポイント参照）。沸騰したら塩小さじ1/2を加えてパスタを入れ，パッケージに記載された時間を参考にしてアルデンテにゆでます。ざるにあけ，流水でよく洗ってから水を切ります。

2. フライパンでグレープシードオイルを中火で熱します。玉ねぎと塩小さじ1/2を入れ，玉ねぎが透き通るまで4〜5分ほど炒めます。にんにくと生姜を加え，香りが立つまで2〜3分ほど炒めます。

3. 香菜，レモングラス，しょうゆ，アガベシロップ，ココナッツミルク，バイマックルーを加え，火を強めます。煮立つ手前で火を弱め，5分ほど煮詰めます。パスタを加えて全体をよく混ぜればできあがり。温かいうちにいただきます。すぐに食べない場合は，密閉容器に移します。冷蔵庫で約5日間保存できます。

アジアンヌードルの白菜巻き

シャキシャキした白菜の食感とのどごしのいいライスヌードル，そしてミントとライムのさわやかさがクセになる，さっぱりした麺料理です。陽光がたっぷり降りそそぐ暖かい日ざしのなか，外で食べれば，アジアの屋台気分が味わえそうです。

4人分

ポイント

香菜（パクチー）の茎は切り落とします。

ミントを細かくきざむ：ミントの葉を茎から取って重ね，くるくると巻きます。よく切れる包丁を使って細くきざみます。

湯	8カップ（2L）
ライスヌードル（細麺）	250g
香菜（パクチー）　ざく切り（ポイント参照）	1/2カップ（125ml）
にんじん　千切り	1/2カップ（125ml）
赤パプリカ　細切り	1/2カップ（125ml）
生カシューナッツ	1/2カップ（125ml）
ミントの葉　きざむ（ポイント参照）	60ml
たまりしょうゆ	大さじ3
ライム果汁	大さじ1
みりん	大さじ1
焙煎ごま油	小さじ2
ココナッツシュガー	小さじ1
唐辛子（フレーク）	少々
白菜　大きめの葉	4〜6枚

1. 大きめのボウルに湯とライスヌードルを入れ，ふたをして15〜20分，麺がやわらかくなるまで置いておきます。ざるにあけて，流水でにごった水が出なくなるまで洗います。

2. 水を切った麺を大きめのボウルに移し，香菜，にんじん，赤パプリカ，生カシューナッツ，ミントの葉，しょうゆ，ライム果汁，みりん，ごま油，ココナッツシュガー，唐辛子を加え，よく混ぜ合わせます。

3. 白菜の葉先を手前にして置きます。2の具材を左右0.5cmほどあけて，葉の上にのせます。

4. 手前からきつめに巻いていきます。残りも同様に巻き，できあがりです。すぐに食べない場合はラップでしっかり包み，密閉容器に入れて冷蔵庫へ。その日のうちに召し上がってください。

ごま生姜ソースのテンペそば

さっぱりした口当たりのそばと，おいしいソースがからまったタンパク質豊富なテンペの組み合わせは，私の大好物の一つです。ランチでもディナーでもいつでも食卓に登場させたい万能レシピです。

4人分

ポイント

加熱殺菌していないテンペは，大型スーパーや自然食品店の冷凍コーナーにあります。冷凍テンペのほうが食感がよいので，私のレシピではよく使いますが，見つからない場合は，加熱殺菌した冷蔵テンペも同じように使えます。

にんにくの量は1かけの大きさで調整します。大きめなら1かけ，小さめなら2かけ使用します。

アガベシロップは，低温処理のものを選びましょう。遺伝子組み換えでない100％天然の甘味料で，自然にできた果糖（フルクトース）を含み，GI値が低いのが特徴です。ゆっくりとグルコースに分解されるため，エネルギーが持続します。

玄米酢がない場合は，同量の米酢で代用できます。

テンペ	
水	4カップ
テンペ　ブロック（ポイント参照）	240g
たまりしょうゆ　分けて使用	1カップ（250ml）
にんにく（ポイント参照）	1〜2かけ
グレープシードオイル	大さじ1
玉ねぎ　みじん切り	60ml
生姜　みじん切り	大さじ2
にんにく　みじん切り	2〜3かけ
水	1/2カップ（125ml）
アガベシロップ（ポイント参照）	60ml
玄米酢（ポイント参照）	大さじ2
焙煎ごま油	大さじ2
コーンスターチ（オーガニック）	大さじ2
冷水	大さじ2

そば	
十割そば（乾麺）	250g
香菜（パクチー）　きざむ	1カップ（250ml）
万能ねぎ　小口切り	60ml
たまりしょうゆ	大さじ3
焙煎ごま油	大さじ2

1. **テンペ**：鍋に水，テンペ，しょうゆ1/2カップ（125ml），にんにくを入れ，強火にかけます。ひと煮立ちしたら火を弱め，15分ほど煮ます。穴あきおたまでテンペを取り出し（煮汁は使いません），10分ほど置いて冷まします。

2. その間，ソースをつくります。鍋でグレープシードオイルを中火で熱します。玉ねぎ，生姜を入れ，軽く焼き色がつくまで6分ほど炒めます。にんにくを加え，香りが立つまで2〜3分炒めます。水，アガベシロップ，玄米酢，ごま油を加えて混ぜます。火を強めひと煮立ちさせてから，弱火にして2〜3分煮ます。

3. 小さなボウルにコーンスターチと冷水を入れ，ダマがなくなるまでよく混ぜます。**2**の鍋に加えてよく混ぜ，火を強めます。ひと煮立ちしたら弱火に戻し，2〜3分煮詰めます。

グルテンフリーの麺は，たっぷりの水を沸騰させてゆでます。小さな鍋では麺がくっついてしまうので，大きな鍋に，麺の量の5倍以上の量の水を用意しましょう。

4. テンペが冷めたら半分に切り，その半分を斜めに切って三角形を4つくります。ソースの鍋に入れて，3～4分煮ます。
5. **そば**：大きな鍋に，そばをゆでる湯を沸かします（ポイント参照）。沸騰したらそばを入れ，パッケージの記載に従ってゆでます。ざるに上げて湯を切り，水ですすがずにボウルに移します。
6. そばに香菜，万能ねぎ，たまりしょうゆ，ごま油を加えてよく混ぜ合わせます。
7. そばを4つの器に均等に分けて盛り，ソースをからめたテンペをのせてできあがりです。

カナダ風精進そば

"海のパセリ"とも呼ばれる，チアシードやキヌアに勝るとも劣らないスーパーフードのダルスと生姜をたっぷり効かせたつゆが絶品です。新鮮な野菜の炒めものをトッピングした口あたりなめらかなこのそばは，だれもが満足する一品になること間違いありません。

2〜3人分

ポイント

ダルスは紅藻類の海藻で，ミネラル，タンパク質が豊富に含まれています。乾物店やオンラインストアで入手できます。見つからない場合は，同量の昆布茶またはとろろ昆布で代用できます。

そばの乾麺には，たいてい小麦も使われています。商品表示を確認して，そば粉100％のもの（十割そば）を選びましょう。

小豆は自分で煮たもの（182ページ参照）でも，無塩の水煮缶でもかまいません。塩が使用されているものしかない場合は，流水ですすいでから使用します。

・ミキサー

めんつゆ

たまりしょうゆ	1/2カップ（125ml）
水	1/2カップ（125ml）
アガベシロップ	大さじ2
ダルス（フレーク，ポイント参照）	大さじ1
玄米酢	大さじ1
生姜　みじん切り	大さじ1
みりん	大さじ1

そば

十割そば（乾麺，ポイント参照）	250g

野菜

グレープシードオイル	大さじ2
生姜　みじん切り	大さじ1
ベビーパクチョイ　細切り	1カップ（250ml）
しいたけ　細切り	1/2カップ（125ml）
白菜　千切り	1/2カップ（125ml）
赤パプリカ　細切り	1/2カップ（125ml）
小豆　水煮（ポイント参照）	1/2カップ（125ml）
ねぎ　小口切り	大さじ2
生白ごま	小さじ2
焙煎ごま油	少々

1. **めんつゆ**：ミキサーにめんつゆの材料を全部入れ，高速で攪拌します。なめらかになったら鍋に移し，ひと煮立ちさせます。ふたをしてとろ火にし，盛りつけまで保温します。
2. **そば**：そばのパッケージの記載に従って，ゆでます。ゆで上がったらざるにあけ，流水ですすぎ，水気を切ります。
3. **野菜**：大きめのフライパンでグレープシードオイルを熱します。生姜を入れて2分ほど炒めます。ベビーパクチョイ，しいたけ，白菜，赤パプリカを加え，2〜3分炒めます。
4. 人数分の器にそばを分け入れ，めんつゆをかけます。3の野菜を分け入れ，小豆，ねぎ，白ごまを散らし，ごま油をかけて完成です。

素材レシピ集

グルテンフリーピタパン

やわらかくて軽い食感のピタパンは，基本のひよこ豆フムス（74ページ参照），ヘンプ＆チアシードのガーリックバター（124ページ参照）と最高の相性です。チーズ＆ベビースピナッチのグリッツ（31ページ参照）に添えて，朝食としてもどうぞ。

8枚分

ポイント

オーブントレイに塗る油は，高温に強いグレープシードオイルなどを使いましょう。

フラックスシードを挽く：ミキサーまたはスパイスミルに60mlを入れ，高速で回し，細かい粉状にします。挽いたパウダーは密閉容器に入れ，冷蔵庫へ。1カ月以内に使い切りましょう。

粉の計量では，特にグルテンフリーの粉を計量する前は，必ず一度ボウルにあけて，泡立て器で軽く空気を通してください。より正確に計量できます。

- スタンドミキサー
- オーブンを260℃に予熱
- オーブントレイ　油（分量外，ポイント参照）を塗る（ノンスティックの場合は油不要）

生フラックスシード（粉，ポイント参照）	大さじ1
湯	大さじ3
インスタントドライイースト	7g
ぬるま湯	1/2カップ（125ml）
きび砂糖（オーガニック）	小さじ1
玄米粉	1カップ（250ml）
ソルガム粉	1カップ（250ml）
米粉	1/2カップ（125ml）
タピオカ粉	1/2カップ（125ml）
キサンタンガム	小さじ2
海塩	小さじ1
水	1カップ（250ml）
玄米粉　打ち粉用	適量

1. 小さいボウルに生フラックスシードと湯を入れて，よく混ぜます。ふたをして10分ほど置き，水分を吸収させます。

2. 別のボウルにイーストとぬるま湯，きび砂糖をを入れてよく混ぜます。10分ほど置き，気泡が出てくるまでイーストを活性化させます。

3. スタンドミキサー用のボウルに，玄米粉，ソルガム粉，米粉，タピオカ粉（ポイント参照），キサンタンガム，塩を入れます。

4. スタンドミキサーにフラットビーターを装着し，**3**のボウルを固定します。ボウルに**1**のフラックスシード，**2**のイーストを加え，中速で攪拌します。攪拌しながら水をそそぎ入れ，2～3分回し，生地をまとめます（生地はややべたつきますが，ボウルから取り出せる状態であればOKです）。

5. 油（分量外）を塗ったボウルに生地を入れ，生地全体に油をコーティングします。布巾をかぶせて暖かい場所に2時間ほど置き，発酵させます。

6. オーブントレイをオーブンの下段に置きます。

7. 清潔な台に玄米粉で打ち粉をします。生地を置いて8等分します。手で丸め，必要に応じて打ち粉を足しながら，直径15 ～ 20cm，厚さ0.5cmの円形にのばします。

8. オーブンからトレイを取り出し（熱いので注意してください），4枚の生地を2 ～ 3cm間隔で並べ，再びオーブンの下段に入れ，6分間焼きます。取り出して裏返し，さらに4分間焼きます。気泡のふくらみができ，ふちがこんがりと焼け，ところどころに軽く焦げ色がつけばできあがりです。

9. オーブンから取り出し，大きすぎるふくらみにはナイフで穴をあけ，空気を逃します。ケーキクーラーに移して冷まします。残りの4枚も同様に焼きます。すぐに食べない場合は，冷ましてから密閉容器に移します。常温で約5日間保存できます。

バリエーション

チーズ風味グルテンフリーピタパン：つくり方3で，生地がまとまったら，ニュートリショナルイースト1/2カップ（125ml）とヴィーガンモッツァレラ60mlを加えて混ぜ，あとは同様につくります。ヴィーガンモッツァレラは次ページにつくり方をのせていますが，市販品でもかまいません。

ヴィーガンモッツァレラ

ヴィーガン版のモッツァレラチーズとして，ナチョやピザのトッピングにしたり，グリーンサラダにかけたり，さまざまな使い方ができる便利な一品です。ヘルシーなので，安心してたっぷりかけることができます。

2カップ（500ml）分

ポイント

11cm角の型または容器でちょうどいいかたさのブロックにしあがります。最終的にチーズを持ってシュレッドすることを念頭に置いて，型や容器を選びましょう。

カシューナッツを水にひたす：カシューナッツと水4カップ（1L）をボウルに入れます。ラップをかけ，3時間以上または冷蔵庫で一晩置き，水を切ります。

ココナッツオイルがかたまっているときはフライパンに入れ，弱火にかけて溶かします。

ココナッツオイルの香りが気になる場合は，精製ココナッツオイルを使用してください。

レシチン（大豆など）は，添加物の少ないオーガニックのものを選びましょう。

つくりやすい量での最低量のレシピになっています。必要に応じて，分量を2〜4倍にしてください。

- ミキサー
- 11cm角の容器（ポイント参照）

生カシューナッツ（ポイント参照）	1カップ（250ml）
熱湯　分けて使用	310ml
アガー	60ml
液状ココナッツオイル（ポイント参照）	大さじ3
ニュートリショナルイースト	大さじ2
レモン果汁	大さじ1
海塩	小さじ1
レシチン（大豆など，ポイント参照）	小さじ1/2

1. ボウルに熱湯60mlとアガーを入れて，よく混ぜます。
2. 鍋に1と熱湯1カップ（250ml）を入れて中火にかけ，煮立たせないように3〜4分ほど加熱しながら，完全にアガーを溶かします。
3. ミキサーに生カシューナッツ，ココナッツオイル，ニュートリショナルイースト，レモン果汁，塩，レシチンを入れて，なめらかなクリーム状になるまで回します。ときどき止めて，容器の内側をこそげて混ぜ込みます。器または型に移し，ラップをかけて冷蔵庫で8時間以上冷やしかためます。
4. かたまったチーズをチーズおろしでシュレッドします。すぐに使わない場合は，密閉容器に移します。冷蔵庫で保存し，2週間を目安に使い切りましょう。

バリエーション

ローストガーリックのヴィーガンモッツァレラ：つくり方3で，ローストしたにんにく1/2カップ（125ml）とレモンの皮のすりおろし小さじ1/4をミキサーに加えます。

パセリとオリーブのヴィーガンモッツァレラ：つくり方3で，ミキサーに粗くきざんだイタリアンパセリ1/2カップ（125ml）と種を取って粗くきざんだブラックオリーブ60mlを加え，ざっと混ぜます。冷やしてかたまったチーズを，サイコロ状に切るかスライスして提供します。

ヴィーガンホイップバター

焼き菓子やパンづくりをはじめ，バターの代わりにいろいろと使える頼もしいヴィーガンバターです。こんがり焼けたトーストの上でとろける様子はまさにバターのよう。そば粉とココナッツのパンケーキ（23ページ参照）やチョコレートとヘーゼルナッツのワッフル（25ページ参照）などにたっぷりつけて召し上がれ。

2カップ（500ml）分

ポイント

カシューミルクの代わりに，同量のココナッツミルク（62ページ参照），ヘンプ＆チアミルク（64ページ参照）も使えます。ココナッツミルクを使うと，ココナッツ風味の強いバターになります。

このレシピには濾過・殺菌されていないりんご酢（ロー）を使います。栄養が豊富なだけでなく，風味もよいのでおすすめです。見つからない場合は，通常のりんご酢でもかまいません。

海塩はミネラルを含むホールフードとみなされています。塩分が気になる方は，分量を減らしても，またはまったく使用しなくてもかまいません。

精製されたココナッツオイルには風味があまり残っていません。逆にエクストラバージンココナッツオイルを使うと，ココナッツの風味が強まります。

レシチン（大豆など）は，添加物の少ないオーガニックのものを選びましょう。

- フードプロセッサー
- シリコン型，またはラップを敷いたココットやスフレ型

カシューミルク（61ページとポイント参照）	1/2カップ（125ml）
りんご酢（ポイント参照）	小さじ2
海塩（ポイント参照）	小さじ1/4
液状ココナッツオイル（ポイント参照）	300ml
グレープシードオイル	大さじ2
レシチン（大豆など，ポイント参照）	小さじ5
生フラックスシード（粉）	小さじ1/2

1. ボウルにカシューミルク，りんご酢，塩を入れて混ぜ，ふたをして20分ほど置き，ミルクを凝固させます。
2. フードプロセッサーに，1のミルク，ココナッツオイル，グレープシードオイル，レシチン，生フラックスシードを入れて，5分ほど回します。ときどき止めて，容器の内側をこそげて混ぜ込みます。レシチンが完全に溶け，全体が空気を含んでふわっとするまで回します。
3. シリコン型またはラップをぴったり敷いたココットなどに入れ，平らにならし，ラップをぴったりかけます。冷凍庫で3時間以上または一晩凍らせます。
4. 冷凍庫から取り出し，型を湯につけてバターを取り出します。密閉容器に移し，冷蔵庫で保存します。2カ月を目安に使い切りましょう。

ヴィーガンサワークリーム

このヴィーガンサワークリームも，キッチンに欠かせないものの一つです。ラップサンドにひと塗り，熱々のスープに1さじ落とすだけで，おいしさが格段にアップします。ジャックフルーツのスロークックBBQ（下巻参照），ブラックビーンのサンタフェラップサンド（188ページ参照），ブラックビーンとさつまいものチリ（下巻参照），チージーケサディア（166ページ参照）などのトッピングにも最適です。

2カップ（500ml）分

ポイント

カシューナッツは，生であればホールでも砕けたものでもかまいません。

このレシピには濾過・殺菌されていないりんご酢（ロー）を使います。栄養が豊富なだけでなく，風味もよいのでおすすめです。見つからない場合は，通常のりんご酢でもかまいません。

- フードプロセッサー

生カシューナッツ（ポイント参照）	2カップ（500ml）
レモン果汁	80ml
水	80ml
りんご酢（ポイント参照）	大さじ2
海塩（前ページのポイント参照）	小さじ1

1. 鍋にカシューナッツとかぶるくらいの水（分量外）を入れて，強火にかけます。ひと煮立ちしたら火を止めて，ざるに上げて冷まします。
2. フードプロセッサーに，1のカシューナッツ，残りの全材料を入れて，なめらかになるまで回します。すぐに使わない場合は，密閉容器に移します。冷蔵庫で保存し，2週間を目安に使い切りましょう。

バリエーション

チポトレチーズクリーム：つくり方2で，レモン果汁を1/2カップ（125ml）に増やし，りんご酢を省きます。ニュートリショナルイースト大さじ3，きざんだチポトレペッパー（アドボソース煮の缶詰）60mlを加えて，同様につくります。

ハーブサワークリーム：つくり方2で，イタリアンパセリ1/2カップ（125ml），香草（パクチーまたはシラントロー）60ml，タイムの小枝1本を加えて，同様につくります。保存期間は冷蔵で1週間程度です。

感謝祭のグレービーソース

ヴィーガンになって恋しいものの一つが，コクのあるグレービーソースです。このレシピはそんな思いから生まれたヴィーガンバージョンの「グレービー」です。感謝祭やクリスマスには，クリーミーマッシュポテト（178ページ参照）やレンズ豆のローフ（210ページ参照）などにたっぷりかけて，グリーンサラダを添えたごちそうを楽しんでください。

3カップ（750ml）分

ポイント

マッシュルームはホワイトでもブラウンでもかまいません。

にんにくを細かくきざむ：にんにくをまな板の上に置き，包丁の腹で強くゆっくり押します。薄皮が浮いてはがれやすくなるので，親指と人差し指でつまんで押し出すように実を取り出します。まずは粗めにきざみ，塩を少しふり，包丁の腹ですりつぶし（塩の粒でさらにつぶれます），さらに包丁で叩くようにきざみます。

コーンスターチは遺伝子組み換え作物を避けるためにも，オーガニックのものを選びましょう。

生みそには体によい酵母菌が生きており，スーパーの冷蔵コーナーに置かれています。グルテンフリーの玄米みそを選びましょう。

グレープシードオイル	大さじ2
玉ねぎ　みじん切り	1/2カップ（125ml）
マッシュルーム　4つに切る（ポイント参照）	3カップ（750ml）
にんにく　みじん切り（ポイント参照）	3かけ
白ワイン　辛口（省略可）	大さじ2
水	2カップ（500ml）
たまりしょうゆ	大さじ3
コーンスターチ（オーガニック，ポイント参照）	大さじ1
冷水	大さじ1
タイムの葉　きざむ	大さじ1
玄米みそ（ポイント参照）	大さじ2

1. 鍋でグレープシードオイルを中火で熱します。玉ねぎを入れて7〜8分炒めます。きつね色になったらマッシュルームを加え，10分ほど炒めます。マッシュルームにも焼き色がついたらにんにくを加え，香りが立つまで1〜2分炒めます。

2. 好みでワインを加え，鍋底をこそげて混ぜます。2分ほど炒めて水分が飛んだら水としょうゆを加え，ひと煮立ちさせ，弱火にして5分ほど煮詰めます。

3. 小さいボウルにコーンスターチを入れ，冷水で溶きます。2の鍋に加え，再び煮立たせます。煮立ったら弱火にして，2〜3分煮詰めます。

4. 火を止めて，タイムとみそを加えて混ぜれば完成です。すぐに使わない場合は，冷ましてから密閉容器に移します。冷蔵庫で保存し，2週間以内に使い切りましょう。使用する前は鍋に入れ，中火で5分ほど温めて使ってください。

野菜だし

スープやシチューに深い味わいをもたらす野菜のだしは，簡単につくることができます。野菜や米料理に，風味と栄養を手軽に加えられるので重宝します。

約16カップ（4L）分

ポイント

より深い風味を出したい場合は，玉ねぎを焼いてから使います。フライパンでグレープシードオイル小さじ1を強火で熱します。玉ねぎ1個を半分に切って，切った面を下にして焼きます。10～12分ほど焼いて，下面に焼き色がついたら，ほかの野菜と一緒に鍋に入れます。

乾燥のベイリーフの代わりに生の葉を使う場合は，2枚必要です。

タイムの小枝1本，パセリ8～10本，スライスしたマッシュルーム1カップ（250ml）を加えると，さらに風味が増します。

• 目の細かいざる

水	16カップ（4L）
にんじん　ざく切り	2カップ（500ml）
セロリ　ざく切り	2カップ（500ml）
玉ねぎ　ざく切り（ポイント参照）	4カップ（1L）
トマト　半分に切る	中1個
にんにく　皮をむく	1かけ
ベイリーフ（ローレル，ポイント参照）	1枚
黒こしょう（ホール）	小さじ1/2

1. 鍋に全材料を入れて，ひと煮立ちさせます。火を弱め，45分ほど煮込みます。スープが茶色くなり，いい香りがしてきたら火を止めて，ざるで濾します。すぐに使わない場合は，冷ましてから密閉容器に移します。冷蔵庫で約2週間保存できます。

バリエーション

濃いめの野菜だし：フライパンでグレープシードオイル大さじ1を強火で熱します。にんじんとセロリを入れて，6分ほど炒めます。ほかの材料と一緒に鍋に入れます。スライスしたポータベロマッシュルーム1カップ（250ml）としょうゆ大さじ2も加え，同様につくります。

▌著者
ダグラス・マクニッシュ／Douglas McNish
健康的なオーガニックの食品を使ったヴィーガン料理のエグゼクティブシェフ。講師やコンサルタントも務める。著書に『Raw, Quick & Delicious!』，ベストセラーとなった『Eat Raw, Eat Well』（以上，Robert Rose）がある。

▌監訳者
富永暁子／とみなが・あきこ
大妻女子大学短期大学部准教授。管理栄養士。1969年茨城県生まれ。女子栄養大学大学院栄養学研究科修了後，戸板女子短期大学専任講師などを経て現職。専門は調理教育，食育，食文化。共著に『新フローチャートによる調理実習』（地人書館），『食べ物と健康Ⅳ ―食事設計と栄養・調理』（三共出版）など，論文に『鉄製フライパンの加熱特性と調理性』などがある。

▌訳者
大森敦子／おおもり・あつこ
成蹊大学法学部卒。1997年よりアメリカ・カリフォルニア州在住。同州北部のワインの名産地，ソノマカウンティに家族とともに暮らす。趣味は旅行と料理。麹や漬けもの，納豆などの日本の伝統食を取り入れつつ，簡単でワインに合うレシピを日々模索中。主にビジネス，観光，グルメ分野での翻訳に従事している。

毎日つくれる！
ヴィーガン・レシピ
～美味しいレシピ500～ 上

2021年6月15日発行

著者	ダグラス・マクニッシュ
監訳者	富永暁子
訳者	大森敦子
編集協力	合資会社 アンフィニジャパン・プロジェクト
編集	道地恵介，鈴木ひとみ，鈴木夕未
表紙デザイン	岩本陽一
発行者	高森康雄
発行所	株式会社 ニュートンプレス 〒112-0012 東京都文京区大塚 3-11-6 https://www.newtonpress.co.jp